허공에 가득한 깨달음 **영허녹원**
暎 虛 綠 園

허공에 가득한 깨달음 **영허녹원**
映 虛 綠 園

– 27명의 후학들이 전하는 수행자 영허녹원 대종사 이야기

조계종
출판사

영허당 녹원 대종사 진영

영허당 녹원 대종사 행장
暎虛堂 綠園 大宗師 行狀

　대종사의 법명은 녹원(綠園)이고, 법호는 영허(暎虛)이시다. 1928년 3월 4일에 경상남도 합천군 가야면 치인리 10번지에서 해주(海州) 오씨(吳氏) 세록(世祿)과 초계(草溪) 변씨(卞氏) 철이(哲伊) 여사의 차남으로 출생하셨으며, 속명은 인갑(仁甲)이시다.

　대종사는 어린 시절 어머니의 손을 잡고 찾은 해인사(海印寺)에서 처음으로 부처님을 친견하던 날 자신도 모르게 눈물을 흘렸을 만큼 전생부터 불연(佛緣)이 깊으셨다. 스님들만 보면 환희심이 솟았던 대종사는 엄부(嚴父)의 슬하에서 정훈(庭訓)을 익히던 시절에도 늘 절을 찾기 좋아하셨다. 그러던 어느 날 당시 수행자의 길을 걷던 형님으로부터 한 통의 편지를 받고 출가를 결심하셨다. 학문에 대한 갈증과 보람된 삶에 대한 열망으로 번민하던 소년 인갑에게 "대장부가 걸어볼 만한 길"이라는 형님의 한 마디 권유는 감로수와 같았다.

이에 크게 고무된 대종사는 13세 되던 해인 1940년 7월 15일에 경상북도 김천시 대항면 운수동 직지사(直指寺)로 입산 출가하였고, 14세 되던 해인 1941년 4월 8일에 탄옹 화상(炭翁和尙)을 은사로 사미계를 수지하셨다. 선(禪)과 교(敎)에 두루 정통했던 탄옹 화상께서는 선학원(禪學院)에 재원을 기부하여 조선불교 중흥을 이끌었던 승가의 지도자이시고, 부처님의 일생을 연극으로 만들어 불교대중화에 앞장섰던 시대의 선각자이셨다. 행주좌와(行住坐臥) 어묵동정(語默動靜)이 곧 선정삼매(禪定三昧)였던 스승의 일상은 대종사의 평생을 비추는 귀감(龜鑑)이 되었고, "언제나 하심(下心)하고 과묵(寡默)하라."는 스승의 가르침은 대종사의 평생을 이끄는 지남(指南)이 되었다.

대종사는 스승을 시봉하면서 직지사 불교전문강원(佛敎專門講院)에서 5년간 수학하고 대교과(大敎科)를 졸업하였으며, 선학원 중앙선원(中央禪院)에서 첫 안거를 보내고 직지사 천불선원(千佛禪院)에서 2안거를 성만하셨다. 그리고 21세 되던 해인 1948년 4월 15일에 한암(漢岩) 대종사를 계사로 구족계(具足戒)를 수지하셨으며, 이후 보문선원(普門禪院)과 천불선원 등지에서 7안거를 성만하셨다. 27세 되던 해인 1954년에 직지사 재무로 종무행정에 첫발을 디딘 대종사는 대구 대안사(大安寺) 주지와 직지사 총무 등을 역임하고, 1958년 2월 28일에 31세의 나이로 대한불교조계종 제8교구 본사로 승격된 직지사의 초대 주지로 임명되셨다.

신라 눌지왕(訥祗王) 2년(418)에 아도 화상(阿道和尙)께서 창건하신 직지사(直指寺)는 1600여 년의 유구한 역사 속에서 찬란한 문명을 창조했던 문화의 보고였고, 능여 조사(能如祖師)와 학조 대사(學祖大師)를 품고 구국제민(救國濟民)의 영웅 사명 대사(四溟大師)를 배출했던 인재의 산실이었다. 하지만 동국제일가람(東國第一伽藍)이라는 명성은 전란의 화마와 함께 사라졌으니, 당시의 직지사는 썩은 기둥에 처마가 기운 여덟 동의 건물에다 살림살이를 학생들이 들고 오는 쌀말에나 의존하던 초라한 산막에 지나지 않았다.

이에 대종사는 사원을 재건하여 부처님의 은혜에 보답하리라 결심하고 1958년 3월 20일 제1회 천일기도를 시작으로 직지사중창불사(直指寺重創佛事)에 돌입하셨다. 대종사는 먼저 사찰 주변의 정화(淨化)를 위해 사유지(私有地) 10,088평, 전답 12,627평, 임야 3,740평을 차례로 매입하셨다. 아울러 해원(海圓) 황의돈(黃義敦) 박사에게 의뢰하여 산재하던 자료를 수집해 《직지사 사적기(直指寺事蹟記)》를 편찬하고, 이에 따라 체계적으로 사원을 정비하면서 전각(殿閣)과 당우(堂宇)를 하나씩 복원하기 시작하였다. 이후 30년간 이어진 대대적인 불사로 직지사는 창사 이래 최대 규모를 자랑하는 대가람의 면모를 회복하게 되었고, 과거와 현재가 공존하고 자연과 인간이 조화를 이루는 사찰 시설의 새로운 전범(典範)이 되었다.

매사 철두철미(徹頭徹尾)하고 공사(公私)가 분명했던 대종사의 처신은 곧 제방에 널리 알려졌고, 남의 허물을 탓하기보다 자신의 허물을 먼저 탓했던 대종사의 인품은 곧 종도들의 깊은 신망으로 이어졌다. 이에 종단에서는 난제가 있을 때마다 대종사에게 중책을 맡겼고, 그럴 때마다 대종사는 발군의 역량을 유감없이 발휘하셨다. 대종사는 1962년 2월 25일 불교재건비상종회 비구의원으로 선임되어 비구 대처 사이의 오랜 분쟁을 종식하고 통합종단 대한불교조계종을 발족시키는데 기여하셨으며, 1963년 11월 20일에 대한불교조계종 중앙종회의원으로 선임된 이래로 누차 중앙종회 수석부의장과 의장 및 교구본사주지연합회장 등의 직분을 수행하며 종단발전에 기여하셨으며, 1984년 8월 1일에는 해인사(海印寺)에서 열린 전국승려대표자대회에서 대한불교조계종 총무원장으로 추대되셨다.

당시 종단은 문중 간의 반목과 불신으로 분규와 마찰이 끊이지 않아 6개월이 멀다 하고 총무원장이 교체되던 혼란한 상황이었다. 대종사는 "10년 후에 돌아보아도 부끄럽지 않게 일하겠다." 공언하고 이해(利害)의 난맥상을 하나씩 풀어가셨다. 대종사의 헌신적인 노력으로 종단은 조금씩 안정을 되찾았고, 1985년 5월 25일 불기 2529년 부처님오신날 봉축법요식에는 100만 불자가 여의도광장에 운집하는 장관을 연출하게 되었다. 탁월한 지도력과 강직한 성품으로 종도들을 화해와 협력의 장으로 이끌던 대종사는 총무원장에 추대된 지 2년째 되던 1986년 8월 20일에 총무원 부장스님들을 조촐한 식사에 초대하고 "이제 원장 자리를 내놓겠다."는 뜻을 밝혔다. 그리고 다음날 표연히 황악산으로 돌아오셨다. 소임이 주어지면 피하지 않고 소임을 마치면 미련 없이 떠났던 대종사의 처신은 지금까지도 승가의 미담으로 회자되고 있다.

대종사는 평소 교육을 통한 불법홍포와 불자양성에 지대한 관심을 가지셨다. 이에 1964년부터 20여 년간 학교법인 능인학원의 감사·이사·이사장직을 두루 역임하면서 직지사·동화사·은해사 3개 본사의 소유 임야를 출자해 학원의 기본재산을 보강하셨으며, 1968년 8월 6일 학교법인 동국학원 이사에 선임된 이래 35년간 이사를 역임하며 헌신하셨다. 대종사는 1985년 1월 25일에 동국학원 이사장 직무대행에 피선되어 16년 동안 네 차례에 걸쳐 동국학원 이사장직을 수행하면서 동국대학교의 성장을 위해 여러 학과를 신설하고 건물을 신축하며 부대시설과 산하 기관을 꾸준히 확대시켰으며, 일본·중국·미국·호주 등의 유수 대학과 자매결연하여 동국대학교를 세계적인 불교학의 산실로 성장시키셨다.

대종사는 1984년 4월 1일 갑작스런 쇼크로 쓰러져 사경을 헤맨 일이 있었다. 심각한 저혈압에 심폐기능마저 저하되자 본사에서는 다비준비에 들어갔고, 병문안을 온 고승들은 하나같이 "아까운 수좌 하나를 잃었다."며 한탄하셨다. 대종사는 생사의 문턱을 넘나들던 그 순간에도 만나는 스님들마다 손을 붙잡고 맹세하셨다.

"평생 승려의 길을 걸었어도 아프면 앞에는 성모 마리아가 있고 뒤에는 십자가가 서있는 기독교병원에 신세를 질 수밖에 없습니다. 이것이 1600년의 전통을 자랑하는 한국불교의 현실입니다. 제가 혹시라도 살아난다면 꼭 현대적 의료시설을 갖춘 불교병원을 짓겠습니다."

대종사는 기적처럼 살아나셨고, 이후 동국학원 이사장으로 재임하는 동안 의과대학을 신설하고 경주·포항·분당·강남에 이어 일산에 초대형 불교종합병원을 준공하셨다. 그리고 미국 LA 소재 로얄 한의과대학 및 부속한방병원을 인수함으로써 동국대학교가 서구사회까지 진출해 동양의학을 전파하는 쾌거를 이루셨다.

대종사는 자신과 권속에겐 칼날처럼 엄격한 율사(律師)이셨고, 타인에겐 한없이 자비로운 보살(菩薩)이셨다. 이에 대한불교조계종 전계사(傳戒師)로서 수천 명의 행자교육 수료생들에게 사미계와 사미니계를 수여하셨고, 정토를 구현하는 원력보살로서 수만 명의 재가자들에게 오계와 보살계를 수여하셨다.

꽃이 피면 절로 향기가 퍼지고, 열매가 익으면 나무 아래로 사람이 몰리기 마련이다. 흐르는 세월 따라 대종사의 법향(法香)과 원력(願力)을 우러르는 발길이 각지에서 쇄도하였고, 대종사의 탁월한 지도력과 공적을 기리는 노래가 만방에서 울려 퍼졌다. 박정희 대통령을 비롯한 전두환·노태우·김영삼·김대중 등 역대 대통령들이 모두 대종사를 찾아 지난한 국정에 자문을 구하였고, 스리랑카 국립 프리베나대학·일본 대정대학(大正大學)·용곡대학(龍谷大學)·키르기스스탄 국립대학 등이 앞다투어 대종사께 명예박사학위를 수여하였다. 1995년 10월에 직지사 30년 중창불사를 회향하며 개최한 국제학술세미나에는 연인원 5만여 명의 사부대중이 운집하는 성황을 이루었고, 고희(古稀)를 맞은 1997년 4월에는 세계불교학계의 석학들이 52편의 논문을 엮어《한국불교의 좌표》라는 기념학술논문집을 봉정하였다. 또한 1999년 4월에는 직지사 문도회가 대종사의 학위기(學位記)를 엮어 《오녹원 스님 학연기》를 간행하였고, 2002년 4월에는 학교법인 동국학원에서 대종사의 연설문과 법문을 편찬해 《불교와 교육문화》를 간행하였다.

대종사는 2002년 12월 20일 동국학원 이사장을 사임하고 직지사로 돌아온 이후로도 조계종 원로의원으로서 종단의 대사에 조언을 아끼지 않으셨고, 2004년 4월에는 사형이신 관응당(觀應堂) 지안 대종사(智眼大宗師)를 이어서 직지사 조실(祖室)로 추대되어 후학들의 귀감이 되셨다. 직지사 명적암(明寂庵)에 은거하면서 말년을 보내던 대종사는 노령과 숙환에도 후사에 대해 일절 당부하는 말씀이 없으셨고, 문도들 역시 한 마디의 유훈도 여쭙지 않았다. 왜냐하면 직지사의 기왓장 하나 벽돌 한 장이 곧 스승의 진신이고, 노구에도 한 치 흐트러짐 없는 일상이 곧 스승의 유훈이며, 세간과 출세간을 종횡무진하면서 보살행을 실천했던 발자취가 곧 스승의 비문이라는 것을 너무도 잘 알기 때문이었다. 대종사는 오랜 병석에서도 고요한 미소를 잃지 않으시다가 2017년 12월 23일에 직지사 명월당에서 입적하셨으니, 세수(世壽)는 90세요, 법납(法臘)은 77세이시다.

사실이 아니면 기록하지 않고 공적이 있으면 숨기지 않는 것이 남은 자의 도리이다. 이에 간략하게나마 대종사의 행장을 엮어 만대의 모범이 되기를 기원하고, 평생을 함께한 벗을 떠나보내며 어설픈 노래 한가락으로 서글픔을 달랠 따름이다.

찬란했던 그림자 거두니 한 물건도 없어라 燦影息了無一物
허공을 비추듯 밝고 맑아 티끌 한 점 없네 瑩若暎虛絶點瑕
이에 함께 걸었던 70년 세월이 생각나 因憶同行七十年
지팡이 짚고 푸른 동산에서 떨어진 꽃을 밟아본다 携筇綠園踏殘花

파계사(把溪寺) 조실(祖室) 도원(道源) 쓰다

| 목 차 |

영허당 녹원 대종사 행장　　　　　　　　　　_ 도원 스님 … 006
추천 법어　　　　　　　　　　　　　　　_ 중봉성파 종정예하 … 016
발간 축사　　　　　　　　　　　　　　　　　_ 정휴 스님 … 020
사진으로 만나는 영허녹원 대종사　　　　　　　　　　　… 024

녹원 스님과 함께 한 수행자들 … 058

"배도원의 선지식(善知識)은 오녹원이야!"　　_ 前 조계종 원로의장 도원 스님 … 060
"녹원 스님이야말로 진정한 리더"　　_ 前 조계종 명예원로의원 명선 스님 … 074
"반듯하고 반듯했던 수행자"　　　　　_ 前 조계종 원로의장 밀운 스님 … 088
"불교정신에 가장 충실했던 수행자"　　_ 前 조계종 총무원장 설정 스님 … 102
"녹원 스님은 현대판 도사(道士)"　　　_ 조계종 명예원로의원 암도 스님 … 116
"수행자의 이정표를 보여주신 어른"　　　_ 조계종 원로의원 일면 스님 … 130
"사표(師表)가 되어 주신 어른 중의 어른"　_ 조계종 법계위원장 법산 스님 … 144
"한국불교를 반석 위에 올려놓은 지도자"　　_ 서울 삼천사 회주 성운 스님 … 158
"수행자로서 법(法)답게 사신 어른"　　_ 前 영축총림 통도사 주지 원산 스님 … 172
"흐트러짐이 없었던 진짜 수행자"　　_ 前 해인총림 해인사 주지 향적 스님 … 186

"가을 날씨처럼 맑고 깨끗하신 어른스님"　_ 서울 구룡사 회주 정우 스님 … 200
"원력(願力)에 맞는 실천력을 겸비했던 어른"　_ 조계종 호계원장 보광 스님 … 214
"녹원 큰스님은 진정한 사명 대사의 후예"　_ 관음종 종정 홍파 스님 … 228
"최고의 수행자, 녹원 스님"　_ 서울 보성사 회주 자민 스님 … 242
"동국대 중흥의 위대한 선각자"　_ 송석구 前 동국대 총장 … 256

녹원 스님의 길을 따르는 수행자들 … 270

"큰스님은 노력하는 천재"　_ 문경 김룡사 회주 혜창 스님 … 272
"모든 것을 갖추셨던 수행자"　_ 구미 해운사 주지 법성 스님 … 286
"모두의 스승이었고 부모님이었던 어른"　_ 조계종 원로의원 법등 스님 … 300
"대중을 위해 헌신하신 어른"　_ 직지사 중암 회주 도진 스님 … 314
"큰스님은 저의 전부입니다"　_ 서울 학도암 회주 법보 스님 … 328
"아버지 같았던 스승님"　_ 직지사 천불선원장 의성 스님 … 342
"큰스님은 저의 존재 이유"　_ 직지사 주지 장명 스님 … 356
"조계종 제일의 선지식(善知識)"　_ 청암사 율학승가대학원장 지형 스님 … 370
"오직 불법(佛法)을 위해 사신 어른"　_ 前 진각종 통리원장 혜정 정사 … 384
"대원경지(大圓鏡智)의 통찰력을 가진 큰스님"　_ 김종빈·황인선 부부 … 398
"언제나 공(公)을 위했고 사(私)가 없었던 어른"　_ 주호영 국회 정각회 회장 … 412
"자기절제와 수행의 결정체였던 선지식(善知識)"
　　　　　　　　　　　　_ 이형열 前 동국대 일산병원 행정처장 … 426

영허녹원 대종사 추모글　　　　　　　　　　　　　… 440
편집 후기　　　　　　　　　　　　　_ 묘장 스님 … 460

추천법어 推薦法語

대해大海를 뒤집고

수미산須彌山을 거꾸러뜨리는

대기대용大機大用의 출격장부出格丈夫

영허녹원 대종사

중봉성파 종정예하

영허당(暎虛堂) 녹원 대종사(綠園大宗師)는 이사(理事)를 겸비하여 일체 원융(圓融)함을 이룩한 눈 밝은 종장(宗匠)이고 만덕의 법기(法機)를 갖춘 원력보살(願力菩薩)입니다.

일찍이 일대시교(一代時敎)를 마치고 제방선원(諸方禪院)에서 일대사인연(一大事因緣)을 해결하기 위해 가부좌를 틀고 앉아 내심자증(內心自證)하여 불조(佛祖)의 현지(玄旨)를 깨닫고, 그 깨달음을 사회(社會)에 회향(廻向)하기 위해 평생 정진한 행원(行願)을 갖춘 보살(菩薩)이었습니다.

그래서 대종사(大宗師)께서 머무는 곳마다 원력(願力)이 구현(具顯)되어 법계(法界)를 빛나게 하고 도업(道業)을 충만(充滿)케 하였습니다.

대종사(大宗師)의 가풍(家風)은 이사(理事)에 걸림이 없고 나아가고 들어감에 집착(執着)이 없었습니다.

세상(世上)으로 나오면 팔만세행(八萬細行)을 갖춘 만행보살(萬行菩薩)이요, 산으로 들어오면 돈오적(頓悟的) 안목(眼目)을 갖춘 눈 밝은 선지식(善知識)이었습니다.

그래서 대종사(大宗師)의 일언일구(一言一句)에 중생(衆生)을 깨우치는 원음(圓音)이 이루어지고 사물마다 감흥이 생겨나서 걸음마다 자운(慈雲)이 있었습니다.

대종사(大宗師)께서는 1958년 교구본사로 승격된 직지사의 초대 주지로 취임한 이래 일곱 차례에 걸쳐 연임하셨습니다. 대종사께서 평생 동안 주석(駐錫)하시며 원력(願力)과 헌신(獻身)으로 중창불사하신 도량(道場)답게 직지사는 대종사(大宗師)의 가풍(家風)이 고스란히 깃들어 있습니다.

직지사의 전각(殿閣)과 당우(堂宇)는 물론이고 경내의 초목(草木)과 돌멩이 하나까지도 대종사(大宗師)의 손길이 닿지 않은 곳이 없습니다. 대종사(大宗師)의 숨결로 인해 황악(黃岳)의 불일(佛日)은 더욱 높아졌고, 법등(法燈)의 불빛은 더욱 찬란하게 밝아졌던 것입니다.

대종사(大宗師)께서는 1962년 불교(佛敎) 재건비상회의(再建非常宗會)의 비구의원(比丘議員)으로 활동하시면서 불교정화(佛敎淨化)에 진력(盡力)함으로써 통합종단(統合宗團)의 출범(出帆)에 이바지하셨습니다.

1981년 조계종 중앙종회의장을 맡아 종단중흥의 기틀을 다지는 새로운 제도(制度)를 만들었으며, 1984년 조계종(曹溪宗) 총무원장(總務院長)에 취임한 뒤에는 통합(統合)의 지도력(指導力)으로 종단의 시급한 난제(難題)들을 해결(解決)하셨습니다.

1985년부터 2002년까지 네 차례에 걸쳐 동국대 이사장을 역임하면서 대종사(大宗師)께서는 경주, 포항, 분당, 일산에 동국대병원을 개원함으로써 불자들이 의료혜택을 제공하는 업적(業績)을 남기셨습니다.

이러한 일대 혁신(革新)의 업적(業績)들은 대종사(大宗師)께서 이사(理事)에 두루 자재(自在)한 안목(眼目)을 지니셨고, 대해(大海)를 뒤집고 수미산(須彌山)을 거꾸러뜨리는 대기대용(大機大用)의 출격장부(出格丈夫)이셨기에 가능한 일이었습니다.

영허당(暎虛堂) 녹원 대종사(綠園大宗師)와 반연(絆緣)이 깊은 출·재가자들의 회고담(懷古談)이 출간되는 것을 진심으로 기쁘게 생각하며, 이 회고담(懷古談)의 출간을 계기로 물길에 맞춰 노를 저으셨고, 물때에 맞춰 닻을 내리셨던 대종사(大宗師)의 선교방편(善巧方便)이 후대(後代)에 전해지길 바랍니다.

또한, 이 회고담(懷古談)을 읽고서 눈 밝은 후학들이 대종사(大宗師)께서 펼쳐 보이신 어초문월(語超文越)의 예봉(銳鋒)을 거울삼아 건곤(乾坤)을 일축(一蹴)으로 무너뜨리는 기량을 보여 모든 중생(衆生)에게 법익(法益)이 되고 귀감(龜鑑)이 되기를 기원합니다.

불기2567(2023)년 9월

大韓佛敎曹溪宗 宗正 中峰性坡

발간축사

영허녹원 대종사님의
공덕이 널리 전해지기를
바랍니다

정휴 스님

납승(衲僧)의 오랜 도반인 설악당(雪嶽堂) 무산(霧山) 대종사는 영허당(暎虛堂) 녹원(綠園) 대종사를 기리면서 아래와 같은 고준(高峻)한 시편을 남겼다.

청학靑鶴 - 영허 선사

한 백 년 님의 원음
황악(黃嶽)으로 두시고서

외로시면 날빛 한 자락
즐겨시면 달 하늘을

천애(天涯)로 펼쳐진 나래
만법 넘어 가십니까.

무릇 제불(諸佛)의 본원(本源)은 청정하고 오묘하여 형상이 없지만 법계에 충만하여 생사를 초월하고 있다. 진여본체(眞如本體)는 공적(空寂)하여서 생멸(生滅)과 시종(始終)이 없으니 다만 원각(圓覺)에 회귀하는 자성(自性)만이 있을 따름이다.

영허당 녹원 대종사는 살아 계실 때는 불성(佛性)의 본원을 깨달으셨던 무위진인(無位眞人)이셨고, 입적하신 뒤에는 무생(無生)의 안락(安樂)을 누리시고 계시는 불멸(不滅)의 법신(法身)이시다.

무산 대종사의 '청학(靑鶴)'은 조계선문의 혜등(慧燈)을 더욱 빛나게 하셨던 영허당 녹원 대종사의 초불초조(超佛超祖)의 선지(禪旨)를 잘 기리고 있다.

황악산주이셨던 영허당 녹원 대종사께서는 소백준령(小白峻嶺)의 밤하늘에 뜬 달과 별들이 서로 상관하지 않으면서도 더불어 빛을 발하고, 소백준령을 오가는 풍운(風雲)이 거리낌 없이 만나서 섭섭한 기색 없이 헤어지는 원융무애(圓融無礙)한 도리를 몸소 보여주셨다.

조계종 총무원장과 동국대 이사장을 역임하시면서도 노유(老幼)를 초월한 근겸(勤謙)의 가풍으로 한국불교의 위상을 드높이신 영허당 녹원 대종사께서는 하나를 물으면 열을 알려주시되 그 무량자비지은(無量慈悲之恩)의 가르침을 전하는 방법은 손가락을 구부리고 펴는 것만큼이나 간단명료하였다.

영허당 녹원 대종사와 반연이 깊은 출·재가자들의 회고담이 출간된 것을 진심으로 기쁘게 생각하며 이 회고록이 영허당 녹원 대종사께서 펼치신 공덕을 널리 알려주길 바란다.

천불선원에서 일묵(一黙)의 삼매(三昧)로써 1천 7백 공안을 모두 삼켜버리신 영허당 녹원 대종사의 진영에 일주향을 사루면서 납승의 졸시 한 편을 바친다.

오동향로 烏銅香爐

온갖 원(願)
앉힌 자리
꿈을 태운 화중삼매(火中三昧)

이제는
연지(燃指)로도
갈 수 없는 서역만리(西域萬里)

향연(香煙)은
빈 성터에 남아서
꽃잎으로 피고 있다.

살포시
유성(流星)을 앉혀
저 궁전(宮殿) 지등(紙燈) 밝히면

쉬었던
구름도 이젠
용이 되어 비천(飛天)하고

먹물 빛
차가운 가슴도
빛을 안아 사리(舍利)련가

불기2567(2023)년 9월

고성 화암사 영은암 회주 정 휴 합장

사진으로 만나는 영허녹원 대종사

동국제일가람황악산문

황악산 직지사 일주문

가을로 가득한 직지사 단풍나무길

새해 황악산 일출 모습

직지사 전경

정화불사가 한창 진행 중일때 대중들 앞에서 연설을 하고 있는 녹원 스님

제산 스님 추모다례에 참석한 녹원 스님과 고암 스님 등의 모습

1960년대 후반 일본불교순례를 갔을 때의 모습.
오른쪽부터 월탄, 혜정, 벽안, 청담, 녹원 스님 등이 함께 했다.

1973년 6월 지월 스님 49재를 마치고 난 뒤 기념촬영. 맨 앞줄 오른쪽 끝이 녹원 스님이다.

종정 성철 스님에게 총무원장 임명장을 받고 있는 녹원 스님

총무원장 임명장을 받고 종정 성철 스님과 녹원 스님 등이 함께 한 모습

第8代 中央宗會 開院記念 佛紀 2528. 8. 31

녹원 스님이 총무원장으로 취임한 직후 1984년 8월 개원한 8대 중앙종회 기념사진

1984년 총무원장 재임 시절의 녹원 스님

1984년 9월 18일 녹원 총무원장 취임법회 모습

조계종을 방문한 스리랑카불교 종정스님과 함께 한 모습

1985년 첫 동국대
이사장 취임 직후 모습

1990년 2월 17일 동국대 이사장에 취임하는 녹원 스님

1995년 2월 직지사 설법전에서 열린 본사주지 교계 중진스님 연수 모습

1995년 10월 19일 열린 직지사 30년 중창불사 회향법회 모습

평생의 도반 도원 스님과 함께 파계사 대비암에서 망중한을 즐기고 있는 녹원 스님

1998년 봄 직지사 명월당 앞에서 함께 한 녹원 스님의 인연들

직지사 대웅전 앞에서 진행되고 있는 행자교육 모습

2002년 5월 11일부터 이틀간 진행된 공식적인 첫 템플스테이.
직지사 조실 녹원 스님과 포교원장 도영 스님을 비롯한 주한외교사절들이 참석했다.

2002년 9월 27일 열린 동국대 불교병원 준공식 모습

2004년 대종사 법계를 받은 뒤 총무원장 법장 스님에게 불자를 봉정받고 있는 모습

법상에 올라 법을 설하고 있는 모습

녹원 스님이 생전 주석했던 직지사 명적암

이사장으로서 사부대중을 이끌었던 동국대학교

녹원 스님의 평생 원력이 깃들어 있는 동국대 일산병원

눈 쌓인 겨울날 직지사 경내를 거닐고 있는 녹원 스님

영허당 녹원 대종사 영결식 모습

녹원 스님 다비식 모습

56 ─ 허공에 가득한 깨달음 영허녹원暎虛綠園

녹원 스님 사리함 모습. 사리함에 스님의 얼굴을 새겨 넣었다.

직지사 부도전에 조성된 녹원 스님 부도와 비

인터뷰·I

녹원 스님과 함께 한 수행자들

"배도원의 선지식善知識은 오녹원이야!"

前 조계종 원로의장 **도원 스님**

급히 바랑을 챙겼다. 슬픔의 감정을 담을 새도 없었다. 스승의 마음을 살피던 시자 역시 묵묵히 길을 준비했다. 한 시간도 안 돼 도착한 직지사는 분주했다. 슬픔에 잠긴 제자들을 차마 외면할 수 없어 손을 잡아주었다. 안내를 받아 도착한 빈소. 사진으로 마주한 도반은 말이 없었다. 차를 달리며 꾹꾹 눌러 적은 송(頌)을 영전에 올렸다. 마지막 연서(戀書)였다.

찬란했던 그림자 거두니 한 물건도 없어라. 爍影息了無一物
허공을 비추듯 밝고 맑아 티끌 한 점 없네. 瑩若暎虛絕點瑕
이에 함께 걸었던 70년 세월이 생각나 因憶同行七十年
지팡이 짚고 푸른 동산에서 떨어진 꽃을 밟아본다. 携筇綠園踏殘花

녹원 스님의 행장도 정리했다. 직지사 대중들은 도원 스님이 녹원 스님의 행장을 정리하는 것이 당연하다고 했다. 삶과 사상을, 아니 마음을 나눈 도반이 바로 도원 스님이었기 때문이다. 5일의 장례 기간은 두 스님의 지난 70년 인연을 다 담아내기에 너무 짧았다.

어둠 속에서 만난 등불

4번의 녹원 스님 추모다례가 지난 여름날, 파계사 대비암(大悲庵)을 찾았다. 아담하면서도 정갈한 대비암은 도원 스님의 모습이 그대로 투영된 도량이다.

대구 파계사 대비암 모습

도원 스님은 세수 96세가 믿기지 않을 만큼 정정하고 또렷했다. 눈빛과 표정은 20대 청년의 그것과 다르지 않았다. "마음 쓸 일이 없으니 이렇게 잘 지낸다."며 웃은 도원 스님은 당신의 출가와 수행, 녹원 스님과의 인연에 대한 기억을 구체적이면서도 촘촘하게 전했다.

"은사이신 고송 스님과 저는 경북 영천 동향입니다. 부모님께서 잔병치레가 많고 몸이 허약했던 저를 은사스님께 맡기셨습니다. 평소 절에 다니면서 스님들을 가까이 모셨던 부모님께서는 아들의 출가를 큰 복으로 생각하셨습니다.

그렇게 열다섯 살에 파계사 성전암으로 출가했습니다. 3년간 열심히 은사스님을 모시면서 수행자의 기본을 다졌습니다. 출가 만 3년이 지나 은사스님께서 저를 부르시더니 '이제 네 공부를 해야 한다. 공부를 하려면 한암 스님이 계신 오대산으로 가고 참선을 하려면 만공 스님이 계신 덕숭산으로 가라. 어디가 좋겠느냐?'고 물으셔서 오대산에 가고 싶다고 말씀드렸습니다."

처음으로 팔공산을 벗어나는 마음은 설렘과 두려움이 교차했다. 그래도 스승을 찾아간다는 여정은 즐거웠다. 물어물어 도착해 친견하게 된 한암 스님은 '진짜 도인'이었다. "이런 분이 도인이구나!"는 생각이 절로 들었다. 한암 스님에게 인사를 드렸지만 객을 받기에는 식량 사정이 시원치 않다며 원주인 탄허 스님과 상의를 하라고 했다.

객방에 바랑을 풀고 지낸 지 3일 만에 만난 탄허 스님은 "대중은 많지만 공양주가 없다."고 했다. 도원 스님은 공양주를 자처하며 3년간 살았다.

"결제 때는 선방에 40명, 외호대중과 일꾼 등이 50여 명, 다 합쳐 100

명 가까이 살았습니다. 공양주가 여간 고된 일이 아니었지만 그래도 한암 스님과 탄허 스님을 모시고 산다는 자부심으로 열심히 했습니다. 처음에 밥을 잘 못 해 '대중들 이빨 다 빠진다'고 혼도 많이 났습니다. 공양주가 끝난 뒤에는 한암 스님을 시봉하며 4년 정도 더 공부했습니다."

도원 스님이 '운명의 단짝' 녹원 스님을 만난 시간도 이즈음이다. 서울의 한 사찰행사에 참석하기 위해 길을 나섰지만 저녁이 다 돼 서울 인근에 도착했다. 목적지 사찰에는 가지 못하고 중간에 쉴 수 있는 한 암자를 찾았다.

"캄캄한 저녁이 돼 엉금엉금 기어올라 겨우겨우 암자로 갔습니다. 도대체 보이질 않으니 '여보시오! 여보시오!'라고 소리를 지르면서 갔어요. 그때 저 멀리서 한 스님이 등불을 들고 내려왔어요. 그 스님은 우리 일행을 데리고 암자로 가서 불도 지펴주고 이부자리도 봐줬어요. 이튿날 아침에 보니 참하고 준수하게 생긴 젊은스님이에요. 녹원 스님이었습니다. 암자에서 내려올 때도 끝까지 배웅을 해줬습니다. 강렬한 첫 만남이었습니다. 하하."

대통령도 인정한 직지사의 '새마을운동'

두 스님이 다시 만난 것은 대구경북지역 정화불사에 동참하면서다. 도원 스님은 김천 시내 사찰에서, 녹원 스님은 직지사에서 정화에 참여했다.

"일이 있어 대구에 갈 때면 항상 김천역에서 만나서 함께 이동했습니다. 언제나 깔끔하고 위풍당당한 모습이었어요. 제가 나이는 한 살 위였지만 말을 놓지 않고 서로 경어를 쓰면서 존중했습니다. 한 번은 불국사 월산 스님께서 김천에 오신 적이 있습니다. 저희 둘이 마중을 나가니 '조계종에 멋쟁이가 둘이 있어. 한 사람은 배도원, 한 사람은 오녹원이 야'라며 격려를 해주시기도 했습니다. 하하."

한송 스님과 고송 스님을 비롯한 어른스님들의 지지와 격려에 대구 경북지역 정화불사는 치열하면서도 원만하게 진행됐다.

"녹원 스님이 대처승 사찰에 가기만 하면 붙잡혔습니다. 대처승들이 서로 녹원 스님을 양아들 삼겠다며 붙잡았어요. 녹원 스님은 '엄청난 조건'을 모두 마다하고 정화에 진력했습니다. 언젠가 서울에서 동산 스님과 금오 스님을 비롯한 어른들과 함께 하는 정화불사 회의에 참석한 적이 있는데 정화불사의 당위성과 필요성을 주로 얘기하는 젊은 수좌는 녹원 스님뿐이었습니다. 옆에서 보고만 있어도 든든해지는 그런 존재였습니다."

두 스님이 함께하는 시간이 많아지면서 주변에서도 말이 많았다. 어깨를 두드려주며 격려를 해주는 스님들도 많았지만 어떤 스님은 두 스님을 보고 "혹시 둘이 성소수자, 동성애자 아닌가?"라고 물을 정도였다고 한다. 도원 스님은 이런 말들이 오히려 반가웠다고 한다.

"거의 모든 일을 같이 했기 때문에 제 옆에 녹원 스님이 있는 것이 어느 순간부터는 당연했습니다. 혹여 일이 생겨 나만 움직이거나, 아니면 녹원 스님만 다니면, 되려 스님들이 걱정을 했어요. 무슨 일이 있냐고 꼭 물어볼 정도였으니까요. 하하."

녹원 스님은 1958년부터 직지사 주지를 맡아 사찰을 정비하기 시작했다. 폐사지나 다름없던 절을 새롭게 창건한다는 마음으로 살피기 시작했다.

파계사에서 대비암으로 가는 도원 스님과 녹원 스님

도원 스님 생일을 맞아 파계사 대비암에서 함께 한 두 스님.
가운데는 도원 스님의 은사 고송 스님이다.

"옛날 직지사처럼 가난한 절도 없었을 것입니다. 수학여행 오는 학생들이 가져온 쌀로 식량을 해결할 정도였습니다. 그래도 녹원 스님은 하나하나 정리를 해냈어요. 정말 고생을 많이 했어요."

시간이 흘러 직지사가 안정을 찾을 때쯤 박정희 대통령이 직지사를 찾았다.

"구미가 고향인 박 대통령이 대구경북지역을 둘러 보던 중 '지역에서 가장 괜찮은 절이 어디냐?'고 참모한테 물었다 합니다. 그 참모는 한 치의 망설임도 없이 김천 직지사의 녹원 스님이 잘살고 있다고 대답을 했어요. 그래서 박 대통령이 직지사에 왔는데, 소문대로였습니다. 당시에는 흔했던 담배꽁초 하나 찾아볼 수 없을 정도로 절이 깔끔했습니다. 이런저런 대화를 나누던 박 대통령이 '스님께서는 나보다 더 일찍 새마을 운동을 시작하셨네요'라고 극찬을 했다고 해요. 그 만남 뒤에 박 대통령께서 당신 부모의 기제사를 직지사에 맡기셨어요. 직지사에서 박 대통령 부부와 부모님의 제사를 모시게 된 인연이 그렇게 만들어졌습니다. 중창불사가 한창일 때 문경 쪽에 방치되어있던 석탑들을 직지사로 옮기는 것도 처음에는 여러 문제가 있었는데 박 대통령이 해결해줬다는 말도 들었습니다. 하하."

도원 스님은 녹원 스님이 청와대를 방문했던 일화도 소개했다.

"박 대통령이 초청해서 녹원 스님이 청와대에 간 적이 있어요. 가족들과 인사를 나누는데, 육영수 여사의 여동생이 반갑게 맞이하여 농담을 했습니다. '녹원 스님은 이제 큰일 났습니다' '무슨 일입니까?' '직지사가 대통령의 절이고 녹원 스님이 대통령의 스님이라고 소문이 나서 사람들이 이제 스님의 일거수일투족을 대통령께 보고할 것입니다. 이제 어디 다니시는 것도 쉽지 않을 것입니다' '그래요? 그럼 저는 직지사 선전을 안 해도 되겠습니다. 저절로 선전이 될 것이니 말입니다. 하하' 그때 서로 기분 좋게 만났고 또 기분 좋게 헤어졌습니다."

십자가 밑에 누워 다짐한 불교병원 건립

도원 스님의 말씀 곳곳에는 도반에 대한 자랑스러움이 배어 있었다. 도원 스님을 생각하는 녹원 스님 마음도 확인할 수 있었다.

"대구 사는 신도가 직지사에 참배를 갔다가 녹원 스님한테 인사를 하니 묻더랍니다. '어디서 왔는가?' '대구 파계사에서 왔습니다' '도원 스님을 아시오?' '네. 큰스님께 가르침을 받고 있습니다.' '자네는 참 복 받은 사람이네. 도원 스님께 부처님 법을 배우고 있으니 말이야.' 그 신도가 저한테 와서 '신고'를 하더라고요. 하하."

스님의 '도반 자랑'은 여기서 그치지 않았다.

"녹원 스님은 직지사 주지를 시작으로 다양한 사판 소임을 봤습니다. 중앙종회의장, 총무원장 소임을 보면서 종단 발전에 크게 기여했습니다. 특히나 승려교육에 관심이 많아 이를 제도화시키고 직지사를 각종 수계와 교육이 가능한 도량으로 가꾸어 종단이 언제라도 이용할 수 있도록 했습니다. 문도들에게도 종단 대소사에는 적극 협력하라고 신신당부했어요.

또 동국대 이사장을 맡아 기울어져 가던 동국대를 다시 일으켜 세웠습니다. 그중에서도 가장 큰 업적이라고 한다면 불교병원을 세운 것입니다. 그 누구도 하지 못했던 일을 해냈습니다."

고창 선운사 도솔암 마애불을 참배한 두 스님

녹원 스님은 1984년 4월 1일 갑작스런 쇼크로 쓰러졌다. 심각한 저혈압에 심폐기능마저 저하되자 장례준비에 들어갔을 정도로 위중했다. 오랜 기간 병원에서 치료를 받던 녹원 스님은 기적처럼 살아났고 병문안을 온 스님들의 손을 잡고 맹세했다.

"평생 수행자의 길을 걸었어도 몸이 아프면 앞에는 성모 마리아가 있고 뒤에는 십자가가 서 있는 기독교병원에 신세를 질 수밖에 없습니다. 이것이 1700년의 전통을 자랑하는 한국불교의 현실입니다. 제가 다시 살아나 밖으로 나간다면 꼭 현대적 의료시설을 갖춘 불교병원을 짓겠습니다."

녹원 스님은 동국학원 이사장으로 재임하는 동안 의과대학을 신설하고 경주·포항·분당·강남에 이어 일산에 초대형 불교종합병원을 세웠다. 모든 불자들의 숙원불사가 이뤄진 것이다. 도원 스님도 당시를 회상했다.

"불교병원 짓겠다고 녹원 스님이 동분서주하는데 나도 가만히 있을 수 없었어요. 있는 돈 없는 돈 다 모아 3,000만원을 병원 건립기금으로 내놓았습니다. 원력을 세우면 실천하는 사람이 바로 녹원 스님입니다. 옆에서 보기 안쓰러울 정도로 열심히 하더니 결국 병원건립 불사를 해내고 말았습니다."

한암과 녹원, 기울지 않는 저울추

도원 스님과 녹원 스님은 종무행정 뿐만 아니라 수행정진도 함께 했다. 탄허 스님이 삼척 영은사에 회상을 꾸렸을 때 두 스님은 함께 가서

도원 스님이 묘장 스님에게 녹원 스님과의 일화를 전하고 있다.

공부를 배웠다.

"탄허 스님은 유불선에 모두 통달하신 분이었죠. 한암 스님이 철저한 수행자라면 상좌 탄허 스님은 좀 더 자유로운 가풍을 가졌던 분으로 기억됩니다."

도원 스님은 "한암 스님이 제일"이라면서도 "녹원 스님도 그에 못지않다."고 했다.

"한암 스님과 녹원 스님을 저울에 같이 올리면 아마 수평이 딱 맞을 것입니다. 제가 두 스님과 다 살아봐서 이런 말을 할 수 있는 것입니다. 이 세상 으뜸가는 도인은 한암 스님입니다. 그러니까 종정에 추대되신 것입니다. 스님께서는 항상 부처님 밥을 공짜로 먹어서는 안 된다고 강조하셨어요. 수행도 열심히 하셨고 또 후학들에게도 항상 신경을 쓰셨습니다. 오대산에 있던 젊은 수행자들에게 『치문』, 『사집』, 『도서』 등을 직접 가르치셨습니다. 공부를 지도하시면서는 항상 대중처소를 떠나지 말라고 강조하셨습니다. 수행자는 대중 속에서 정진해야 한다고, 대중처소를 떠나면 중이 아니라고 하셨어요. 또 철저하게 인과(因果)를 믿으라고 말씀하셨습니다.

한암 스님께서는 또 '승가오칙(僧伽五則)'을 말씀하셨어요. 참선(參禪), 염불(念佛), 간경(看經), 의식(儀式), 수호가람(守護伽藍)이 바로 그것입니다. 승가오칙은 오대산뿐만 아니라 우리 모든 조계종도가 실천해야 할 덕목이라고 생각합니다."

한암 스님에 대해 설명하던 도원 스님이 녹원 스님에 대해서도 말씀을 이어갔다.

"녹원 스님은 철저하고 분명한 수행자입니다. 녹원 스님은 18살 때 지주와의 문제로 억울한 일을 당한 소작농을 변호해 승소 판결을 받아낸 적이 있습니다. 언제나 명쾌하고 간결했습니다. 직지사에 살 때는 애종심과 애사심이 남달랐어요. 직접 볏짚을 나르고 기와를 올렸어요. 지켜보던 신도들이 감화되지 않을 수 없었습니다. 지금도 직지사의 일초일목(一草一木)이 모두 스님의 손길을 거치지 않은 것이 없습니다.

소임자들에게는 원력(願力)과 신심(信心), 공심(公心)을 강조했습니다. 자리를 비우거나 사심으로 일을 했던 소임자들에게 몽둥이찜질을 마다하지 않았어요. 보는 사람이 민망할 정도로 혼을 냈지요. 그때 녹원 스님에게 배운 스님들이 지금은 종단의 중진으로 아주 잘 살고 있습니다. 녹원 스님의 원력은 직지사를 넘어 동국대와 종단 전체에 전달됐고 오늘날 종단의 토대를 세웠습니다."

도원 스님은 "한암 스님을 만나고 '이런 도인이 없다' 생각했는데, 녹원 스님 옆에 있어 보니 또 '이만한 스님도 없다'는 생각이 들었다. 두 스님 모두 수행자의 본분을 철저히 지킨 분들이다."고 강조했다.

"배도원의 선지식(善知識)은 오녹원입니다. 더도 말고 덜도 말고 녹원 스님을 닮으라고 제 상좌들한테도 얘기를 해요. 인사 오는 모든 스님들한테도 말합니다. 더 말하는 것은 사족입니다. 하하."

도원 스님의 말씀은 끝이 없었다. 도반을 그리워하는 마음이 말씀 곳곳에 박혀 있었다. 도원 스님과 녹원 스님, 녹원 스님과 도원 스님을 보면서 서로가 거울이 되고 수행의 나침반이 되었던 사리불 존자와 목건련 존자가 떠오른 것은 결코 우연이 아니었다.

"녹원 스님이야말로 진정한 리더"

前 조계종 명예원로의원 **명선 스님**

"녹원 스님은 강직한 어른입니다. 불의를 보면 참지 않으셨어요.
당연히 불의와의 타협은 없었습니다.
너무 곧다 보니 주변에서는 더러 박덕薄德하다는 말도 하곤 했지만,
박덕과는 다른 강직함이 녹원 스님에게는 있었습니다.

또 녹원 스님에게는 '적당히'라는 말이 통하지 않았어요.
대충대충 일을 하는 어른이 아닙니다. 하나 하나 정확하게,
그리고 끝까지 일을 하시는 성격이었습니다.
종단과 동국대를 위해서라면 무슨 일이든 하던
녹원 스님의 모습이 눈에 선합니다."

조계종 명예원로의원 명선 스님은 녹원 스님에 대해
"강직하고 곧은 수행자"라고 했다. 호남불교의 산증인으로 화엄사와
흥국사를 일으키며 후학들의 존경을 받고 있는 명선 스님이 전하는
녹원 스님에 대한 말씀이 허투루 들리지 않았다.

배롱나무의 계절, 붉은 여름을 달려 남쪽으로 향하니 어느새 여수의 영취산 흥국사(靈鷲山 興國寺)다. 부처님께서 『법화경』을 설했던 인도의 영취산처럼 흥국사가 앉아 있는 여수의 영취산 역시 따뜻하고 포근했다.

흥국사는 보조 국사 지눌 스님이 나라와 불교를 새롭게 일으키고자 결성한 정혜결사 도량이기도 하다. '절이 잘되면 나라가 잘되고, 나라가 잘되면 절도 잘될 것'이라는 의미를 지닌 호국도량이다. 임진왜란 때 좌수사 이순신을 도와 700여 명의 승병이 활동하던 본거지가 바로 흥국사였다.

여수 흥국사 일주문

"흥국사는 임진왜란 때 이순신 장군이 지휘하던 전라좌수영의 의승수군(義僧水軍) 본부였습니다. 당시 자운과 옥현 두 선사가 창설한 의승수군은 전라·경상·충청 3도에서 스님 700명 가량이 집결해 있으면서 멀리 서해안까지 나가 왜적을 물리쳤습니다. 일반 장수들은 전쟁 중 더러 달아나기도 했지만, 의승들은 도망가기는커녕 토굴을 지어놓고 살면서 낮에는 농사를 짓고, 밤에는 왜적을 막아냈습니다. 물러섬이 없는 스님들 특유의 근성이 있었습니다.

사명 대사가 이끌었던 승병 활동은 크게 부각된 데 반해, 좌수영 의승수군의 공은 감춰져 있어요. 일본 해군성 자료에는 거북선 설계자가 자운과 옥현 두 선사로 기록돼 있지만, 이 역시 알려지지 않고 있습니다. 누군가는 제대로 밝혀내야 할 겁니다."

근래 들어 흥국사는 조계종 명예원로의원 명선 스님과 함께 한 절이다. 스님이 1985년부터 주석하면서 가람을 일신했다. 쓰러져 가던 전각들을 고치고 고쳤고 또 포교에 필요한 불사를 진행해 30여 동의 건물이 어깨를 맞댄 대가람으로 변신했다.

흥국사 종무소에서 명선 스님을 만났다. 종무소에는 여러 선지식(善知識)들의 사진이 있었다. 동산 스님, 동헌 스님, 성철 스님, 도광 스님, 도천 스님 등. 명선 스님과 직간접적으로 인연이 있는 어른들이다. 선지식들과의 인연이 궁금했고, 자연스럽게 명선 스님의 불교인연부터 여쭈었다.

선지식들과의 인연 속에서 만난 녹원 스님

1936년 전남 담양에서 태어난 스님은 1952년 담양 보광사에서 도천

녹원 스님의 중앙종회부의장 시절의 모습.
종회에서 명선 스님은 녹원 스님과 많은 대화를 나누었다.

스님을 은사로 출가했다. 한국전쟁 중 평소 형제처럼 지내던 마을 사람들이 서로 원수가 되어 죽고 죽이는 현실을 보며 깊은 고뇌 끝에 출가했다. 보광사는 명선 스님의 속가 외할아버지가 창건한 사찰로 외삼촌 도광 스님과 도천 스님이 정진하던 도량이었다.

도광 스님과 도천 스님은 금강산 마하연에서 함께 공부했던 둘도 없는 도반이었다. 명선 스님은 두 스님을 스승으로 모시고 정진했다.

"공양주와 부목, 채공 등 무엇이든 도맡아 했습니다. 염불은 24시간 일념으로 해야 한다는 도광 스님의 지시대로 〈천수경〉을 3줄씩 적어 밥 지을 때나, 나무할 때나, 물을 길어 나르며 달달 외웠어요. 새벽 3시 도량석으로 아침을 열고, 밤 10시 잠자리에 들었습니다. 하루가 멀다 하고 코피가 터졌어요. 하하. 그래도 어른들께 하나라도 더 배우려고 열심히 했던 시간이었던 기억입니다."

초발심(初發心)에 신심(信心)이 더해져 있던 그때 명선 스님은 전강 스님과 송담 스님을 모시고 보광사에서 함께 공부했으며 전강 스님에게 '이뭣고' 화두를 받았다.

1955년 해인강원에 입학해서는 청담 스님을 비롯한 많은 어른들을 모시고 살았다. 1959년 강원을 마치고 스님은 해인사 퇴설당 선원을 비롯 오대산 상원사, 담양 보광사, 부산 범어사, 양산 통도사, 기장 묘관음사, 선산 도리사 등에서 15안거를 성만했다.

"운이 좋았던지 당대의 큰스님들을 친견하고 공부를 배울 수 있는 기회가 많았습니다. 한 분 한 분 어른들의 가르침이 저에게는 큰 도움이 되었습니다.

광주 동광사에서 사미계를 설해주신 전강 스님은 조사어록과 법문을 많이 들려주셨고, 목포 정혜원에서 보살계를 주신 동산 스님에게서는 감히 범접할 수 없는 그 무언가를 느꼈습니다. 강원 시절 뵈었던 지월 스님께서는 '촌음을 아껴 공부에 매진해라. 오늘 해가 동쪽에서 떠 서쪽으로 지면 다시 오지 않는다'고 말씀하셨습니다.

오대산 상원사 선원에서 정진하고 있을 때 청담 스님께서는 '산중에서는 졸고만 있어도 공부가 된다. 자연스럽게 중물이 든다. 졸고만 있어도 그 인연으로 성불할 것이다'고 격려해 주셨습니다. 오늘날의 저를 있게 한 어른들의 가르침이 아직도 생생합니다."

이후에도 성철 스님을 비롯한 현대 한국불교의 기라성 같은 어른들을 모시고 정진한 명선 스님은 조계종 중앙종회의원 등의 소임을 보며 구례 화엄사에서 총무국장으로 가람을 일으키는데 큰 기여를 했다. 1975년부터 1980년까지 화엄사 주지를 맡아 오늘날의 '대(大)화엄사' 주춧돌을 놓았다.

녹원 스님 역시 명선 스님이 만난 선지식 중 한 명이었다.

계속됐던 인연

명선 스님이 녹원 스님을 처음 만난 때는 출가 초기였다. 해인강원을 졸업하고 선방에서 한창 화두와 씨름할 때였다. 선방 2년차, 구미 도리사 선원에 방부를 들여 정진하던 스님은 작은 병을 치료하기 위해 김천으로 향했다. 며칠 묵을 생각으로 갔던 김천포교당의 주지스님이 갑자기 자리를 비워 포교사로서 한 달 정도 머물렀다. 당시 김천포교당의 본사인 직지사의 주지가 바로 녹원 스님이었다.

"그때는 인사만 하는 정도였어요. 반듯한 인상의 녹원 스님은 직지사 중창을 위해 동분서주 하고 있었습니다. 치료를 마치고 저는 다음 철 정진을 위해 김천포교당을 나왔습니다."

시간이 흘러 명선 스님이 1970년 조계종 3대 중앙종회에 입성하게 되면서 녹원 스님과의 인연이 이어졌다.

"제가 35살에 처음 종회의원이 됐습니다. 당시 종회의장은 벽안 큰스님이었어요. 벽안 큰스님께서 새내기 종회의원인 저를 보시더니 점심을 사주겠다고 부르셨어요. 조계사 앞에 모밀국수집이 있었는데 거기서 맛있게 공양을 했습니다. 그때 노장님들은 후배들을 살뜰하게 챙기는 그

80
―
허공에 가득한 깨달음 영허 녹원 暎虛 綠園

형형한 눈빛의 녹원 스님

런 인정이 있으셨어요. 벽안 큰스님을 보며 어른들의 역할이 중요하다 생각했죠. 벽안 큰스님께서 녹원 스님을 아끼셨기에 종회를 전후로 녹원 스님과 점점 가까워지는 계기들이 생겼습니다. 교구본사에 대한 이야기나 종단 현안에 대한 의견을 나누는 일들이 많아졌습니다."

중앙종회의원을 하면서 녹원 스님의 면목을 확인했다. 녹원 스님은 발군의 실력을 갖추고 있었다. 예리함과 강직함, 정연한 논리 등을 직접 보고 확인할 수 있었다.

명선 스님이 녹원 스님과 더 가까워진 시기는 1980년대부터다. 명선 스님은 1981년 1월부터 동국대 감사를 맡았다. 당시 녹원 스님은 동국대 이사. 이후에 녹원 스님이 조계종 총무원장 소임을 맡았을 때 명선 스님은 종회 재정분과위원장으로 일했다. 녹원 스님의 원만한 일처리는 여전했다. 사부대중의 추대로 총무원장 소임을 맡았고 또 일을 마치고 미련없이 소임을 그만두는 모습도 지켜봤다.

"1980년대 초반에는 영암 큰스님께서 동국대 이사장을 하셨습니다. 그때는 전두환 신군부에 의해서 '정보정치'가 횡행하던 때입니다. 안기부 직원들이 대학에 상주하면서 이사장실이건 총장실이건 문을 발로 차고 들어와 휘젓고 다닐 때입니다. 마음에 안 드는 사람 있으면 잡아가 패던 시절이었지요.

제가 감사를 맡고 보니 대학 상황이 가관이었습니다. 우선 정보정치를 근절시켰어요. 제 유발상좌가 안기부 과장으로 있어서 동국대 담당 직원들에게 예를 갖추라고 했어요. 언젠가 제가 안기부 직원들을 혼냈더니 그 후로는 스님들과 교직원들에게 함부로 하지 못했습니다. 하하.

영암 큰스님께서는 항상 실리적으로 일을 하셨어요. 개인적으로도 많이 배웠습니다. 영암 큰스님 후임으로 녹원 스님께서 동국대 이사장을 하셨습니다."

"오직 동국대 발전"

동국대와 종단, 그리고 다시 동국대에서 호흡을 맞추기 시작한 명선 스님과 녹원 스님은 '종립대학 발전'을 위해 의기투합했다. 공통의 목표가 있었기에 손발이 척척 맞았다.

"녹원 스님이 너무 곧고 타협을 쉽게 수용하는 성격이 아니어서 저도 어떤 때는 일을 하기 어려웠습니다. 며칠씩 말도 안 하고 그랬어요. 하하. 그래도 옳은 이야기는 또 바로 들어주셨어요. 맞는 말이다 싶으면 과감하게 수용하셨습니다. 어쩌면 전형적인 '보스이자 리더' 스타일이죠. 녹원 스님은 그렇게 학교 발전에 크게 기여를 하셨습니다."

명선 스님은 당시의 동국대와 현재의 동국대가 많이 달랐음을 먼저 설명했다.

"녹원 스님이 이사장을 하실 때만 해도 학교의 간부들을 이끌고 나가는 것부터가 쉽지 않았습니다. 질서가 없었어요. 그리고 엉뚱한 처실장들도 가끔 있어서 그 사람들을 제대로 가르치고 세워서 함께 데려가는 것도 중요한 일이었습니다. 그러나 지금 동국대를 보면 다들 똑똑하고 일을 할 줄 아는 사람들입니다.

녹원 스님을 모시면서 했던 일 중 기억에 남는 것을 꼽는다면, 제일 중요한 것이 현재의 동국대 주변을 관리한 것입니다. 당시 학교 주변에는 주택들이 많았어요. 당연히 건설업체에서 주택들을 매입해 고층 아파트를 지으려는 시도를 많이 했습니다. 전국의 스님들께 사정을 설명하고 힘과 재원을 모아 막아낸 적이 한두 번이 아닙니다. 또 학교 근처에 있던 재향군인회 건물을 매입해 부지를 넓혔던 것도 생각납니다.

두 번째는 동국대가 명실상부한 종합대학으로 거듭나기 위해 필요했던 기본자산을 늘린 것입니다. 여러 번의 종회를 거쳐 각 교구의 임야 20%를 동국학원에 기증한다는 내용을 등기부에 삽입했습니다. 물론 의견이 모아지지 않은 교구본사도 있었지만 당시로써는 큰 수확이었습니다. 모든 스님과 종도들이 동국대의 발전을 위해 기꺼이 희생하겠다는 의지를 밝혔다고 할 수 있습니다. 지금 생각해도 고마운 일입니다.

세 번째는 지관 스님이 동국대 총장에 취임한 일입니다. 동국대가 종립(宗立)대학으로서의 위상을 확고히 하고 또 종도들의 마음을 모으기

명선 스님은 녹원 스님과 함께 동국대 중흥을 위해 진력했다.

위해서는 스님 총장이 필요하다는 의견이 많았습니다. 마침 지관 스님이 적임자라는 의견이 모아졌고 재단 감사로서 여러 가지 문제를 해결해 지관 스님을 총장으로 모셨습니다. 지관 스님이 총장을 맡으면서 동국대가 오늘날과 같이 발전했다고 자부합니다."

"원력(願力)에서 원력(願力)으로"

명선 스님은 녹원 스님을 도와 많은 일들을 했다고 강조했다. "녹원 스님이 아니었으면 못했을 일도 많았어요. 시절 인연이 그래서 중요합니다. 녹원 스님이 중심이 돼 일을 하면 저는 손을 보태는 정도였지만, 저도 나름 일을 했다고 생각합니다. 하하."

종단의 현대사를 관통해 수행정진 해 온 어른 명선 스님에게 현재 한국불교에 필요한 것이 무엇인지 여쭈지 않을 수 없었다. 스님은 주저 없이 화합과 포교를 꼽았다.

"부처님 공부의 핵심은 베풀고, 화합하자는 것입니다. 70여 년 전, 한국전쟁이 한창일 때였죠. 담양 시골 마을에도 전쟁은 비참하고 끔찍했습니다. 그러나 무엇보다 가슴 아픈 것은 사람들의 갈등이었습니다. 가족처럼 함께 살던 사람들이 갈라졌죠. 서로를 증오하고 죽였습니다. 그때 받은 충격으로 방황하던 저는 출가를 했습니다. 불법(佛法)을 공부하며 제가 귀에 못이 박히도록 들은 부처님 말씀은 '더불어 함께 살라'는 것이었습니다. 세상살이는 '함께 사는 것'입니다. 화해야말로 부처님 가르침의 으뜸이죠. 그러기 위해서는 조건 없이 항상 베풀어야 합니다.

그래서인지 저는 지금도 염주를 사람들에게 나눠줍니다. 아마 100만

평소에 공부를 게을리 하지 않던 녹원 스님은 항상 책을 가까이 뒀다.

개 이상을 보시했을 것입니다. 제가 건넨 염주로 기도해서 시험에 합격했다는 이도 있고, 교통사고를 피했다는 이도 있습니다. 염주를 부적처럼 여긴다며 기복적으로 치부할 수도 있을지 모르지만, 염주는 부처님과 인연을 맺어주는 최고의 불구(佛具)입니다. 염주는 부처님을 생각하는 구슬입니다. 따라서 염주를 지닌 것만으로도 화두가 됩니다. 화가 치밀다가도 염주가 손에 잡히면 수그러지게 됩니다."

명선 스님은 몽골 출신 스님 20여 명을 한국으로 초청해 교육시켰다.

"몽골의 젊은 스님들과 생활하다 보니 새롭게 힘이 납니다. 젊은 스님들이 머나먼 타향에 살면서도 힘써 정진하는 것은 신심(信心)이 있기 때문입니다. 저도 출가하고 얼마 되지 않아 강진 백련사에서 동산 스님을 모시고 살았습니다. 동산 스님은 항상 '신심이 도(道)의 근본이다'고 하셨습니다. 그때는 어렵고 불편함이 많았지만 신심으로 참고 이겨냈습니다."

원력(願力)으로 평생을 살아 온 명선 스님과 녹원 스님은 많이 닮아 있었다. 어른스님들의 원력은 이어지고 이어진다. 두 스님의 원력을 생각하니 조선시대 사육신 성삼문이 쓴 '백일홍(百日紅)'이라는 시가 머리를 스친다.

지난 저녁 꽃 한 송이 떨어지고 昨夕一花衰

오늘 아침에 한 송이 피어서 今朝一花開

서로 일백일을 바라보니 相看一百日

너를 대하여 좋게 한잔하리라 對爾好銜盃.

인터뷰 후 명선 스님은 2023년 2월 2일 오전 4시 59분 여수 흥국사에서 원적에 들었다. 법납 70년 세수 88세. 영결식과 다비식은 2월 6일 '원로회의장(葬)'으로 치러졌다. 명선 스님은 원적에 들기 전 '열반게'를 남기며 후학들에게 수행 정진과 광도중생을 당부했다.

無量劫來 消滅業障 (무량겁래 소멸업장)
勤修佛道 廣度衆生 (근수불도 광도중생)
若今不成 必得來生 (약금불성 필득래생)
普利自他 弘益衆生 (보리자타 홍익중생)

무량겁 쌓은 업장 다 소멸하고
부지런히 불도 닦아 중생 제도하라.
만일 금생에 이루지 못하거든 내생에라도 꼭 이루어,
널리 나와 남도 이롭게 하고 모든 중생도 이익케 하라.

"반듯하고 반듯했던 수행자"

前 조계종 원로의장 **밀운 스님**

"녹원 스님은 아주 반듯했던 수행자입니다.
수행자는 반듯하면 됩니다. 그거 하나면 돼요.
반듯하다는 것은 계戒를 지키고 바르게 산다는 의미입니다.
또 종무행정을 매우 잘 알았어요. 일을 할 줄 아는 분이죠.
녹원 스님이 총무원장을 한 뒤 소임자들도 임기를 지키게 됐습니다.
부처님은 물처럼 살았습니다. 물은 모든 생명의 근본이 되는 존재입니다.
그리고 순리대로 흘러갈 뿐입니다. 물은 무슨 욕심이 없습니다.
녹원 스님도 물 흐르듯 소임을 보고 또 일을 했던 분이라고 생각합니다."

녹원 스님 총무원장 당시 부원장으로서 종무를 보좌했던 밀운 스님.
스님은 녹원 스님을 "반듯한 수행자"라고 했다.
또 "그거 하나면 다 설명이 된다."고 했다.
90을 넘긴 세수가 믿기지 않을 정도로 정정한 모습인 밀운 스님은
40년 전의 일들을 각종 서류와 함께 꼼꼼하게 기억하고 있었다.

차별 없는 눈[雪]. 온 세상을 장엄하며 내리는 눈은 차별이 없다. 도심에도, 산중에도 똑같이 내려앉는다. 차별 없는 불성(佛性). 불성에도 차별이 없다. 남녀노소를 구분하지 않고 동서남북에 선을 긋지 않는다.

폭설이 쏟아지던 날, 남양주 봉선사를 찾았다. '운악산 봉선사'라는 일주문의 한글 현판이 눈에 들어온다. 경내로 들어가자 수백 년 동안 봉선사를 지켜온 느티나무도 일행을 맞아준다. 그리 크지 않은 사격(寺格)이지만 곳곳에 걸린 한글 현판들이 '봉선사'임을 확인해 준다. 특히 대웅전(大雄殿)이라 쓰지 않고 '큰법당'이라고 걸려 있는 현판에서 다른 절들과는 다른 '어색함'과 우리 글의 '친근함'이 함께 다가온다. 한문 중심의 경전을 한글로 번역하는데 선구적 역할을 했던 운허 스님과 그 제자 월운 스님의 향기가 경내에 가득한 듯하다.

"전무후무한 원주"

발길을 개안수면당(開眼睡眠堂)으로 돌렸다. 조계종 원로회의 의장을 지냈고 봉선사 회주(會主)로 후학들을 제접하고 있는 밀운부림(密耘部林) 대종사를 뵙기 위해서이다.

방으로 들어가니 십여 개가 넘는 각종 글씨들이 눈에 들어왔다. 그 중 첫 번째 글씨가 인상적이다.

負木捨柴 寄避雨亭 (부목사시 기피우정)

不關風雷 開眼睡眠(불관풍뢰 개안수면)

부목이 땔나무를 버리고,
이 정자에서 비를 피하려네.
태풍과 뇌성벽력도 상관하지 않고,
눈을 뜨고 잠에 들리라.

밀운 스님이 봉선사 피우정(避雨亭)에서 주석하기 시작할 때 지은 시라고 했다. 부목(負木)은 사찰에서 땔나무를 비롯 온갖 허드렛일을 하는 사람을 가리킨다. 스님은 '종단의 부목'을 자처할 만큼 많은 일을 했다. 서울 봉은사와 봉선사의 주지를 지내는 동안 굵직굵직한 불사를 해냈다. 스님은 총무원의 재무부장·총무부장·부원장 등을 맡아 경찰 포교조직인 경승단을 창립하기도 했다. 그런 스님이 땔감을 버린 것이다. 밀운 스님의 사형(師兄) 월운 스님은 1989년 밀운 스님이 종단 일을 그만두고 봉선사로 들어올 때 "잠깐 비나 피한다고 생각하고 지내라."며 직접 '피우정'이라 지어줬다고 한다.

"조선시대에는 봉선사에 '교학 시험'을 관장하던 승과(僧科)가 있었고, 봉은사에 '선학 시험'을 관장하던 승과(僧科)가 있었습니다. 근대에 들어서면서부터는 월초 스님, 운허 스님, 월운 스님으로 이어지는 강맥(講脈)에서 알 수 있듯이 한국불교의 명실상부한 교종본찰(教宗本刹) 가풍을 잇고 있습니다. 앞으로도 봉선사의 가풍이 면면히 이어질 것으로 기대합니다."

밀운 스님은 살아있는 사판승의 신화다. 1970년대 초반 정진열기로

해인총림의 1971년 동안거 결제 기념 사진

뜨거웠던 해인총림선원에서 다들 손사래를 치던 원주 소임을 자청해 대중들을 외호했다. 당시 해인총림 방장 성철 스님은 "전무후무한 원주"라며 밀운 스님을 극찬했다.

봉은사 주지 영암 스님을 도와 불가능해 보였던 옛 봉은사 땅 2만여 평을 되찾은 것도 총무 밀운 스님 덕분이었다. 영암 스님은 밀운 스님을 보고 "허공에 논을 칠 사람"이라고 말하곤 했다.

스님은 황해도 연백에서 태어나 한국전쟁 도중 누나와 함께 남쪽으로 내려왔다. 서울 노량진에 살다 지장사에서 은사 대오 스님을 만나 출가했다.

"행자생활은 영주 초암사에서 했습니다. 대오 스님이 주로 초암사에

녹원 총무원장 취임법회에서 부원장 밀운 스님이 개식사를 하고 있다.

계셨기 때문입니다. 은사스님은 제가 중도에 포기할까 걱정하셨는지 밥도 직접 해주시고 여러 가지를 챙겨주셨습니다. 얼마간의 행자 생활 후 영주 비로사에서 계(戒)를 받았습니다."

스님은 1954년 출가해 같은 해 사미계를 받았다. 밀운 스님이 군대에 있을 때이다. 은사인 대오 스님과 동암 스님은 제자가 잘 지내고 있는지 궁금해 면회를 왔다. 두 스님은 밀운 스님과 대화를 나누던 중 "부처님이 시원찮다."는 말을 했다. 밀운 스님은 "무슨 말씀인가?" 했다고 한다. 두 스님이 동화사에 모셔진 부처님을 보고 여법(如法)하게 모셔지지 못한 부처님이 안타까워 한 얘기였다. 이 사정을 몰랐던 밀운 스님은 "부처님 중에 시원찮은 부처님이 있을까?"라는 의문을 계속 가지게 되었다. 결국 밀운 스님에게 화두가 되어 버렸다. 그러던 중 스님에게 '불행불(佛行佛)'이라는 말이 스쳐 지났다. "부처님이 시원찮은 게 어디 있나? 부처님처럼 행하면 그것이 바로 부처님이지!"였다. 밀운 스님은 "우주의 진리를 깨닫고 자비를 실천해야 부처"라며 "이때의 불행불(佛行佛)과 후에 덧붙인 승행승(僧行僧) 인행인(人行人)은 지금까지 지켜오고 있는 삶의 지표가 됐다."고 전했다. 즉 '부처님처럼 행하면 그것이 바로 부처님이고 스님답게 행동하면 (그것이 바로)스님이며, 사람답게 행동하면 (그것이 바로) 참사람'이라는 것이었다. 밀운 스님은 군에서 제대하고 포천 동화사를 등록하기 위해 봉선사를 찾았다가 사형 월운 스님의 추천으로 운허 스님에게 건당했다. 운허 스님은 월운 스님 못지않게 밀운 스님도 아꼈다. 밀운(密耘)이라는 법호도 운허 스님이 내려준 것이다. 남모르는 [密] 수행정진[耘]을 칭찬했던 운허 스님의 뜻이 담겨 있었다. 스님의 원래 법명은 부림(部林)이었다.

혼란한 종단상황에서 추대된 지도자

밀운 스님은 녹원 스님과 처음 어떻게 만났는지에 대해서는 기억이 잘 안난다고 했다. "오래 전부터 오가다 만났지만 잘 기억이 나지 않는다."고 했다. 밀운 스님 기억에 녹원 스님이 들어온 시기는 1980년대 초부터다.

"1980년도 10·27법난을 겪고 첫 총무원장이 성수 스님입니다. 그때 제가 재무부장을 했어요. 한 5개월 하고 초우 스님이 총무원장 됐어요. 초우 스님이 저한테 계속 재무부장을 해달라 해서 남아 있었습니다. 다시 6개월 만에 법전 스님이 총무원장으로 오셨고 선방에서 같이 정진하던 인연으로 총무부장을 했습니다. 법전 스님은 3개월 만에 해인사로 가셨고 그 뒤 진경 스님이 총무원장을 했는데 '신흥사 사태'가 일어났습니다. 진경 스님도 5달 만에 그만뒀어요. 그 뒤 비상종단이 만들어졌는데 대중들의 지지를 받지 못했습니다. 그래서 결국 1984년 8월 1일 해인사에서 승려대회가 열립니다.

승려대회에서는 비상종단이 공포했던 종헌개정이 무효임을 선언했어요. 사퇴를 선언한 종정 성철 스님의 사임서를 반려했으며 비상종단 해체도 결의했습니다. 새 총무원장으로 원로회의가 추천한 녹원 스님을 만장일치로 추인했습니다. 승려대회 전부터 제가 많은 스님들과 이야기를 나누었고 결국 녹원 스님을 총무원장으로 모셨습니다."

밀운 스님은 총무원 부원장을 맡았다. 녹원 스님은 1984년 9월 18일 조계사 대웅전 마당에서 열린 취임법회에서 "불신을 신뢰로 전환시키고 화합을 이뤄 새 불교역사를 만들겠다."고 다짐했다.

종정 성철 스님도 법어를 내려 축하했다.

붉은 단풍(丹楓)잎은 부처님의 웃음이요
누른 국화(菊花)꽃은 보살(菩薩)들의 자비(慈悲)로다.
끝이 없는 저 허공(虛空)에 팔만장경(八萬藏經) 펼쳤으니
천당(天堂) 지옥(地獄) 이름조차 찾아 볼길 전혀 없네.
넓은 바다 밝은 달밤 진수성찬(珍羞盛饌) 가득 싣고
놀이하는 저 배들은 즐겁기만 하여라.

1984년 9월 26일자 불교신문 1면. 녹원 스님의 총무원장 취임법회 성료 기사와 함께 법난 징계자 사면 관련 기사가 눈에 띈다.

1985년 부처님오신날 제등행렬을 하고 있는 모습.
맨 앞에 밀운 스님과 녹원 스님의 모습이 보인다.

"당시 종단은 아주 복잡했습니다. 종단의 혼란을 수습할 적임자가 녹원 스님이었습니다. 제일 합당한 분이었습니다. 법난 이후부터 계속 총무원장감으로 하마평에 올랐지만 다른 스님들이 먼저 소임을 봤습니다. 역시 해야할 분은 시간이 늦더라고 그렇게 일을 맡게 되더라고요. 하하.

녹원 스님은 수행자로서의 위의를 지키는 것을 철저하게 실천했습니다. 총무원장은 종단행정수반이었지만 녹원 스님에게서는 수행자의 품위가 강하게 풍겼어요. 누구도 함부로 범접할 수 없는 위엄이 있었습니다. 녹원 스님의 일거수일투족은 승려를 폄하하고 천시했던 당시의 사회적 분위기를 전환시키는 데 적잖은 역할을 했다고 봅니다.

 총무원장으로서 제대로 일을 한 분은 녹원 스님이 사실상 처음입니다. 녹원 스님이 만 2년 동안 원장직을 수행했으니 실질적으로 종무행정 최고 책임자로서 첫 총무원장은 녹원 스님인 셈입니다.

 녹원 스님의 2년 임기 수행은 뒤이은 총무원장들이 임기를 마치는 기초가 되었습니다. 잦은 총무원장 교체로 바람 잘 날 없었던 종단으로서는 녹원 스님이 재임 기간을 이전에 비해 크게 늘린 자체가 성과입니다. 녹원 스님의 2년 임기 수행 이후 그 기반 위에서 의현 스님은 8년을 했어요. 녹원 스님께서 종무행정의 안정을 가져왔고, 종단의 종무행정력을 크게 성장시키셨다고 해도 과언이 아닙니다."

녹원 스님과 함께 했던 일들

 밀운 스님은 녹원 스님을 모시고 했던 여러 종무들에 설명했다. 제일 먼저 진행한 것은 10·27법난 관련 징계자들에 대한 사면복권이었다.

 "그때 멸빈된 스님이 10명, 제적된 스님이 5명이었습니다. 제가 법전 스님 총무원장 당시 총무부장을 했어요. 법전 스님은 법난으로 인하여 제적 체탈된 스님들은 종단법에 의거해 징계가 됐다기보다 정부 탄압으로 징계처분이 된 것이기 때문에 전부 사면하고 종단법에 의거해 재조사를 해야 한다고 하셨습니다. 그래서 일을 진행하려던 참에 법전 스님이 총무원장을 그만두셨어요. 녹원 총무원장 체제가 시작되고 이 스님들에 대해 그동안의 참회를 참작하고 종단이 새로 출발하는 시점에 그

밀운 스님이 경승단 출범에 대해 당시 사진을 보여주며 설명하고 있다.

들로 하여금 새역사에 함께할 수 있도록 하기 위해 사면복권 작업을 다시 진행했습니다. 종무회의를 거쳐 1984년 9월 5일 중앙종회에 동의를 거쳐 성철 종정예하께서 재가를 해주셔서 녹원 스님 총무원장 취임법회 당일 이를 발표했습니다."

밀운 스님은 또 기억에 남는 일로 경승단 발족을 꼽았다. 녹원 총무원장의 가장 큰 업적 중 하나가 바로 경승단을 만든 것이라고 할 수 있다.

"제가 녹원 스님을 모시고 부원장을 할 때 보니 경목(警牧) 제도가 시행된 지는 10년 이상 됐어요. 종단에서는 그동안 공문도 보내고 여러 경로를 통해 경승(警僧) 제도 도입을 위해 노력을 했지만 정부 쪽에서는 거의 신경을 쓰지 않고 있었습니다. 제가 부원장 전에 재무부장, 총무부장 소임을 봤지만 잘 챙기지 못했던 부분입니다.

그래서 종무회의를 하면서 얘기가 나왔고 제가 해결하겠다고 했습니다. 먼저 그동안의 서류를 보니 엄청난 양이 있었습니다. 정부의 답변은 항상 '검토 중'이었어요.

자료를 정리하고 내무부와 치안본부를 찾아갔어요. 관계자들은 '경목 예산도 없으니 좀 더 기다려달라'고 합니다. 그래서 제가 '국가 예산을 왜 기독교만을 위해 쓰느냐? 조계종 민원이 일반 민원이냐? 2000만 불자들의 염원이다'고 호통을 쳤어요. 그래도 개선이 안 됐어요. 이래서는 일이 안 되겠다는 생각이 들었습니다. 그런데 마침 제가 그때 서울대 행정대학원을 다니고 있었어요. 그때 수업을 같이 듣던 사람 중에 김대중 총재 측근이 있었어요. 자초지종을 얘기했더니 적극적으로 도와주겠다고 합니다.

그 후 녹원 스님, 암도 스님, 의현 스님과 함께 권익현 국회 정각회장을 만났어요. 그때도 논의가 진전이 안 돼요. 그래서 제가 '정부 여당이 계속 이렇게 나오니 김대중 총재한테 얘기를 해서 돌파구를 찾겠다'고 으름장을 놨어요. 그러니 권 회장이 펄쩍 뛰어요. 결국 보름 뒤에 경승 허가 공문이 왔고 그토록 기다리던 경승단이 1986년 5월 30일 발족했습니다. 하하."

밀운 스님의 노련함이 빛나던 순간이었다. 지금도 전국 경찰서에서는 경찰포교를 하기 위해 수많은 스님이 발로 뛰고 있다.

종단이 안정화 되면서 녹원 스님의 총무원장 소임에도 탄력이 붙었다. 그런데 예상치 못한 변수가 발생했다. 바로 녹원 스님의 총무원장과 동국대 이사장 겸직문제였다. 녹원 스님은 1985년 1월 영암 스님이 동국대 이사장에서 물러나자 직무대행으로 선출된 데 이어 1985년 7월 6일 동국대 이사장으로 선출됐다. 이 일로 중앙종회에서는 연일 격론이 이어졌다. 1985년 7월 12일 열린 제83회 임시중앙종회에서 녹원 스님은 "동국대 이사장은 전 원장 진경 스님이 양보해 만장일치로 잔여임기 2년을 맡게 됐다. 동국대가 명문대학으로 발전하도록 2년 동안 최선을 다하겠다."고 밝혔다. 이에 대해 의현 스님은 "현 원장스님께서 큰 대임을 두 개를 맡았는데 인간의 시간적, 공간적 능력 등을 생각할 때 한계가 있으니 100%를 한 군데에 발휘해야 하리라 본다. 안정, 화합에 저해되는 요인이 있다면 제거해야 한다."고 주장했다. 한동안 수면 아래로 가란 앉은 듯했던 논란은 1986년 8월 다시 불거졌고 녹원 스님은 결국 사퇴하기에 이른다.

"그때 녹원 스님과 제가 상의를 많이 했습니다. 겸직에 대한 논란이 컸습니다. 저는 종단이 어느 정도 안정이 되었으니 녹원 스님이 평소 관심이 많았던 동국대로 가시는 것도 좋다고 얘기했고 결국 그렇게 정리가 되었습니다."

밀운 스님은 녹원 스님 사임 후 총무원장 권한대행을 맡기도 했다.

"녹원 스님은 자기 업무에 충실하신 분이었습니다. 절대 술수를 쓰지 않고 바른길로 가고자 하셨어요. 앞서 말했던 것처럼 종무행정을 잘 했어요. 어찌 됐건 녹원 스님 이후 종무행정이 체계화, 시스템화된 것은 분명합니다."

인터뷰를 마치고 밖을 보니 어느새 눈이 그쳤다. 밀운 스님은 "제가 건강한 것은 자비로운 마음을 가지려 노력하기 때문"이라고 했다.

스님은 자비에 대해 더 설명하기 위해 벽에 붙어있는 글을 가리켰다. 하얀 눈을 눈에 담듯 스님의 말씀을 가슴 속에 담고 담았다.

山抱禽獸族 水摩魚蟹羣(산포금수족 수마어해군)

산은 모든 짐승을 가족으로 안고,
물은 모든 물고기와 어패류를 어루만져준다.

"산은 짐승이든 나무든 말없이 모두 품어줍니다. 물은 드러내지 않고 물속에 사는 모든 것을 포용합니다. 산과 같고 물과 같은 마음이 바로 자비인 것입니다. 물론 개인적으로는 싫어하는 사람도 있을 수 있고 의견이 다른 집단과 마주할 때도 있을 것입니다. 그럴 때 산과 물의 정신을 생각하며 한 발짝 물러서는 마음을 낸다면 우리 사회는 보다 화합하고 소통할 수 있을 것입니다."

"불교정신에 가장 충실했던 수행자"

前 조계종 총무원장 **설정 스님**

"녹원 스님은 항상 원칙에 충실했습니다. 불교정신에 부합하게 사셨지요.
불의에 타협하지 않는 강골의 기질도 갖고 계셨습니다. 또 스님께서는
대중들에게 수행자의 본 모습에서 벗어나서는 안 된다고 하셨어요.
오류가 없는 삶을 사셨지요. 그래서 대중들한테 존경을 받았습니다.
스님께서는 신심信心과 공심公心, 원력願力을 강조하셨어요.
수행자의 기본정신이라고 할 수 있는 것이죠.
녹원 스님께서 직접 보여주셨듯이 우리 후배들도 이 정신을 기본으로 삼고
살아야 합니다. 명예와 이익과 자리를 위해서는 물불 가리지 않는
지금 스님들의 참담한 모습을 보면서 녹원 스님처럼 올곧게 살았던 어른들이
더 그립고, 그 어른들이 더 위대하게 보이는 것은 부인할 수 없습니다.
제가 어렸을 때 직지사에서 스님을 만났고 제가 수덕사 주지를 할 때는
직지사 주지를 하셨고 제가 중앙종회의장을 할 때는 동국대 이사장으로
계셨습니다. 항상 좋은 마음으로 만났습니다.
단 한 번도 녹원 스님의 부정적인 모습을 보지 못했어요.
녹원 스님은 대중들을 위해서 당신의 능력을 다 발휘하신 분입니다.
지금도 존경의 마음뿐입니다."

녹원 스님 종단장(宗團葬)을 총괄한 총무원장

녹원 스님을 그리워하는 설정 스님의 마음에는 변함이 없었다. 정말 지중한 인연이었던지, 설정 스님이 총무원장을 맡고 있을 때 녹원 스님은 열반에 들었다. 스님은 종단 대표자로서 선배스님에 대한 예우를 다했다.

녹원 스님은 2017년 12월 23일 열반에 들었다. 녹원 스님의 장례는 규정에 따라 종단장으로 진행됐다.

2017년 12월 27일 직지사 만덕전 앞마당에서 엄수된 '제24대 조계종

설정 스님이 대중을 지도하고 있는 덕숭산 정혜사 능인선원 모습

총무원장 영허당(暎虛堂) 녹원(綠園) 대종사 영결식'. 매서운 한파에도 불구하고 경내는 녹원 스님의 마지막 가는 길을 배웅하려는 애도의 물결로 가득했다.

영결식에서 진제 종정예하는 "녹원 대종사가 남긴 90년의 성상(星霜)은 이사(理事)에 구분이 없고 세간과 출세간에 걸림이 없던 이 시대의 선지식이었다."면서 "녹원 대종사는 지혜와 덕망으로써 원융화합을 이루어 조계종을 반석 위에 우뚝 세워 종도들의 귀감과 수행자의 참모습을 보였다."고 애도했다.

총무원장 설정 스님은 영결사에서 "녹원 큰스님은 부처님을 위하는 일이 불사이고 부처의 종자인 중생을 이롭게 하는 일이 불사이니 중생을 위한 일에는 차별이 없고, 불사를 통해 지혜의 종자를 심었다면 그것이 훌륭한 불사라고 했다."며 "평생을 지혜의 종자를 심는 일에 매진하셨으니 이제 보리의 열매가 곳곳마다 열릴 것"이라고 강조했다.

2018년 2월 9일 직지사 만덕전에서 봉행된 영허당(暎虛堂) 녹원(綠園) 대종사의 49재에도 설정 스님은 참석했다. 49재는 '반야심경' 봉독에 이은 헌향과 헌다로 시작되어 "사람은 천지만물의 주인공으로서 쓰고자 하는 대로 그 쓰임을 만들어 나가야 하는 것"이라고 말한 녹원 스님의 육성법문 경청으로 이어졌다.

총무원장 설정 스님은 법어를 통해 "동진 출가한 녹원 스님은 총무원장과 중앙종회의장을 비롯해 동국대 이사장을 역임한 원력의 대화신이었으며, 수많은 중생을 교화한 위대한 지도자였다."라며 "열반과 함께 우리 곁을 떠난 큰스님의 발자취를 후배들은 한시도 잊지 말아야 한다."고 설했다.

1984년 9월 26일자 불교신문에 실린 총무원장 녹원 스님의 취임사

당시를 회고한 설정 스님은 "위대한 지도자가 남긴 가르침을 따르고 실천해야 하는 것은 후학들의 의무"라며 "우리 모두가 녹원 스님의 후예가 되어야 할 것"이라고 강조했다.

수덕사 최초의 학인이 되어 간 직지사

매서운 한파와 폭설을 뚫고 덕숭산 정혜사 벽선당(碧禪堂)에서 설정 스님을 만났다. 스님은 꽁꽁 얼어버린 덕숭산 길을 미소로 녹이며 대중들의 왕래를 안내했다. 몇 년 만의 인사였지만 스님의 자비로운 미소는 여전했다. 인터뷰에 앞서 접견실 한쪽 벽면을 가득 채우고 있던 병풍이 눈에 띄었다. 만공 스님이 글씨를 쓴 〈증도가〉의 일부분이었다.

從他謗任他非(종타방임타비) 把火燒天徒自疲(파화소천도자피)
我聞恰似飮甘露(아문흡사음감로) 鎖融頓入不思議(소융돈입부사의)
觀惡言是功德(관악언시공덕) 此則成吾善知識(차즉성오선지식)
………
縱遇鋒刀常坦坦(종우봉도상탄탄) 假饒毒藥也閑閑(가요독약야한한)
我師得見燃燈佛(아사득견연등불) 多劫曾爲忍辱仙(다겁증위인욕선)

남의 비방은 그들에게 맡겨두라. 불로 하늘을 태우려 함이니,
공연히 그들만 피로하리니.
내 듣기엔 마치 감로수를 마심과 같아서,
녹아서 단박에 부사의 해탈경에 들어가는 도다.
나쁜 말을 관찰함이 바로 공덕이니,
이것이 나에게는 선지식이 됨이라.
………
비록 창찰을 만나더라도 늘 태연하고,
설사 독약을 먹더라도 한가하고 한가하다.
우리의 스승이 연등부처님을 친견하고,
다겁에 인욕선인이 되셨다.

설정 스님은 "세상사를 잘 표현한 구절 같아 벗으로 삼고 있다."며 웃었다. 스님은 세수 80을 넘긴 지금도 대중들과 함께 정진한다. 임인년

동안거 정혜사 능인선원에 방부를 들인 26명의 납자(衲子)들은 설정 스님의 가르침을 받으며 화두와 씨름하고 있었다. 스님에게 곧바로 녹원 스님과의 인연을 여쭈었다.

설정 스님은 만공 스님과 인연이 깊었던 부친의 영향으로 출가했다. 14살 때 부친의 생신 축원기도를 하러 왔다 70년 가까이 귀가(歸家)하지 않고 있다.

"1954년에 절에 왔습니다. 1년 정도 수덕사에서 행자생활을 하고 원담 큰스님을 은사로 모시고 계(戒)를 받았습니다. 다시 시간이 지나 열여섯에 정혜사로 올라갔습니다. 정혜사에는 만공 스님의 법을 이은 조실 금봉 큰스님을 비롯해 전강, 금오, 송담, 탄성 큰스님 등이 계셨습니다. 또 대강백 고봉 큰스님도 입승으로 계셨어요. 공양주를 하면서 금봉 큰스님께 받은 화두 '만법귀일 일귀하처(萬法歸一 一歸何處)'를 들었습니다. 그렇게 정진하다 금봉 큰스님께서 은사스님과 상의를 하시어 제가 글재주가 있는 것 같다며 강원에 가도록 하셨습니다. 제가 은사스님께 〈초발심자경문〉을 배웠는데 보름 만에 다 외웠거든요. '불립문자(不立文字)' 가풍이 강한 수덕사 최초로 강원 학인이 되었습니다. 하하."

1957년, 설정 스님은 어른들의 추천으로 관응 스님이 주석하던 직지사로 갔다. 유식(唯識)에 아주 밝았고 강사로서 후학들의 존경을 받고 있는 관응 스님을 모시고 공부하기 위해서였다.

"직지사에서 처음에는 공양주와 채공을 했습니다. 그때 직지사는 우물을 길러서 밥을 할 때입니다. 수덕사에서 공양주를 해봐 일은 그리 어렵지는 않았지만, 우물에 오가는 것은 많이 불편했습니다.

천불전 뒤 숲에는 소나무가 많았고 황새가 거기서 서식하고 있었어

녹원 스님 고희연에 참석한 설정 스님과 대중들의 모습

요. 새들로 꽉 차 있었습니다. 밤마다 담비가 와서 새들을 잡아먹는 소리가 끊이지 않았던 기억입니다."

3개월의 공양주, 채공, 갱두 소임을 마치고 설정 스님은 관응 스님의 강의를 들을 수 있었다. 총 30여명의 학인들이 공부를 했고 그중 5~6명 안팎의 비구니스님들은 서전(현재의 극락전)에서 정진하며 관응 스님의 법문을 들었다.

"그때『선가귀감』을 들었는데 관응 스님께서 항상 저에게 그날 배울 내용을 칠판에 먼저 적어 놓으라고 하셨어요. 제가 키가 작아 찻상을 딛고 올라가 칠판에 글을 써놓으면 스님께서 들어오셔서 강의를 하셨습니다."

관응 스님을 모시고 공부를 할 때 설정 스님은 녹원 스님을 처음 만났다. 젊은 녹원 스님은 마치 군인처럼 위풍당당한 모습이었다고 한다.

"녹원 스님을 처음 만났을 때는 초지일관 깐깐한 모습이었어요. 타협이 안 되는 분으로 보였습니다. 모든 게 분명했어요. 아주 강골의 기운을 가지고 계셨지요. 아마 이런 모습들 때문에 나중에 직지사를 중창하시고 종단일도 많이 하실 수 있지 않았나 싶어요."

설정 스님은 1년 정도 직지사에서 공부한 뒤 관응 스님을 따라 서울로 갔다. 종정 동산 스님과 총무원장 청담 스님이 종단 차원에서 서울에 중앙총림을 개설하려 했고 그 책임자로 관응 스님을 초빙했기 때문이다.

"관응 스님을 모시고 서울로 같이 올라갔습니다. 그런데 어머니뻘 되는 보살님들이 자꾸 저를 양자로 삼겠다고 해요. 관응 스님께서 보살님들을 말렸지만 오히려 보살님들 사이에서 경쟁이 붙었습니다. 결국 저는 중앙총림에서 나와야겠다는 생각을 했고 3개월 만에 고봉 큰스님이 강주를 맡고 있던 해인사 강원으로 갔습니다."

1959년이었다. 해인사는 듣던 대로 신심(信心) 나는 도량이었다. 팔만대장경이 모셔져 있는 장경각에 가면 도망갈 것 같던 신심과 원력(願力)이 솟구쳤다. "해인사에서 제대로 공부를 해보자."는 의지도 넘쳤다.

스님은 고봉 스님을 모시고 공부를 시작했다. 강원 입승 우룡 스님과 찰중 고산 스님도 든든한 버팀목이었다. 수덕사와 직지사 등에서 기본기를 잘 다졌기에 공부에 큰 어려움은 없었다.

녹원 총무원장 추대에 앞장서다!

해인사에서의 공부를 마치고 설정 스님은 다양한 이사(理事)의 공부를 이어나갔다. 설정 스님은 수덕사와 종단에서, 녹원 스님은 직지사와 종단에서 다양한 소임을 맡으며 교단 발전에 진력했다.

설정 스님은 1980년 1월부터 수덕사 주지를 맡았다. 조계종은 1980년대 초부터 격동의 시간을 보냈다. 군부독재정권이 불교를 유린한 사상 초유의 법난이 일어났고 종단 역시 혼란에 휩싸였다. 일명 '신흥사 사건'이 발생하면서 비상종단이 출범했지만 대중들의 지지를 얻는데 실패했고 해인사 승려대회를 거쳐 녹원 스님은 총무원장에 취임한다.

"비상종단에서는 △기존 본말사 제도를 폐지하고 각 행정단위에 맞춰 각 도 단위에 교무원, 시·군·구 단위에 교구 설치 △입법기구인 교무회의 설치 △종단 최고 종책결정기관인 상임위원회 설치 △전문포교 영역 확충을 위해 스님과 신도 사이의 중간교역자(전법사·전교) 제도 도

입 △사찰재산 관리 공영화 △포교원·교육원 설립 △사회봉사활동 기구 강화 등의 개혁안을 내놓기도 했습니다. 그런데 대중들의 동의와 지지를 얻지 못했고 여러 오류가 발생했습니다. 종단 전체가 다시 휘청였습니다. 그래서 제가 직지사로 녹원 스님을 찾아가 대책을 논의했습니다. 본사주지연합회를 구성해 녹원 스님께서 회장을 맡아 주셨고 제가 간사를 맡아 실무를 했습니다. 본사주지스님들의 의견을 모아 궤도 수정을 했고 이것이 해인사 승려대회로 이어졌습니다. 결국 녹원 스님을 총무원장으로 모셨습니다.

아무리 좋은 제도도 대중들이 함께 하지 못하면 안 됩니다. 비상종단의 주축세력 역시 여러 가지로 미숙했어요. 특히 본사주지스님들을 비롯한 중진들을 적대시하며 종단 운영에서 소외시킨 것은 큰 실수입니다.

비상종단 사람들은 결과적으로 종단을 끌어갈 만한 자질과 경륜이 부족했습니다. 상당히 감정적이고 추상적이었던 것으로 기억됩니다."

비상종단은 1983년 9월 5일부터 시작해서 1984년 8월 1일까지 활동했던 조계종의 임시중앙 권력 기관이다. 행정부 격인 총무원, 입법부 격인 중앙종회, 사법부 격인 호계원 기능을 모두 관장하던 '혁명기관'이었다. 비상종단은 1983년 6월 발생한 신흥사 사건으로 위기에 몰린 조계종과 한국불교를 개편하기 위해 종단운영 책임자를 배제하고 원로와 소장 승려들이 주축이 돼 운영했다.

녹원 스님이 조계종 제24대 총무원장에 선출된 것은 1984년 8월 1일이었다. 녹원 스님은 설정 스님부터 찾았다. 총무부장 소임을 부탁했다. 설정 스님은 "제 역할은 스님의 총무원장 추대까지였다."며 고사했다.

설정 스님이 녹원 스님 빈소에 조문하고 있다.

녹원 스님은 한 달간 더 기다렸지만 설정 스님은 끝내 소임을 맡지 않았다.

"저는 녹원 스님이 종단을 위한 종무를 펼칠 것이라는 것을 알고 있었고, 스님 또한 저를 편하게 보는 것도 괜찮다고 하셔서 저는 입각을 하지 않았습니다. 스님께서 부르시면 저는 언제든 올라와 이런저런 조언을 드리곤 했습니다. 동국대 이사장을 하실 때도 마찬가지였고요. 언제나 녹원 스님 하시는 일이 잘돼야 한다는 마음뿐이었습니다. 하하."

녹원 스님이 하루는 설정 스님에게 "스님은 참 소중한 인재야. 내가 직지사에서 만났던 그 설정 스님이 맞어. 끝까지 변하지 않고 이렇게 잘 살고 있으니 내가 다 기분이 좋다."고 말하기도 했다.

설정 스님은 녹원 스님의 '철저함'에 대해 다시 강조했다.

"녹원 스님께서는 즉석 법문도 참 잘 하셨습니다. 말씀에 조리가 있고 설득력이 있었습니다. 문학을 원래 좋아하셨고 또 주요 일간지들의 사설을 매일 꼼꼼하게 읽으셨어요. 불교 안팎의 현안을 다 꿰뚫고 계셨죠. 그러니 어느 자리에 가시더라도 대화가 된다는 인상을 주셨어요. 정관계 사람들이 놀랄 정도였어요.

녹원 스님의 깐깐함, 집념이 종단발전의 토대를 만들었고 또 동국대를 발전시켰다고 생각합니다. 보통의 수행자는 할 수 없는 일들이었습니다."

설정 스님은 "원칙을 지키는 수행자들이 있어야 불교에 희망이 있는 것"이라고 강조했다. 녹원 스님에 대한 이야기는 계속됐다.

"저도 직지사에 살아 봤지만, 예전에는 황폐한 절이었습니다. 사명대사의 절이라고는 생각할 수 없을 정도였지요. 전각 몇 채 빼고는 전부

녹원 스님 다비식에서 설정 스님 등이 거화를 하고 있다.　　　　ⓒ조계종

논밭이었어요. 녹원 스님은 불법(佛法)을 지키기 위해서는 절을 가꿔야 한다는 의지가 매우 강했어요. 스님들이 보통은 편하게 살려고 하지 일을 잘 하려 하지 않습니다. 집 하나 짓는 것이 그냥 이뤄지는 것이 아닙니다. 녹원 스님의 소신과 신심, 공심, 원력은 정말 뭐라 말로 표현할 수 없는 것입니다.

앞으로도 녹원 스님의 법향(法香)은 황악산을 넘어 전국의 사부대중들에게 계속 전해질 것입니다."

그러고 보니 설정 스님의 성품도 녹원 스님 그것과 흡사했다. 설정 스님과 녹원 스님의 바람이 한국불교에 온전히 뿌리내리기를 기대해 본다.

"녹원 스님은 현대판 도사道士"

조계종 명예원로의원 **암도 스님**

"녹원 스님은 현대판 도사道士입니다.
과거식 도사가 아니라 현대식 도사말입니다.
과거의 도사는 수행으로 일가를 이뤘습니다. 하지만 행정을 잘 몰랐어요.
현실을 몰랐습니다. 녹원 스님은 수행은 물론이고 행정에도 통달한 분입니다.
이 세상은 행정을 기본으로 돌아갑니다.
그래서 이사理事를 겸비해야 합니다.
녹원 스님처럼 행정을 그렇게 잘하신 분이 없었어요.
아니 지금까지도 없다고 생각합니다.
저도 오랫동안 녹원 스님의 능력을 따라가 보려 했는데 잘 안되고 말았습니다.
하하."

'우리 시대의 설법說法 제일',
'우리 시대의 부루나 존자'로 존경받고 있는
조계종 명예원로의원 암도 스님은 또렷했다.
종단 중흥과 교단 발전을 위해 녹원 스님과 마음을 모았던 암도 스님은
지근거리에서 보았던 '현대판 도사'를 하나하나 기억해냈다.

사계절 아름답기로 유명한 담양의 메타세콰이어길은 겨울에도 좋았다. 며칠 전 내린 눈이 나무와 길과 어우러져 놀고 있어 햇빛도 어쩌지를 못하고 있었다. 오랜만에 듣는 '뽀드득' 발걸음 소리가 반가웠다.

부처님처럼 천천히 걷고 또 걸었다. 길에서 태어나 길에서 사시다 길에서 떠나신 부처님. 전법(傳法)을 위해 어떤 길도 마다하지 않았던 부처님을 생각하며 걷다 보니 도착한 마하무량사. 이 절에는 평생을 전법과 포교에 진력한 암도 스님이 주석하고 있다. 언덕을 따라 올라가 큰법당에 도착했다. 대웅전이 아닌 '큰법당'에는 한글 주련이 가득했다.

'나쁜 짓 하지 말고/좋은 일에 힘쓰며/청정한 마음으로/참나를 깨달아서/모든 중생 가르쳐/불국토 이룩하자.'

마하무량사 큰법당

방학을 맞아 서울 동국대에서 내려와 마하무량사에서 정진하고 있는 학인스님의 기도소리를 들으며 시선을 돌려보니 담양 시내가 한눈에 들어온다. 길게 이어진 메타세콰이어길과 햇빛을 가득 머금은 하늘과 땅은 '그림' 그 자체였다. 깊은 산중에서 느껴지는 '눈[眼, 雪]의 맛'과는 또 다른 맛이 느껴졌다. 최대한 느리게 느리게 발걸음을 돌려 암도 스님의 방문을 두드렸다.

"이제 나이를 먹으니 몸도 마음대로 안 됩니다. 콧구멍도 막혀 있고 여기저기 막혀 숨쉬기도 쉽지 않아요. 하하."

세월이 흘러도 스님의 경쾌함은 여전했다. 스님 얼굴의 주름살을 뚫고 나오는 유쾌함도 대단했다.

녹원 스님에게 올리는 글

스님은 2004년도부터 마하무량사에 주석하고 있다. 마하무량사를 창건해 포교를 하고 있는 것이다. 스님은 마하무량사에 오기 전에도 이미 5개의 사찰을 만들었다. 오로지 전법을 위한 불사였다. 스님의 전법원력은 출가 때부터 세워졌다.

암도 스님은 서옹 스님을 은사로 모시고 1957년 백양사에서 출가했다. 고등학생 시절 몸이 안 좋아 절에서의 요양을 권유한 선생님의 소개가 시작이었다. 절에서 씻은 듯 몸을 나은 스님은 '내가 있어야 할 곳이 여기구나'라는 생각으로 백양사로 갔다.

백양사는 여느 사찰과 마찬가지로 가난했다. 전쟁의 흔적은 절 곳곳에서 지워지지 않았다. 그래도 100여 대중은 정진하고 또 정진했다. 현대 한국불교의 선지식 서옹 스님은 든든한 버팀목이었다. 서옹 스님은 대중들의 참선을 독려하면서도 살림살이를 위한 농사도 게을리하지 않았다. 대중들은 당연하게 반농반선(半農半禪)으로 살았다. 스님은 군대에 다녀온 뒤 구족계를 받았고 동국대에 입학해 학사부터 박사까지 졸업했다. 동국대와 중앙승가대 강사를 거쳐 조계종 중앙상임포교사로서 부처님 법에 목마른 불자가 요청하면 전국 어디든지 달려가 설법하며 불법 홍포에 앞장섰다. 백양사 주지, 총무원 부원장, 포교원장, 교육원장 등 종단의 주요 소임을 역임하기도 했다.

인터뷰에 앞서 스님은 불교인으로서 잘 살아야 하는 이유를 먼저 설명했다.

스님은 "불교는 불법승(佛法僧) 삼보(三寶)에 귀의해 자신의 숨길을 닦아 숨틀을 성태장양(聖胎長養)하고 우주의 근본진리인 삼법인(三法印)과 사성제(四聖諦)를 깨달아 자기 인생의 보람을 느끼고 나아가 사회에 봉사함으로써 마침내 불국토를 건설하는 종교"라고 강조했다.

그러면서 불교인으로서 잘사는 법에 대해 "첫째, 참으로 잘 사는 법은 삼법인과 인과법(因果法)이고 둘째, 바르게 잘 사는 법은 팔정도(八正道)이며 셋째, 복스럽게 잘 사는 법으로 육바라밀 넷째, 멋지게 잘 사는 법은 오력(五力) 다섯째, 더불어 잘사는 법은 육화정신(六和精神) 여섯째, 잘 먹고 잘 사는 법은 마음을 잘 먹고 밥을 잘 먹고 잘 마시고 공기를 잘 마시고 나이를 잘 먹는 것"이라며 "그 가운데 더불어 잘 사는 법은 자비 보시로 화합하는 것이며, 그리하여 우리 다 같이 인류 전체의 목표인 평화와 개인의 목적인 행복을 얻어야 할 것"이라고 당부했다.

언제 들어도 좋은 법문을 끝내고 스님이 다시 방으로 들어갔다. 스님

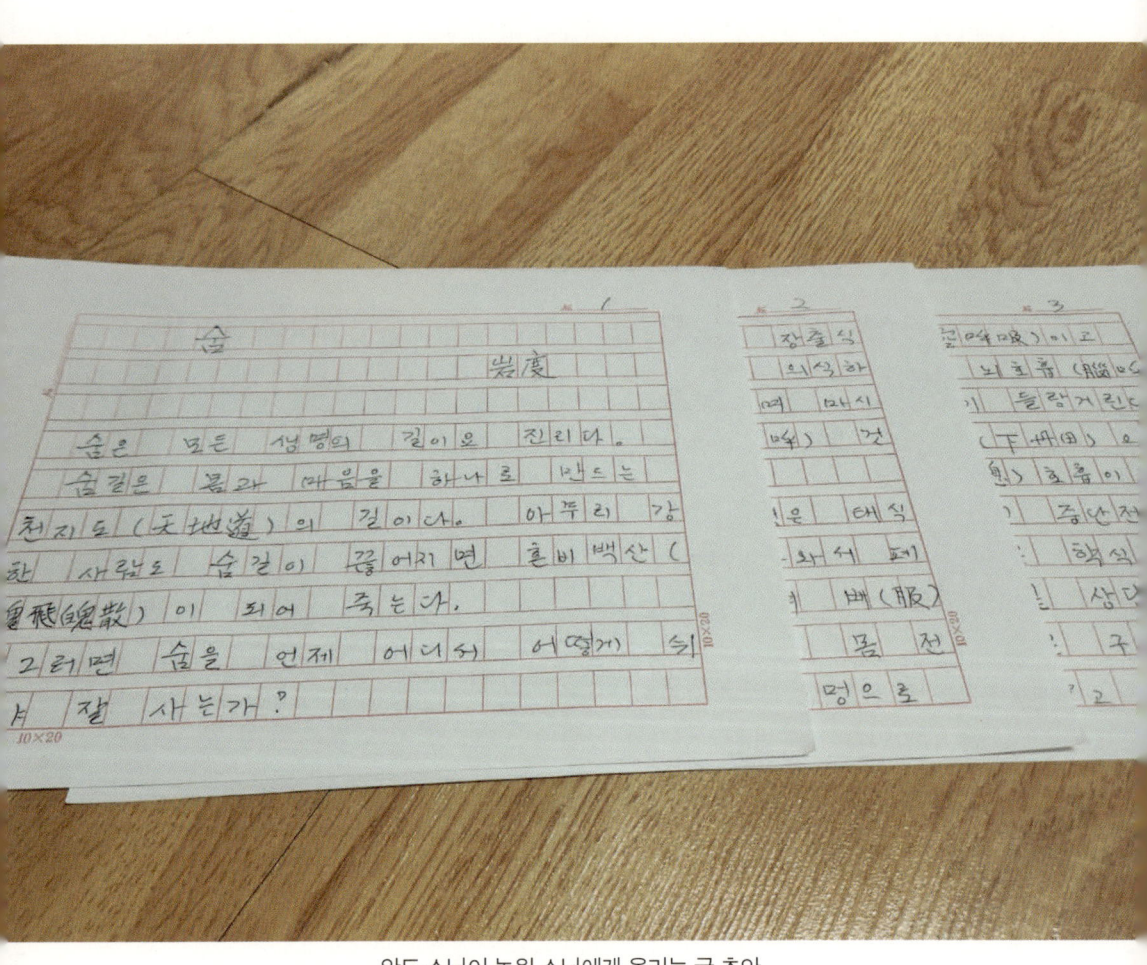

암도 스님이 녹원 스님에게 올리는 글 초안

은 원고지를 내밀었다. '녹원 스님에게 올리는 글'이었다. 원고지에 박힌 글씨는 정성과 존경심이 가득했다.

暎虛堂 綠園 大宗師님께 올립니다

小僧 岩度 合掌

큰스님께서 말년에 병상에 누워 계실 때 제가 찾아갔는데, 제 손을 꼭 잡고 한참 계시더니 "숨길은 생사를 좌우하는 지름길이다. 천지도(天地道)를 알고 생사를 초월해야 한다."고 하신 말씀이 지금도 가끔 귀에 들리는 것 같습니다.

큰스님을 추모하는 책이 나온다고 하니 영전에 정성을 바치고 싶어서 작은 글 한 꼭지를 올립니다.
이사명현(理事明賢)하시고 공사(公私)가 분명하시어 냉정하신 듯하지만 부족한 저에게는 다정다감하시어 감사무지로소이다.
시절 인연이 도래하면 직지사에서 또 뵙겠습니다.

숨

岩度

숨은 모든 생명의 근원이다. 그리고 숨길은 몸과 마음을 하나로 만드는 삼위일체의 중심이다. 아무리 강한 사람도 숨길이 끊어지면 혼비백산(魂飛魄散)이 되어 죽는다.

그러면 숨을 언제 어디서 어떻게 쉬어야 잘 사는가?
나가는 숨을 길게 하는 것은 장출식(長出息)이고 들고 나는 숨을 의식하지 않고 쉬는 것은 자연호흡이며 마시고 멈추고 내쉬는 것은 단전호흡(丹田呼吸)이다.
어머니 뱃속에서 숨 쉬는 것은 태식호흡(胎息呼吸)이고 세상에 나와서 폐(肺)로 숨 쉬는 것은 폐식호흡이며 배로 숨 쉬는 것은 복식호흡이다.
몸 전체의 피부가 열려서 털 구멍으로 숨 쉬는 것은 모공호흡(毛空呼吸)이고 백회혈(百會穴)이 열리면 뇌호흡으로 법신(法身)이 들랑거린다.
백일간 배꼽 밑 하단전(下丹田)으로 숨을 쉬는 것은 태식(胎息) 호흡이고 천일간 배꼽 뒤 척후 사이 중단전(中丹田)으로 숨을 쉬는 것은 학식(鶴息)호흡이며 만일간 명치 밑 상단전(上丹田)으로 숨을 쉬는 것은 구식(龜息)호흡이다. 학이 천년을 살고 거북이가 만년을 사는데 인간이 백년 밖에 못사는 것은 숨길이 다르기 때문이다.

"포교원장은 암도 스님이 해야지!"

"제가 서울로 와 동국대를 다니면서 녹원 스님을 처음 뵈었습니다. 1970년 전후였을 것입니다. 제 도반 중에 녹원 스님 상좌가 있었거든요. 매년 새해가 되면 그 스님을 따라 서울 연화사로 가서 인사를 드렸습니다.

세배를 드리면 스님께서는 '공부에는 때가 있다. 할 때 잘해야 한다. 공부 제대로 안 하면 안 된다. 부지런하게 해라'고 당부하셨습니다. 아주 다정다감하셨습니다.

사실 그때는 세배보다 세뱃돈에 목적이 있어서 그랬는지 스님 말씀이 귀에 제대로 들어오지는 않았습니다. 하하."

암도 스님은 학부를 마칠 즈음부터 총무원에서 소임을 맡았다. 녹원 스님을 만날 수 있는 기회가 많아졌다. 암도 스님이 중앙종회의원이 되면서는 종단의 크고 작은 일을 함께 논의하기 시작했다.

"종회의원이 돼 종회에 가보니 완전히 다른 녹원 스님을 만났어요. 카리스마가 대단했습니다. 눈에서 빛이 쏟아졌어요. 그때는 정말 기운이 강하셨어요. 회의를 할 때는 당신의 의사를 꼭 관철시켰습니다. 제가 옆에서 들어도 틀린 말씀을 하시지 않았어요. 그러니 당신의 뜻이 통했죠. 확고한 종단관이 있었고 포교와 전법에 대한 의지가 남달랐어요. 초짜인 저는 '정말 저 분은 무서운 분이구나'는 생각만 하고 있었습니다. 하하.

녹원 스님을 만나고 나면 그 모습이 항상 오랜 시간 제 마음에 남아 계셨어요. 법력(法力)이라고 해야 하나, 스님의 선 굵은 모습이 오래 기억에 머뭅니다. 녹원 스님이 가지고 있는 힘은 정말 대단했습니다."

세월이 흘러 녹원 스님이 총무원장으로 추대됐다. 암도 스님은 여러 소임을 거치며 '설법제일'의 명성을 쌓아가고 있었다. 총무원장으로 취임한 녹원 스님은 암도 스님을 찾았다.

"포교원장은 암도 스님이 해야지! 스님이 소임을 맡아 줘!"

녹원 스님이 암도 스님을 포교원장으로 발탁한 이유는 무엇일까?

대중법문 중인 녹원 스님의 모습

 "중앙종회에서 저도 말을 좀 할 줄 알았거든요. 또 종단 곳곳에서 법문을 하고 다녀서 아마 녹원 스님이 이 점을 높이 평가하신 것 같아요. 저에게 소임을 맡기면서 녹원 스님이 당부하신 것은 '밖으로!'였습니다. 절 안보다 사회로 나가서 포교를 하라는 것이었어요. 녹원 스님의 포교관은 확고했습니다. 절 밖의 대중들을 만나서 그들을 불자로 만들어야 한다는 것이었습니다.
 덕분에 저는 경찰대학, 내무부, 법무부, 국방대학원의 강사가 됐습니다. 중앙공무원교육원에서는 15년간 강의와 법문을 했습니다. 삼성과 현대를 비롯한 기업들도 안 가본 곳이 없어요.
 현장을 다니다 보니 저도 공부가 많이 됐습니다. 각계각층의 사람들을 만나 질의응답을 하면서 세상을 알게 됐어요. 책만 봐서는 제대로 된 공부를 할 수 없잖아요. 종단 안에만 있었으면 사람과 사회를 잘 몰랐을 것입니다. 세상 속으로 들어가 사람들과 만나면서 제 '기량'이 발전할 수 있었던 것은 순전히 녹원 스님 덕분입니다."

여의도에 100만 불자가 운집한 1985년 봉축법회에서 암도 스님은 무진장 스님, 박완일 법사, 선진규 법사와 함께 15분씩의 미니 법문을 했다. 출재가를 대표하는 '설법 존자'들의 명법문으로 여의도는 달아올랐다.

"100만이 모여서 눈이 200만개가 되니 제가 다 정신이 없었어요. 무슨 말을 했는지 기억도 안납니다. 하하."

1986년 5월 30일에는 경승단이 공식발족했다. 그때 암도 스님은 포교원장으로서 축원을 했다. 암도 스님의 신심(信心)나는 축원에 행사가 끝나자마자 녹원 스님이 한 말씀을 던졌다. "암도 스님은 못하는 게 없어. 하하."

"존경할 수밖에 없는 스님"

"녹원 스님은 포교를 하면서도 자기 수행과 공부를 열심히 해야 한다고 하셨어요. 또 이웃종교도 가봐야 한다고 하시고요. 녹원 스님은 벽이 없는 분이었어요. 편견이 없었습니다. 그래서 제가 천주교 성당에도 가고 교회에 가서도 여러 번 법문을 했습니다. 그렇게 살다 보니 지금까지 총 7000번 넘게 법문을 했더라고요. 새벽에 한국은행연수원, 오전에 조계사, 오후에 경찰대학, 저녁에는 조계사 청년회 법회, 그 후에는 또 다른 신도회 법문 등 하루에 법문을 4~5번씩 한 적이 부지기수입니다. 하하."

암도 스님은 녹원 스님 후임으로 총무원장에 취임한 의현 스님 임기 초반까지 포교원장 소임을 계속했다. 의현 스님은 암도 스님에게 계속해서 포교원장을 맡아 줄 것을 당부했다. 암도 스님은 새로운 포교 사령관이 필요하다며 고사했다. 그러자 의현 스님은 암도 스님을 교육원장에 임명했다.

총무원장을 마치고 동국대 이사장 소임을 잠깐 내려놓았던 1980년대 후반 녹원 스님은 암도 스님을 직지사로 불렀다. 암도 스님은 뒤도 돌아보지 않고 직지사로 향했다.

"직지사에 가보니 정갈하게 상이 차려져 있었어요. 음력 3월 4일 녹원 스님의 생신이었습니다. 그 자리에서 녹원 스님은 저에게 '海雲(해운)'이라는 법호를 주셨어요. 생각지도 못했지만 스님께서 주시는 것이기에 덥석 받았습니다. 하하."

암도 스님은 "녹원 스님은 항상 존경할 수밖에 없던 분"이라고 강조했다.

"녹원 스님이 젊으셨을 때 오대산에서 한암 스님을 모시고 공부를 했습니다. 녹원 스님께서 가끔 그때 얘기를 들려주셨어요. 한암 스님을 모시고 공부가 잘됐다는 말씀을 여러 번 하셨어요. 한암 스님에게 공부를 배워서인지 평생 수행에도 소홀하지 않으셨던 분이 바로 녹원 스님입니다."

암도 스님은 녹원 스님 말년에 가끔 직지사를 찾아 안부를 확인했다. 암도 스님은 "열반하시기 직전에 가서 인사를 드리니 누워서도 제 손을 잡고 놓지 않으셨다. 스님의 마음이 온전히 저한테 전해지는 것 같았다. 너무 감사했다."고 했다. 스님은 또 "영결다비식을 하는데 한없이 스님

총무원장 취임 직후의 녹원 스님

녹원 스님 49재에 참석한 암도 스님과 대중들   ⓒ박광호

이 그리워지더라."며 눈시울을 붉혔다.

암도 스님은 얼마 전 법문차 경주의 동국대 WISE 캠퍼스를 찾은 일이 있다고 했다. 법문이 끝나고 이영경 총장과 차담을 했다. 이 자리에서 이 총장은 "WISE 캠퍼스가 제대로 모습을 갖춘 것은 녹원 큰스님께서 이사장으로 계실 때였다. 저는 지금도 녹원 큰스님의 교육열정을 잊을 수가 없다."고 했다. 암도 스님은 이 총장의 말이 고맙고 녹원 스님의 원력이 다시 고마워 담양이 아닌 김천 직지사로 향했다. 녹원 스님 부도를 찾아 삼배를 올렸다. 부도를 만지니 녹원 스님의 숨결이 느껴졌다. 직지사를 둘러보며 녹원 스님을 다시 가슴에 담고 담양으로 왔다고 한다.

"서옹 큰스님은 당대 최고의 수행자였습니다. 저의 재출가 은사이신 천운 큰스님은 최고의 포교사였습니다. 녹원 스님은 어쩌면 서옹 큰스님과 천운 큰스님의 장점만 가진 어른이었습니다. 제가 앞으로 얼마나 더 살지 모르지만 조금이라도 더 녹원 스님을 닮을 수 있도록 하겠습니다. 하하."

이미 전법과 포교로 일가를 이룬 암도 스님이 조금 더 닮고 싶어하는 어른. 바로 녹원 스님이었다.

"수행자의 이정표를 보여주신 어른"

조계종 원로의원 **일면 스님**

"예전에도 그랬고 지금도 후배스님들이 찾아와 불사에 대해
이것저것 물어봅니다. 제가 대답해 줄 수 있는 것도 있고
그렇지 못한 것도 있어요.

녹원 큰스님이 계실 때 저의 답은 항상 같았습니다.
지금도 마찬가지이긴 합니다. 불사를 하려거든 직지사를 둘러보라고요.
실제로 상담하러 온 스님들이 직지사를 많이 찾아 갔습니다.
단순히 전각의 겉모습만 살피지 말고 절에서 느껴지는 품격과 분위기 등을
함께 살펴보라고 했습니다. 직지사에 발만 들여도 녹원 큰스님의 법향法香을 느
낄 수 있을 것입니다.
직지사에서 수행자의 이정표를 보여주신 어른의 가르침을 찾을 수 있습니다."

천진하면서도 자비로운 모습의 조계종 원로의원 일면 스님에게서
힘이 느껴졌다. 말씀 하나하나에 어른스님에 대한 존경심이 가득했다.
후학들에게 '수행자의 길'을 보여주고, 몸소 실천했던 어른이
녹원 스님이었다고 일면 스님은 강조하고 또 강조했다.

가을 태풍이 온다는 소식에 시방세계 모든 생명들이 잔뜩 움츠리고 있었지만 길을 나섰다. 우리시대 '포교와 행정의 도인'으로 존경받고 있는 조계종 원로의원 일면 스님과의 약속을 미룰 수 없었다.

비를 뚫고 도착한 남양주 불암사에는 궂은 날씨에도 참배객이 적지 않았다. 선지식(善知識)께서 주석하는 사찰은 해와 달과 비와 바람을 구분하지 않았다. 불암사는 통일신라시대 지증 대사가 창건하고 도선 국사가 중창한 뒤 무학 대사가 삼창을 한 유서 깊은 사찰이다. 조선 초 왕실의 발전과 안녕을 기원하는 경기도의 대표사찰 '동불암(불암사), 서진관(진관사), 남삼막(삼막사), 북승가(승가사)'로 선정될 정도로 역사가 깊은 호국사찰이 바로 불암사다.

대웅전을 지나 일면 스님의 처소인 동축당(東竺堂)으로 향했다.

"포교와 행정의 도인"

일면 스님은 언제나 대중들과 함께 한다. 또 종단의 대소사를 살피며 교단발전을 위해 진력하고 있다.

인터뷰를 하기 전 이틀간도 폭풍 같은 일정을 소화했다. 조계종 원로회의에 참석해 제37대 총무원장 당선자를 인준했다. 총무원장 당선인 진우 스님은 원로회의 인준 후 "사부대중이 함께 한다면 불교는 달라진다는 믿음으로 불교 본래의 진면목을 드러내 불교의 저력이 우리 사회를 두루 덮을 수 있도록 매사에 사부대중의 마음과 손과 발이 되겠다."

며 "정진에 정진을 거듭해 불교중흥의 새 역사를 열겠다."고 말했다.

다음날에는 수많은 대중들과 함께 동국대와 남산 일원에서 '제13회 생명나눔 걷기명상 & 플로깅' 행사를 진행했다.

코로나19 사태 후 3년 만에 열린 이날 행사에서 참가자들은 "건강한 사회와 장기기증 희망등록 문화가 확산될 수 있도록 마음을 모아 오늘 행사에 임할 것을 엄숙히 다짐"하기도 했다. 행선에 나선 참가자들은 길가에 떨어진 쓰레기를 줍는 '플로깅'도 하며 의미있는 시간을 보냈다.

불교계 유일의 장기기증 희망등록단체인 '생명나눔실천본부' 주최로 13회째 이어진 생명나눔 걷기명상에서 이사장 일면 스님은 사회 곳곳에 생명의 존귀함을 전하는 '희망의 메시지'를 전하는 대회가 되길 발원했다.

"이번 행사가 생명을 존중하고 나누는 소중한 마음을 함께 하는 자리로 거듭 발전해, 더 많은 사람에게 희망의 메시지를 전달할 수 있으면 좋겠습니다."

일면 스님은 해인강원 강주를 역임했던 운허 스님의 주석처 남양주 봉선사에서 열린 해인강원 동문회에서 참석했다가, 운허 스님의 당부로 1973년도에 불암사로 왔다. 은사 명허 스님의 본사로 환지본처(還至本處)한 것이다. 스승에 대한 말씀을 여쭈지 않을 수 없었다.

일면 스님은 1947년 경북 경주서 태어나 1959년 해인사에서 명허(明虛) 스님을 은사로 출가했다. 그해 9월 태풍 사라가 한반도를 할퀴었다. 3,400여 명이 죽거나 다쳤다. 특히 경상도 지역의 피해가 컸다. 지금까지도 기상청 관측 이후 최악의 태풍으로 기록되어 있다. "태풍 때문에 집이 엉망이 됐어요. 그 난리 통에 한 스님이 걸망을 지고 탁발을 다니

녹원 스님의 참회상좌가 된 뒤 받은 법호에 대해 설명하는 일면 스님

는 겁니다. 뒷모습을 바라보는데 왜인지 가슴이 찡해요. 그 길로 스님을 따라 집을 나섰습니다. 전생에도 불제자였던 게지요."

1964년 해인사에서 자운 스님을 계사로 사미계를, 1967년 구족계를 수지했다. 1968년 해인강원을 마치고 동국대 종비생으로 입학해 1979년 졸업했다. 그 후 본말사에서 크고 작은 소임을 맡았고 총무원 사회부장, 중앙종회의원, 제25교구본사 봉선사 주지, 조계종 교육원장과 호계원장, 초대 군종특별교구장, 동국대 이사장 등을 역임했다. 현재는 생명나눔실천본부 이사장과 해인동문장학회 이사장을 맡고 있다.

은사 명허 스님은 엄한 수행자였다. 평생을 선방에서 정진했다. 명허 스님은 똑똑한 상좌 일면 스님이 화두정진하는 수행승이 되길 원했다. '참선으로 불교를 일으키라'고 권했다. 일면 스님은 조용히 답했다. "저는 행정의 도인이 되겠습니다."

은사 명허 스님과 함께 해인사 시절 잊을 수 없는 분이 있다. 바로 지월 스님이다. "지월 스님은 어린 행자에게도 꼭 존대를 하시곤 했어요. 마주치는 모든 이에게 축원을 해주셨지요. 그러면서 이런 말씀을 하셨습니다. '삼 일간 닦는 마음은 천 년의 보배요, 백 년의 탐욕은 하루아침 티끌이다.'"

다양한 소임을 살며 포교에 진력하던 일면 스님에게 병마가 찾아왔다. 간경화였다.

"저의 삶에서 가장 큰 시련이었습니다. 1년에 16차례 입·퇴원을 할 정도로 간이 좋지 않았습니다. 당시엔 전혀 회복할 기미가 보이지 않았어요. 급기야 말기암으로 악화됐습니다. 육체적 고통도 컸지만 정신적 고통이 더 컸습니다. 모든 것들을 정리하고 부처님 앞에서 한 번만 살려달라고 간절히 기도했죠. 살려주시면 앞으로 부처님 시봉 잘 하겠다고 다짐했습니다.

불은(佛恩)으로 네 번의 간이식 수술 시도 끝에 기적처럼 뇌사자와 인연이 돼 새 삶을 찾게 됐습니다. 2000년 1월, 20시간의 수술과 3일간의 혼수상태 끝에 다시 살아났습니다. 그때부터 제게는 은혜를 갚으며 살아야 하는 새로운 인생이 펼쳐진 것입니다. 요즘도 저에게 장기를 기증

해 준 22살 청년의 은혜에 감사하는 기도를 매일 올립니다."

　5년 후 스님은 생명나눔실천본부 이사장을 맡았다. 장기기증과 조혈모세포 기증을 독려하는 공익법인이다. 저소득층 환자에게 치료비도 지원한다.

　스님은 이렇게 은사스님에게 공언했던 대로 '포교와 행정의 도인'으로 후학들에게 존경을 받고 있다. 스님의 포교 수행 과정에서 빼놓을 수 없는 분이 있다. 바로 녹원 스님이다.

녹원 스님의 참회상좌가 되다!

　"동국대를 졸업하고 부처님 은혜에 보답코자 해인사로 내려가 공양주를 자처했습니다. 얼마간의 공양주 소임을 마치고 해인사에서 교무국장과 규정국장을 했어요. 그리고 1981년부터 서울로 와 조계사에서 재무국장과 총무국장으로 일을 했습니다.

　아마 큰스님을 처음 뵀을 때가 조계사 재무를 할 때인 것 같습니다. 그때 큰스님께서는 중앙종회의원이셨어요. 조계사에서 소임을 살다 보니 종단 대소사를 함께할 때가 많아요. 조금 떨어져서 종회가 진행되는 것을 보았습니다. 큰스님은 항상 깔끔한 모습에 말씀에는 조리가 있었습니다. 종회를 이끌어가시는 힘이 느껴졌습니다. 그때 큰스님을 보며 '나도 나이가 들면 저렇게 훌륭한 수행자가 될 수 있을까'를 생각하곤 했습니다."

　녹원 스님과의 인연은 관응 스님으로까지 이어졌다. 1981년 7월 직지사에서 관응 스님의 『선문염송』 특강을 들었다. 법문이 끝나고 출범한 것이 '황악학림'이었다. 일면 스님은 바쁜 일정 등으로 학림에 동참하지는 못했지만 많은 비구, 비구니스님이 관응 스님에게 경(經)을 배웠다. 스님이 황악학림의 산파 역할을 했다.

일면 스님이 녹원 스님을 가까이서 모신 것은 1984년에 총무원 사회국장 소임을 맡으면서부터다. 종단 소임자로서 총무원장 녹원 스님을 수행하는 일이 잦아졌다. 종단 안팎의 사회적 이슈들을 챙기면서 수시로 녹원 스님과 함께 했다.

"큰스님께서 총무원장이 되시고 낙산 어린이집 등 조계사 산하 보육시설들을 점검하는 시간이 있었습니다. 그 자리에서 큰스님은 아이들이 먹는 급식이 원만하게 잘 이뤄지고 있는지, 아이들을 가르치는 선생님들에 대한 일상적 교육은 어떻게 진행되고 있는지 등 여러 가지를 말씀하셨던 기억이 납니다. 그때도 이것저것 너무 꼼꼼하게 물으셔서 제가 혼쭐이 났던 기억입니다. 하하."

이후 일면 스님이 종단에서 포교부장과 사회부장, 중앙종회의원 등을 맡으면서 녹원 스님과의 인연은 이어졌다.

"큰스님을 자주 뵙게 되면서 저에게 '은사는 누구인가?', '본사는 어디인가?'라며 몇 가지를 확인하셨습니다. 나중에 들어보니 큰스님께서 '일을 잘 한다'며 제 칭찬을 많이 하셨다고 해서 깜짝 놀랐습니다."

인연이 이어지면서 스님은 녹원 스님의 참회상좌가 되었다. 1991년 3월 4일이었다. 녹원 스님에게 받은 법호는 '원관(遠觀)'이었다.

"큰스님께서 저를 참회상좌로 받아 주시면서 몇 가지 하신 당부는 아직도 제 가슴속에 살아 있습니다. 첫째, 중노릇 잘해라. 둘째, 부처님 은혜 갚는 일을 소홀히 하지 마라. 셋째, 하심(下心)하라, 어떤 자리에 가

직지사 만덕전에서 열린 행자교육 입재식에서 예를 올리는 녹원 스님과 일면 스님 ©조계종

서도 하심하라. 넷째, 주지소임을 맡게 되면 가람수호를 게을리하지 말라 등입니다. 저에게 주신 법호 역시 눈앞의 이익보다는 한국불교의 미래를 볼 수 있어야 한다는 뜻으로 새기고 있습니다."

참회상좌가 된 후 일면 스님은 녹원 스님의 상좌인 법등 스님과 마음을 모아 1994년 종단개혁에 동참했다. 해인강원에서부터 시작된 인연은 지금까지 계속되고 있다고 한다.

"제가 해인강원 선배이긴 했지만 똑부러지는 법등 스님을 만나 금방 친해졌습니다. 법등 스님도 종단 발전을 위해 정말 열심히 살았어요. 지금도 가끔 만나 서로 소통하면서 탁마하는 그런 도반으로 잘 지내고 있습니다. 하하."

녹원 스님의 신신당부, '교육'

일 잘하기로 소문났던 일면 스님은 종단과 본사의 주요 소임을 맡아 보았다. 1999년 1월에는 종단 교육원장에 추대됐다. 전부터 학교법인 광동학원을 이끌어왔고 출재가 교육에 관심이 많았던 일면 스님에게 교육원장은 딱 맞는 옷이었다.

교육원장 소임을 보면서 녹원 스님과 더 자주 만날 기회가 생겼다.

"큰스님께서는 항상 출재가 교육을 강조하셨습니다. 어린이 청소년부터 대학생, 청년들의 교육과 행자, 사미·사미니, 비구·비구니 교육에 대한 관심이 지대하셨습니다. 그래서 당신이 평생 일군 직지사를 종단의 교육장으로 흔쾌히 제공하신 것입니다.

제가 소임을 볼 때 한 해 평균 600명 가까운 사람들이 출가를 했습니

1999년 4월 15일 직지사 만덕전에서 열린 제16기 사미니 수계식.
앞줄 중앙이 녹원 스님이고 왼쪽에서 두번째가 일면 스님이다.

©조계종

다. 숫자가 많아 교육을 하는 것도 쉽지 않았어요. 그때마다 큰스님께서 직접 나오셔서 아낌없는 지원을 해주셨어요. 직지사 소임자들에게도 빈틈없이 도와주라고 당부를 하셨습니다.

교육이 시작되면 항상 오셔서 '이번에는 몇 명이 입교했는가?', '어떤 사람들이 들어왔는가?'를 물으시면서 '승려생활을 하려면 첫 교육이 제일 중요하다. 여기서 참 잘해야 한다'며 '훌륭한 스님을 만들어 냈으면 좋겠다'고 격려를 아끼지 않으셨습니다."

2년여 간의 교육원장 소임을 마치고 2001년 3월 제25교구본사 봉선사 주지 소임을 맡게 된 일면 스님은 2002년 7월 동국대 감사로 임명됐다. 일면 스님을 계속 지켜보던 녹원 스님이 중요 소임을 맡긴 것이다.

19기 행자교육 수료식을 마치고 이동 중인 녹원 스님과 일면 스님 ©조계종

"감사 소임이 중요하네. 종단과 학교의 발전을 위해서는 감사가 역할을 잘해야 해. 철저하게 살핀 뒤에는 가감 없이 그 결과를 나한테 보고하시게."

평소와 다름없이 간결한 어투로 녹원 스님은 일면 스님에게 당부했다. 일면 스님 역시 종단과 학교에 애정이 남다른 녹원 스님의 마음을 알고 있었기에 업무에 진력했다.

스님은 그 후 조계종 초대 군종특별교구장, 조계종 호계원장 등을 거쳐 동국대 이사장에 취임했다. 학교에 애정이 남다른 스님이 이사장에 추대된 것은 자연스러웠다.

"이사장이 되어 학교에 가보니 녹원 큰스님 흔적이 많이 없어졌어요. 큰스님만큼 학교와 종단 발전에 진력한 분이 없는데도 큰스님의 법명을 찾기 어려웠어요. 특히나 일산불교병원을 건립할 때 제가 감사를 하면서 현장을 생생히 봤었잖아요. 제가 바로 증인인데 이건 너무하다 싶었습니다. 나중에 알고 보니 종단 정치 상황과 맞물린 측면들이 있었습니다.

아무튼 저는 큰스님의 기록을 다시 복원했습니다. 곳곳에 큰스님의 법명을 다시 새겨 넣었습니다. 그리고 동국대 일산병원 개원 10주년 때 큰스님과 송석구 전 총장에게 공로패를 드렸습니다. 너무 늦었지만 그렇게라도 예우를 해드려야 한다고 생각했습니다. 큰스님의 상좌인 장명 스님이 와서 공로패를 대신 받았던 기억이 납니다."

일면 스님은 왜곡될 뻔했던 동국대의 역사를 바로 잡았다. 비록 그리 길지 않은 시간 동안 이사장 소임을 맡았지만 역사를 바로 세운 것 하나만으로도 일면 스님은 당신의 소임을 다했다고 자부했다.

동국대 이사장 시절의 일면 스님

"큰스님은 굉장히 담백한 모습의, 올곧은 수행자 그 자체였습니다. 언제나 깔끔하고 단정했던 모습으로 남을 헐뜯거나 비난하는 말씀을 하신 적이 없습니다.

항상 양명하신 그 모습이 너무 보기 좋아 저도 절 밖에 나설 때는 항상 큰스님을 생각하면서 챙겨 입습니다. 저 같은 후학들에게 행(行)으로 모범을 보여주셨습니다. 이정표를 보여주셨어요. 스승으로서 사표(師表)가 될 만한 어른으로 큰스님은 항상 제 마음속에 계십니다. 저는 도저히 따라갈 수 없는 그런 스승입니다."

인터뷰를 마칠 때가 되니 잠시 비가 멈추었다. 부처님께서 일면 스님의 사진을 찍을 수 있는 기회를 주신 것이다. 사진을 찍고 나니 다시 비가 시작됐다.

일면 스님은 평소 '한쪽 모퉁이를 비추면 천지가 다 밝아진다'는 『법화경』 구절을 좋아한다고 했다. "홀로 천지를 모두 밝게 하려는 마음가짐보다는 내가 한 분야를 비추겠다는 각오로 살아왔고, 또 앞으로도 그렇게 살아가겠다는 서원이죠."

스스로가 부족하다고 생각해 한 가지라도 잘하자는 생각이라고 했다. 하지만 당신의 생각과 달리 대중들은 이미 일면 스님을 불교의 모든 분야를 비추고 있는 어른으로 존경하고 있다.

"사표師表가 되어 주신 어른 중의 어른"

조계종 법계위원장 **법산 스님**

"깔끔하신 어른이죠. 군더더기가 없는 분이었습니다.
'얼렁뚱땅' 같은 말은 녹원 스님에게서 상상할 수 없었어요.
모든 것이 아주 정확했습니다. 체계적이고 예리했습니다.
특히 일을 꿰뚫어 보는 판단력이 정확했어요.

본사주지, 중앙종회의장, 총무원장 등을 하시면서
녹원 스님의 이런 장점은 더 극대화되었다고 봅니다. 정화불사때에도
어른스님들이 녹원 스님의 총명함을 많이 예뻐했다고 들었습니다.
녹원 스님은 정말 이사理事를 겸비한 종장宗匠 중의 종장이셨습니다."

조계종 법계위원장 법산 스님은 녹원 스님을 "종장 중의 종장"이라고
강조했다. 동국대와 종단에서 30년 넘게 모신 어른에 대한 존경심이
대단했다. 이사理事를 겸비한 어른으로 존경받고 있는
법산 스님의 말씀은 가슴에 새겨질 내용들이었다.

연꽃으로 장엄된 서울 봉은사는 그야말로 연화세계였다. 법문을 하는 스님과 기도하는 불자들, 도량 곳곳을 뛰어다니는 동심(童心)까지…. 절은 그 자체로 모든 생명이 함께 어우러진 인드라망이었다.

오랜만에 법산 스님이 봉은사 법좌에 올랐다.

"모든 것은 시시각각 변해갑니다. 변하지 않을 수 없습니다. 변화하는 세계 속에서 우리 마음이 어디 있는지를 잘 살펴야 합니다. 여기저기 따라가는 마음은 곤란합니다. 환경과 상황의 변화에 적응해 나가면 행복은 바로 그 자리에 있는 것입니다. 우리는 항상 복(福)과 덕(德)을 그리워합니다. 그렇다고 그 자리에서 기다린다고 해서 복덕이 오는 것은 아닙니다. 복덕 역시 우리가 만들어 나가야 하는 것입니다. 다 함께 기도하고 수행하면서 복덕을 일구어 갑시다."

동국대의 심장과 같은 정각원

그러면서 스님은 게송을 내렸다.

諸法空無生 空無有自性 迷惑諸因緣 而有爲生滅
제법공무생 공무유자성 미혹제인연 이유위생멸

모든 법은 본래 태어남이 없는 것이다.
그러기 때문에 공하여 자성이 없는 것이다.
모든 인연에 어리석어서 그 원인과 환경이 곧 인연이다.
그러므로 이것을 이유생멸이라 나고 멸하는 것이다.

한 시간여 동안의 감로수 법문을 들은 봉은사 불자들의 표정은 환희로웠다. 연꽃보다 더 아름답게 피어올랐다. 이내 자리를 옮겨 다례헌에서 법산 스님과 녹원 스님의 인연담을 듣기 시작했다.

공부의 길에 만난 인연

먼저 법산 스님의 불교 인연부터 여쭈지 않을 수 없었다. 학승(學僧)의 길에 만난 큰 인연이 바로 녹원 스님이기 때문이다.

법산 스님은 1945년 경남 남해에서 태어나 15세에 남해 화방사에서 출가했다. 가난했던 열다섯 소년은 절에 가면 공부할 수 있다는 말에 머리를 깎았다. 어린 스님은 남해 망운암에서 고시공부하는 형들에게 물어가며 중고등 과정을 마쳤다.

"중학교도 못 갈 정도로 가난했어요. 제가 공부하고 싶어 하니까 할머니가 절에 가면 공부할 수 있다며 권하셨어요. 스님들이 경전 공부하

1996년 4월 17일 열린 동국대 경주캠 정각원 종각 준공 타종식

는 걸 보신 거죠. 염불하는 법, 종치는 법 등 불교 생활과 의식을 다 한문으로 배웠는데, 배우는 게 재미있어 외우고 또 외웠습니다. 당시 남해에는 검정고시를 치를 곳이 없어서 경남 고성으로 와서 봤어요. 그래서 고성 옥천사에 잠시 기거했는데, 그곳 스님들 가운데 마산대학(지금의 경남대학교) 출신이 많았어요. 전신이 해인사에서 세운 해인대학이라 영남지방 스님 대부분이 여기를 다녔죠. 저도 자연스럽게 마산대학에 입학했죠."

1967년 마산대학 재학 당시 서경수 동국대 교수와 인연이 됐다. 서경수 교수가 마산대학 특강을 왔다가 범어(산스크리트어)를 잘하는 법산 스님을 보고 동국대 편입을 권했고 동국대에 입학한 스님은 범어로 된 대승경전을 줄줄 욀 정도로 공부에 전념했다. 동국대 인도철학과에서 석·박사 과정을 밟으면서 탄허 스님에게 〈사서삼경〉을 비롯한 동양철학 전반을 배웠다. 박사과정을 마치고는 동국대서 강사로 강단에 섰다.

"학생들을 가르치다 부족함을 느껴 인도철학을 더 공부해야겠다고 생각했어요. 인도 유학을 결정하고 탄허 스님에게 인사드리러 갔더니 '불교를 공부하려면 한문 경전을 보는 것이 좋다. 대만으로 가라'고 하셔서 바로 방향을 바꾸었지요."

스님은 1980년 9월 대만 중국문화대학 철학연구소에 입학, 6년간 공부했다. 공부는 재미있었고 하루 하루 시간가는 줄 모를 정도로 학업에 전념했다.

"전 스승 복이 많아요. 덕산 스님에게 염불을 배웠고, 경봉 스님에게 참선을 배웠고, 김동화 교수를 만나 학문을, 탄허 스님에게 한학을 배웠으니까요. 대만 중국문화대학에 가서는 '선학의 황금시대'란 당대 베스

트셀러를 쓴 오경웅(吳經熊) 교수를 만나 중국 선학을, 대만 푸런(輔仁)대학 총장인 로깡(羅光) 신부에게 중국고대 철학사상을 배웠어요. 그러면서 한국 간화선의 원류인 보조국사 지눌의 사상적 뿌리라 할 수 있는 중국 선과 화엄사상을 심층적으로 연구할 수 있었죠."

'보조국사 지눌사상 연구'로 박사학위를 받은 스님은 1986년 3월 동국대 선학과 교수로 부임했다. 녹원 스님이 동국대 이사장 소임을 맡고 있던 때였다.

법산 스님은 동국대에서 후학양성에만 진력하지 않았다. 수행자답게 수행과 포교를 늘 놓지 않았다. 대표적인 것이 바로 장애인 포교. 벌써 30년이 훌쩍 지났다.

"1988년 수화를 배우며 광림사 연화복지원과 인연을 맺었는데, 지금도 매달 이분들을 만나 법문하는 게 가장 큰 행복입니다. 수화음악회도 열고, 시청각장애인 송년잔치도 하고, 점자로 불경도 만들었어요. 눈이 어둡고 귀가 멀었더라도 지금 생에 잠깐 그런 것이지 본래 성품까지 그런 것은 아니다, 덜 보고 덜 듣는 만큼 깨끗이 수행해서 다음 생에는 부처님 세상에서 환한 눈과 밝은 귀를 갖고 태어나자고 이야기해 줍니다."

수행에도 집중하고 있다. 2001년부터 해온 『금강경』 10만독 수행이 바로 그것이다.

"2001년부터 독송을 시작했어요. 한 번 읽는데 15~30분밖에 걸리지 않지만, 교수 재직 중에는 바쁘다 보니 1년에 500~600번밖에 못 읽었어요. 어느 날 제자가 '하루에 한 번씩 읽으면 10만 번 읽는 데 300년이 걸린다'고 하더군요. 깜짝 놀라서 틈나는 대로 하루 10번, 20번씩 읽고 있습니다. 선방에서 정진할 때는 정말 열심히 했어요. 오늘(2022년 7월

1998년 10월 일본 용곡대에서 녹원 스님이 명예박사학위를 받을 때의 모습

24일)도 인터뷰가 끝나면 얼른 가서 독송을 해야 합니다. 아마 오늘까지 하면 6만 3000독을 하는 것 같습니다. 앞으로 8년 정도를 더 해야 하는데 꼭 10만독을 마무리하고 이번 생을 마치겠습니다. 하하."

'동국대의 영원한 정각원장'이 된 사연

스님은 1986년부터 본격적으로 제자들을 길러냈다. 녹원 스님과의 본격적인 인연도 이때부터다.

"녹원 스님은 이미 그전부터 유명인사였죠. 직지사 주지, 본사주지연합회장, 중앙종회의장, 총무원장까지 하신 분이었잖아요. 직지사에 가서 가끔 인사는 드렸습니다만, 학교로 오시기 전까지 가까이에서 모실 인연은 없었어요. 총무원장을 하실 때는 또 제가 대만 유학중이었고요.

지관 스님께서 총장을 하실 때 제가 교수가 됐고 1988년에 처음으로 정각원장을 했습니다. 녹원 스님께서도 저를 잘 모르시니 처음에는 2년간 맡겼어요. 다른 교수스님들도 2년씩 맡았습니다. 몇 년이 지나서는 저에게 정각원장을 다시 맡기셨어요. '법산 스님 아니면 안되겠다'고 하시면서요. 그렇게 하다 보니 총 13년간 정각원장을 맡게 되었습니다."

정각원(正覺院)은 불교정신을 바탕으로 창조적 지성과 덕망을 겸비한 인재양성을 목표로 건립된 동국대학교의 건학이념을 고취하고 실천하는 중심이다. 학생과 교직원 및 동문 등 동국가족의 신심 증장과 다양한 신행활동을 돕고 펼치게 하는 중심도량인 것이다.

"녹원 스님께서는 동국대가 하나의 교육장이면서도 모든 동국인들이 수행하는 공간이 되어야 한다고 강조하셨습니다. 그래서 정각원장의 역할이 매우 중요하다고 하셨죠. 건학이념을 잘 이해하고 실천하며 교수, 직원, 학생들이 신심나게 공부할 수 있는 역할을 하라고 주문하셨습니다."

법산 스님이 정각원장을 맡으면서 학교의 의전서열은 다시 정리됐다. 이사장, 총장, 정각원장 순이었다. 그만큼 정각원장의 역할이 중요하다고 녹원 스님은 판단했다. 당연히 정각원장에게 맡겨지는 일들도 많았다.

"학교의 크고 작은 행사에서 축원을 해야 했습니다. 축원문을 써서 보여드리면 당신이 하나하나 점검하셨습니다. 어떤 때는 정말 피곤했습니다. 하하.

학교에서 진행되는 아주 작은 공사도 스님께서는 정말 꼼꼼하게 살피셨습니다. 화장실 하나만 고쳐도 고사를 지내셨습니다. 파계사 도원 스님이 법주를 하시고 녹원 스님은 증명법사, 제가 바라지를 했어요. 총장을 비롯한 소임자들은 절을 올리며 모든 시설이 대중들을 위해 잘 사용되기를 기원했습니다. 어찌 보면 아무 일도 아니지만 그만큼 녹원 스님께서 학교의 작은 것들까지도 살피셨다는 말씀입니다."

정각원장으로서 이사장과 의견이 엇갈리는 경우도 적지 않았다. 법산 스님은 쓴소리를 마다하지 않았고 녹원 스님은 경청했다. 법산 스님의 쓴소리에 녹원 스님이 국수 공양을 하다 체한 적이 있을 정도라고 한다.

"학교가 시끄러울 때 교수나 직원, 학생들이 농성을 하는 경우가 생기고 또 갈등도 발생하는 것은 피할 수 없습니다. 그러나 과도한 행위는 서로를 힘들게 합니다. 언젠가 한 번은 학교에 대한 과도한 비난과 이사

용곡대 명예박사학위를 받기에 앞서 녹원 스님에게 금란가사를 올리고 있는 법산 스님

장스님에 대한 모욕적인 언사를 한 교수들이 징계위에 회부된 적이 있습니다. 저는 일벌백계해야 한다고 주장했습니다. 여러 차례 심의 과정을 거친 끝에 녹원 스님께서는 없던 일로 하자고 하십니다. 저는 안된다고 했어요. 학교의 기강을 세우고 승보(僧寶)에 대한 비난을 어물쩍 넘겨서는 안 된다고 했죠. 스님께서는 교수들도 심리과정을 거치면서 충분히 참회를 했다고 보셨어요. 당신에 대한 비난도 감수하시면서 구성원들을 끌어 안으신거죠. '죄는 미워해도 사람은 미워하지 말자'고 하시더라고요. 그때 정말 스님께서 대인(大人)이라는 생각을 하게 됐습니다."

"대중들과 함께 한 탁월한 리더"

녹원 스님은 1998년 일본 용곡대학에서 명예박사 학위를 받았다. 부처님의 나라를 대표해 인도 대통령, 동아시아 불교의 맏형 중국을 대표해서 중국불교협회 조박초 회장, 한국불교 인재양성의 산실로서 동국대 이사장 녹원 스님에게 명예박사 학위가 수여됐다. 법산 스님은 도원 스님, 송석구 총장과 함께 녹원 스님을 모시고 일본을 방문했다.

모두의 환영과 축하 속에 녹원 스님에게 학위가 수여됐다. 용곡대학에서 제작한 금란가사를 법산 스님이 녹원 스님에게 봉정해 드렸다. 그동안 녹원 스님이 동국대와 한국불교 발전을 위해 노력해 왔던 것을 생각하니 법산 스님이 울컥했다.

"용곡대학은 영국의 옥스퍼드만큼이나 역사가 깊은 대학입니다. 동국대와 자매결연을 맺어 불교연구 뿐만아니라 아시아, 세계 전체의 학문 발전을 위해 함께 노력했습니다. 녹원 스님의 위의(威儀) 있는 모습을

일본 용곡대학에서 차담 중인 녹원 스님과 도원 스님, 법산 스님

보며 제가 다 자랑스러웠습니다. 일본 정토진종 종정스님 등을 예방하면서 녹원 스님이 곧 한국불교의 위상이라는 생각을 하게 됐습니다.

그때도 느꼈지만, 녹원 스님은 어디를 가도 기품이 있는 어른이셨습니다. 누구와 만나도 어색하지 않고 대중 속에 자연스럽게 녹아들었습니다. 그러면서 그 대중들을 또 이끌었습니다. 녹원 스님은 문학적인 멋도 있고 유머감각이 뛰어났어요. 같이 있으면 대중들이 즐겁습니다. 사람들을 기분 좋게 만들어 주는 분이에요. 때로는 분위기 메이커 역할도 하시곤 했어요. 그야말로 대중들을 끌고 나가는 리더 중의 리더라고 할 수 있죠."

리더로서 녹원 스님의 추진력과 순발력을 확인한 것은 불교병원 불사를 할 때이다. 동국대 경주캠퍼스 인근에 병원을 짓고 일산에 불교병원을 세우고 또 국악과를 만들어 불교음악을 연구할 수 있도록 하는 모습에 법산 스님도 혀를 내둘렀다.

"스님은 특히 생로병사(生老病死)에 고통받는 생명들을 구제해야 한다는 생각이 강하셨어요. 특히 불자들이 온전히 맘 놓고 치료받을 수 있는 시설이 필요하다고 강조하셨지요. 병원불사 중 제가 모시고 다니면서 축원을 하고 의식을 진행했습니다. 저 또한 녹원 스님의 뜻에 적극 동의했기에 신심(信心)나게 다닐 수 있었습니다."

법산 스님은 2019년 7월부터 약 8개월간 동국대 이사장 소임을 맡았다. 법산 스님은 "학교법인 동국대의 건학이념을 더욱 현창하고 법인 산하 모든 학교의 무궁한 발전과 불교중흥을 위해 신명을 다하겠다."며 "지혜와 자비, 정진의 건학이념을 실천하고 시대가 필요로 하는 국가동량을 배출해 불국정토의 대업을 이루겠다."고 발원했다.

"제가 길게 소임을 보지는 못했습니다. 녹원 스님을 모시면서, 녹원 스님처럼만 하면 된다고 생각했고 실제로 그렇게 하려 했는데 많이 아쉽습니다. 학교법인 동국대는 116년의 역사 속에 60만명이 넘는 인재를 양성했고, 각계각층에서 국가 발전에 큰 공헌을 하고 있습니다. 모든 구성원들이 동국의 발전이 곧 국가의 발전이고 민족의 평화통일과 세계평화 나아가 우주법계 생명공동체의 평화라는 인식으로 동국 발전의 대열에 함께하길 바라는 마음은 여전합니다."

법산 스님은 인터뷰를 마무리하며 다시 한번 녹원 스님을 회고했다. 말씀으로 다 풀어낼 수 없는 녹원 스님에 대한 애틋한 무언가가 있었다.

"한국불교의 기준에 비추어 보면 녹원 스님은 정확하고 정통성 있는 수행승입니다. 청백하면서도 조금의 흐트러짐도 없는 분이죠. 행정적으로도 보더라도 매사 정확하셨고 통찰력이 있었습니다. 여기에 불사를 하시는 것을 보면 예술적 감각도 탁월했습니다. 직지사 명적암 불사를 할 때도 뭔가 정확하지 않으면 몇 번씩이고 축대를 다시 쌓았다고 합니다. 안전과 미학적, 예술적 특성 등을 종합적으로 판단하셨습니다. 아마 한국불교에 다시 나오기 어려운 분이 바로 녹원 스님이 아닐까 합니다. 우리도 녹원 스님께서 생각하셨던 한국불교의 미래를 전망하면서 더 열심히 수행 정진합시다."

녹원 스님에 대한 존경과 그리움이 가득 담긴 말씀은 한동안 이어졌다. 말씀이 끝나고 자리를 옮기는 법산 스님의 모습에서 녹원 스님과 흡사한 '어른'의 풍모가 느껴졌다. 녹원 스님과 법산 스님 모두 '어른은 어른이다'는 말을 실감케 하는 선지식(善知識)임에 틀림없다.

"한국불교를 반석 위에 올려놓은 지도자"

서울 삼천사 회주 **성운 스님**

"녹원 큰스님이 총무원장을 하기 전에는 종단의 체계가 완전하지 못했습니다.
몇 달 만에 소임을 떠나는 총무원장들도 많았고
내부에서 싸우느라 불안정한 것들이 많았습니다.

큰스님께서 취임하시고 나서는 종무행정 전반을 체계화하셨습니다.
정말 혼신을 다하셨어요. 한국불교의 종무행정과 포교, 수행을 체계화하는데
초석을 마련한 분이 바로 큰스님이십니다.
많은 사람들이 이 사실을 모르고 있어 안타까울 뿐입니다.

녹원 큰스님께는 신심信心과 원력願力이 있었습니다.
신심과 원력으로 한국불교를 반석 위에 올려놓은 지도자가
녹원 큰스님이라고 감히 말씀드립니다."

불교사회복지의 선구자, 아니 대한민국 사회복지의 선구자로
존경받고 있는 성운 스님은 주저함이 없었다.
성운 스님을 만나지 않았다면 정말 큰 부분을 놓쳤을 것이라는
생각이 들 정도로 녹원 스님에 대한 다양한 이야기를 쏟아냈다.

'살아 있는 전설(Living Legend)'. 서울 삼천사 회주 성운 스님에 딱 맞는 수식어다. 빈민촌에 있던 토굴 삼천사를 마애여래입상을 중심으로 30여 개 전각이 들어선 대찰로 만들었다. 무엇보다 성운 스님의 원력(願力)은 불교사회복지로 구체화됐다.

스님이 사회복지에 관심을 두게 된 것은 1978년 삼천사에 오면서부터다. 당시 삼천사 주변의 열악한 생활환경을 보고 자연스럽게 사회복지의 필요성을 깨닫게 됐다고 한다.

"당시 진관내·외동은 상이군경이며 철거민들이 모여 사는 가난한 동네였습니다. 자연스럽게 절의 보리쌀 등을 나눠주던 중 중생에게 나눔을 베푸는 일이 자비복지라는 것을 깨닫게 됐습니다. 종교와 사회복지는 둘이 아니고 하나에요. 저소득층과 차상위계층의 빈곤을 구제하는데 국가가 비운 자리를 종교가 채워야 합니다."

이후 스님은 10여 년간의 노력 끝에 1994년 사회복지법인 인덕원을 설립했고 이후 지속적으로 사회복지시설을 수탁하거나 새로 건립했다. 현재 인덕원은 총 25개 복지시설을 운영하고 있다. 종사자만 1,000여 명에 이르고, 시설 이용자만도 연간 1,000만명이 넘는다. 매년 예산으로 약 500억 이상을 집행하고 있다. '초불교적' 규모다.

성운 스님은 "인덕원의 인(仁)은 사랑과 자비요, 덕(德)은 사랑과 자비가 충만하게 살아 움직이는 것"이라며 "앞으로도 인덕원을 그런 곳으로 만들겠다."고 강조했다.

성운 스님은 안성파라밀병원을 종단에 희사했다. 조건 없는 보시다.

총무원장 녹원 스님이 사회부장 성운 스님에게 임명장을 수여하고 있다.

승려노후복지를 위해 스님은 수백억 상당의 병원을 종단에 기증했다. "스님들이 노후 걱정하지 않고 수행하고 포교하며 살 수 있도록 하는 것은 당연하다."며 그 이유를 전했다. 무주상보시(無主相布施)의 전형을 성운 스님은 또 보여줬다.

성운 스님과 〈TIME〉

성운 스님은 동국대 행정대학원 복지행정학과에서 석사 학위를, 동대학 일반대학원 인도철학과에서 박사 학위를 받았다. 특히 박사논문인 '아쇼카왕의 복지사상 연구'는 우리나라 불교사회복지 연구에 있어 기준이 됐다. 이론과 실천을 겸비한 수행자로서 동국대 최초의 석좌교수, 스님 최초의 한국불교학회 회장 등을 맡았고 2005년 대한민국 국민훈장 동백장, 2010년 만해대상 실천부분 대상, 2015년 조계종 포교대상 등을 수상한 것은 그래서 어색하지 않았다.

삼천사 스님의 집무실에는 수십 년간 받은 각종 상과 표창이 가득했다. 또 하나 눈에 들어온 것은 세계적 잡지 〈TIME〉이었다.

"시대에 맞게 부처님 법을 전하려면 영어를 배워야겠다는 생각이 들었어요. 알파벳도 모른 채 〈TIME〉을 보며 영어 공부를 시작했지요."

해인사 강원을 졸업한 바로 직후였다. 스님은 불교가 세계적인 흐름에 부응해야 한다는 생각에 현대학문을 공부하기 위해 걸망을 짊어지고 서울로 올라왔다. 어른스님들은 세속 공부를 만류하던 시절이었다. 해인사 일타 스님도 똑똑한 성운 스님이 수좌가 되기를 당부할 정도였다. 그러나 스님은 불교가 중생들의 삶 속에 살아 있어야 한다는 생각으로 서울에서 검정고시부터 시작해 만학도가 되었다. 학원비를 마련하기 위해 조계사 화장실에 딸린 창고에서 지내며 경비도 보고 화장실 청소도 도맡았다.

"영어 공부를 시작한 지 1년 만에 〈TIME〉을 읽었어요. 그걸 읽으며 세계정세에 눈을 떴지요. 정치, 경제, 과학을 비롯한 세계 시사를 파악하고 불교가 어느 위치에 있는지 확인했어요. 그리고 불교가 무엇을 해야 할지 알게 됐습니다.

저에게 〈TIME〉은 세계 문명 속으로 걸어 들어가는 일주문이었습니다. 저를 이룬 것이 부처님의 경전이라면 세상을 알게 한 것은 〈TIME〉이었습니다. 하하."

집무실에는 월탄 스님 사진도 있다. 성운 스님은 2022년 8월 스승 월탄 스님을 보내드렸다. 1969년부터 50년 넘게 모신 스승과의 이별은 쉽지 않았을 터. 월탄 스님은 불교정화를 위해 1960년 11월 24일 대법원에서 할복한 육비구 중 한 분이다. 월탄 스님은 "당시 대법원장 방에서 '우리는 비구승인데 불법에는 대처승이 없다는 것을 죽음으로 증명하려고 합니다'라고 밝히고 할복을 단행했다."면서 "불교를 위해 순교하겠다는 각오를 지닌 희망자를 모집하여 참여했다."고 회고한 바 있다.

"은사스님은 정법에서 어긋나면 뇌성(雷聲) 같은 사자후(獅子吼)로 엄한 아버지처럼 경책하셨지만, 평소에는 따뜻하고 자상한 미소로 격려해 주시던 어머니 같은 분이셨어요. 세세생생(世世生生)의 원력을 금생에 다 이루지 못하고 가신 아쉬움이 있지만, 다음 생에는 서원(誓願)을 반드시 이루시리라 확신합니다."

녹원 스님을 계사로 조계사 대웅전에서 진행된 국회 정각회 수계법회에서 성운 스님이 권익현 정각회장에게 연비를 해주는 모습. 맨 왼쪽은 법등 스님

"녹원 총무원장의 영원한 사회부장"

월탄 스님에 대한 말씀에 이어 자연스럽게 녹원 스님과의 인연을 듣기 시작했다. 성운 스님의 얼굴에는 단호함이 나타나기 시작했다. 녹원 스님에 대한 절대적 신뢰와 믿음의 단호함 말이다.

성운 스님이 녹원 스님을 처음 만난 것은 조계종 총무원 사회부장 소임을 맡으면서다.

"큰스님에 대한 말씀은 많이 들었지만 직접 뵙지는 못했습니다. 그러다 제 주변 도반들의 추천으로 사회부장 소임을 맡게 됐습니다. 도반들

삼천사에서 공양을 마친 녹원 스님이 성운 스님과 함께 포행을 하고 있는 모습

이 '해인강원을 졸업해 내전(內典)에도 밝고 영어에도 능통해 국제적 감각이 있고 또 현대사회 흐름을 잘 알고 있어' 추천했다고 합니다. 저에게는 과분한 평가였죠. 하하.

임명장을 받으러 총무원에 들어가 큰스님께 처음 인사드렸습니다. 큰스님은 대중을 압도하는 카리스마가 엄청났습니다. 신심과 신념이 대단하다는 인상을 받았습니다. 저도 젊을 때는 좀 센 캐릭터였는데, 큰스님에 비하면 아무것도 아니었습니다. 하하.

녹원 큰스님은 한 번 신뢰를 하면 끝까지 함께 가는 리더였습니다.

'너는 내 사람이다. 무엇이든 해봐라. 다 밀어준다.' 이거였습니다. 믿음으로 소임자들을 대해 주셨습니다. 실수를 해도 내치지 않고 끝까지 챙겨주셨습니다. 모시는 입장에서 이런 리더는 정말 최고지요. 표현이 좀 그렇지만 '충성을 할 수밖에 없는' 큰스님이셨습니다.

큰스님이 총무원장에 취임하셨을 때는 개신교와 천주교 세가 강하던 시절입니다. 그래서 종교인 모임에 가면 항상 불교는 2순위, 3순위였습니다. 사회부장 소임이 이웃종교와의 교류를 담당하던 자리이기도 했습니다. 행사에 참여할 때마다 불교가 소외되는 것 같아 정부 관계자들에게 강하게 어필을 하기 시작했습니다. 2000만 불자를 대표하는 대한불교조계종 총무원장스님이 두 번째, 세 번째로 호명되는 것을 저는 납득할 수 없었습니다. 제가 강하게 몇 번 항의를 하니 정부 고위관계자들이 큰스님께 저에 대한 이야기를 했나 봐요. 자르라고 말입니다. 하하. 그런데 큰스님께서는 저를 혼내시기보다 방패가 되어주셨습니다. 결과적으로 불교가 다시 맨 첫 번째로 돌아오게 되었습니다. 하하."

녹원 스님은 총무원장으로서 종무행정의 체계화와 교육, 포교에 진력했다. 특히 승가고시제의 도입은 큰 성과였다. 1985년 3월 82회 임시중앙종회에서 통과된 승가고시법은 1975년 이후 사미·사미니계를 받은 모든 스님들을 대상으로 각 경력에 따라 1급~5급까지 일정한 자격시험을 치르도록 하는 것이 핵심 내용이다. 당시 제정된 승가고시제도는 지금까지 계속되고 있다. 승가고시를 통과해야만 법계에 따라 소임을 맡을 수 있고 후학을 양성할 수 있는 조건이 주어진다.

녹원 스님은 또 1985년 5월 부처님오신날 공휴일 제정 10주년을 맞아 서울 여의도광장에서 100만명이 참여하는 봉축법회를 개최했다.

100만명의 신도가 모인 것은 전무후무한 역사적 사건이었다.

"당시 실무를 제가 진행했습니다. 성철 종정예하를 모시려 했지만 끝내 가야산에서 나오시지 않았습니다. 그래도 총무원장 녹원 큰스님을 중심으로 행사를 원만하게 진행했습니다. 그때 전국에서 불자들이 올라온다고 고속도로가 마비될 정도였습니다. 많은 사람들이 환희심을 일으켰습니다. 불교도, 불자들도 함께 모이면 무엇이든 할 수 있다는 확신을 갖게 되었습니다."

1986년 5월에는 경승단도 출범했다. 경찰불자들의 신행활동과 포교를 위한 경승단 발족은 조계종의 오랜 숙원사업이었지만 정부의 안일한 태도와 기독교계의 반발로 번번이 무산됐던 터였다. 조계종은 5월 30일 서울 조계사에서 경승단 발족법회를 열고, 전국 195개 경찰관서에 처음으로 경승 지도법사 164명을 위촉하기도 했다.

녹원 스님은 추진력 있게 일을 잘하는 성운 스님을 신뢰했다. 성운 스님을 항상 "사회부장!"이라고 불렀다. 대사회적인 업무와 포교에 관한 일은 성운 스님이 담당했다.

"큰스님께서는 언론과의 소통을 중요하게 생각하셨어요. 저에게 기자들과 자주 만나 소통하고 그들의 얘기를 잘 들어보라고 하셨습니다. 언론이 사회를 선도하던 때여서 그들과의 호흡이 필요하다고 하셨습니다. 예산이 넉넉하지 않을 때여서 큰스님께서는 항상 당신 사비를 저에게 주시며 기자들과 소통의 시간을 보내라고 하셨습니다."

녹원 스님은 군포교도 챙겼다. 시간이 날 때마다 군부대를 찾아 젊은 장병들과 호흡했다. 부처님오신날 즈음과 연말연시에는 소임자들과 함께 부대를 방문해 수계법회를 주재했다. 지금까지 이어지고 있는 '나라

녹원 스님을 모시고 전방 부대 위문을 간 성운 스님.
왼쪽에서 세번째가 성운 스님이고 가운데가 녹원 스님이다.

와 민족을 위한 법회' 역시 녹원 스님이 총무원장을 할 때 시작된 것이었다.

"신심(信心)과 원력(願力)의 대보살"

성운 스님은 계속해서 녹원 스님의 신심과 원력을 강조했다. 성운 스님에게 너무나 강렬한 모습이었던 듯하다.

"큰스님은 원력보살이십니다. 애종(愛宗), 애법(愛法)의 상징과도 같은 분이십니다. 큰스님께서 행(行)으로 보여주신 모든 것들은 다 원력으로 이뤄내신 것입니다. 원력은 신심을 바탕으로 합니다. 오로지 불교만을

나라와 국민의 행복을 위한 기원법회가 열린 세종문화회관에서
총무원장 녹원 스님과 염보현 서울시장과 함께 한 성운 스님

위해 일생을 사신 분입니다. 오늘날의 직지사 불사는 한 생이 아니라 수십 생 원력이 아니면 이루지 못하는 것이었습니다. 정말 대단한 일이었습니다.

큰스님은 출가해 행자가 되었고 별좌 – 원주 – 재무 – 총무 – 주지를 단계별로 역임하셨습니다. 소임을 맡을 때마다 다음 업무까지 항상 생각하며 일을 하셨다고 저에게 말씀하시곤 했던 기억이 납니다. 직지사를 일으켜 세운 뒤 추풍령을 넘어 종단으로 오셨습니다. 중앙종회의원과 중앙종회의장을 역임한 뒤 총무원장 소임을 마무리하셨고 동국대로 건너가 불교교육 중흥을 이끄셨어요.

당시 종단 정치 상황은 계파도 많고 문중별로 입김이 세게 작용하던 시절이었습니다. 주변의 사공이 많아 총무원장을 하기 어려운 시대였어요. 여소야대의 종단 상황에서 큰스님께서는 말 그대로 고군분투를 하셨습니다. 작은 일 하나를 하더라도 종회의원 한 명 한 명을 만나 설득을 하셨어요. 물론 좌절된 일도 있었지요. 그 어려운 환경에서 많은 일들을 해냈다는 것이 정말 대단합니다."

앞서 전한 성운 스님의 불교사회복지 원력도 녹원 스님을 모시면서 구체화됐다고 한다.

"제가 사회복지법인을 만들어야겠다고 생각한 것이 종단에서 처음으로 아프리카 앙골라 이재민 돕기 모금을 하면서입니다. 불자들의 마음을 모아 6,000만원을 모금해 전달했습니다. 실무책임자로서 그때 개신교와 천주교가 어떻게 사회복지사업을 벌이고 있는지 알게 됐어요. 한없이 초라했던 불교 현실에, 정부와 함께 일을 하고 있던 이웃종교 상황에, 두 번이나 큰 충격을 받았어요. 그래서 몇 년 뒤 복지법인을 만들어 본격적으로 일을 하게 된 것입니다.

불교사회복지에 대한 얘기를 꺼내니 녹원 큰스님만 저의 뜻을 지지해주셨고 다른 소임자들은 눈만 깜빡이고 있던 상황이 기억나네요."

결국 성운 스님은 조계종보다 앞선 1990년도에 처음으로 사회복지법인을 만들었고 그것이 확대돼 인덕원 등의 시설이 만들어졌다. 스님은 "제가 사회복지에 눈을 뜰 수 있게 해 준 분이 바로 녹원 스님이시다."고 전했다.

"큰스님은 사판(事判)에 계셨지만 이판(理判)을 능가하는 지혜를 가진 분이었습니다. 사사무애(事事無碍)였다고 할 수 있습니다. 철저하게 현장에서 배우고 현장에서 익힌 어른입니다. 직지사에서 종단을 거쳐 동국대까지 이어진 큰스님의 대작불사는 그 과정 자체가 용맹정진이었습니다.

직지사 불사를 시작하기 전에 설악산 봉정암과 오대산 적멸보궁에서 기도를 하셨다고 해요. 그 시대에는 거의 모든 스님들이 큰일을 하기 전에는 기도를 올렸습니다. 기도하면 다 이루어진다는 믿음이 있었거든요. 무슨 일이건 신심과 원력에서 출발했습니다. 그 기도 끝에 인연들을 만났고 직지사 불사가 힘차게 출발할 수 있었다고 말씀하셨던 기억이 또렷합니다.

신심과 원력이 큰스님이 전부입니다. 이루지 못할 것이 없어요. 저도 평생 불교사회복지를 해보니 알겠어요. 저 역시 삼천사 도량과 많은 시설들을 원력과 기도로 만들었습니다. 사무치게 기도하니 다 이루어집니다. 지혜의 길이 보입니다. 모든 분별이 끊어져야 길이 보입니다. 기도도 의단독로(疑團獨露)가 되어야 합니다.

기도라는 아날로그를 통해서 깨달음의 길, 지혜의 길이라는 디지털 콘텐츠가 나옵니다. 기본적인 것부터 제대로 하면 못할 것이 없습니다. 저의 경험이 그랬고 녹원 큰스님이 걸었던 그 길이 그랬습니다."

성운 스님 역시 신심과 원력으로 많은 것을 실천했다. 그래서인지 스님의 말씀에 더 힘이 실렸다. 성운 스님은 절친한 도반 법등 스님에 대한 칭찬도 잊지 않았다.

"법등 스님은 녹원 큰스님의 마인드를 그대로 받아서 직지사를 올곧게 지키고 있습니다. 너무 보기 좋습니다. 법등 스님이 큰스님의 사상과 신심, 원력을 이어받아 직지사의 수호신으로 살고 있습니다. 녹원 큰스님이 계셨기에 법등 스님이 있다고 저는 봅니다."

성운 스님과 법등 스님 모두 녹원 스님이라는 '큰 산'을 보며 정진해왔다고 할 수 있다. 그래서 녹원 스님을 닮아가려고 지금까지 노력하고 있는지 모른다. 인터뷰를 마무리하는 성운 스님의 마지막 말씀이 허투루 들리지 않는다.

"앞으로도 녹원 큰스님과 같은 한국불교의 지도자는 나오기 어려울 것입니다."

"수행자로서 법法답게 사신 어른"

前 영축총림 통도사 주지 **원산 스님**

"녹원 스님처럼 수행자로서 법法답게 사신 어른이 없죠.
정말 여법如法하셨던 분입니다. 흐트러진 데가 하나도 없었어요.
말씀 한마디, 행行 하나, 걸음걸이 등 모든 것이 아주 똑 떨어지는
분이었습니다. 큰 소임을 오래 살아도 녹원 스님처럼 되기 쉽지 않아요.
아마 스님의 성격 자체가 그러신 것 아닌가 싶습니다. 하하."

한국불교의 선지식善知識 경봉 스님을 은사로 출가해
선원에서 오랜 세월 정진하고 교학教學을 연찬해 직지사와 통도사의
강주講主를 역임한 뒤 조계종 스님 교육을 총괄하는 교육원장으로 추대돼
소임을 보고 영축총림 통도사의 주지까지 지낸 원산 스님.
이사理事를 겸비한 어른으로 존경받는 원산 스님은
녹원 스님의 여법如法함을 찬탄하고 또 찬탄했다.

총림(叢林)은 항상 많은 대중들로 붐빈다. 선원, 율원, 강원, 염불원에서 정진하는 기본 대중도 많고 참배객들의 발길도 끊이지 않는다. 양산 영축산에 있는 영축총림 통도사도 예외는 아니다. 조계종 종정예하 성파 대종사를 중심으로 대중들이 화합하고 합심하며 정진하는 통도사는 포교의 새 지평을 열며 하루하루 발전하고 있다.

원산 스님을 만나기 위해 통도사를 찾은 날도 그랬다. 동안거(冬安居)가 시작된 이후 적멸보궁과 전각마다 참배객들이 가득했다. 산내에 있는 20여개의 암자 역시 불자들의 발걸음이 계속됐다.

통도사를 지나 영축산으로 들어갔다. 수명을 알 수 없는 거대한 은행나무와 대나무밭, 울창하게 우거진 소나무 숲에 둘러싸인 조그만 암자 백련암에 염불소리가 잔잔하다. 원산 스님을 비롯한 대중들이 기도하는 중이었다.

"염불이 불교의 근본 종지"

시자스님이 "스님이 기도 중이시니 잠깐 기다리시라."는 말을 전해준 뒤에도 염불은 한참 동안 계속됐다. 염불하는 스님의 모습이 궁금해 큰법당에 들어갔다. 원산 스님은 북과 징을 치면서 염불기도를 하고 있었다.

"요새는 나이가 들어 예전처럼 정진을 하기는 어렵습니다. 이제는 행주좌와어묵동정(行住坐臥語默動靜)에 염불이 끊이지 않도록 하고 있습니다."

스님은 불과 얼마 전까지만 해도 하루를 염불로 가득 채웠다. 새벽 4시 30분 예불에 이어 6시까지 염불, 오전 10시부터 11시 30분까지 사시 예불과 염불 등 오전 일정을 보내고 오후 자율정진을 한 뒤 다시 예불과 염불이 오후 6시부터 7시 30분까지 계속됐다.

그런데 원산 스님은 왜 갑자기 염불 수행에 빠진 것일까? 알려진 바와 같이 스님은 선(禪)과 교(敎)를 겸비한 스님으로 유명하다. 스승이자 한국 근현대 불교의 거목인 경봉 스님으로부터 참선을 배웠고 이후 극락암 호국선원, 송광사, 봉암사 등 제방선원에서 20여년간 정진했다. 또한 대강백인 관응 스님으로부터 강맥(講脈)을 이었다. 7년간 관응 스님 문하에서 경학(經學)을 연찬했다.

"1998년 2월부터 3년간 백련암 무문관(無門關) 죽림굴(竹林窟)에서 하루 한 끼만 먹고 묵언하는 정진을 했습니다. 그러던 중에 관응 스님으로부터 한 통의 편지를 받았어요. 편지에서 관응 스님은 염불이 불교의 종지이기 때문에 앞으로는 염불을 하라고 하시더라구요."

당시 93세의 관응 스님은 일주일 동안 한 글자 한 글자씩을 직접 적어 원산 스님에게 편지를 보낸 것이었다. 원산 스님은 관응 스님의 편지를 직접 읽어주며 스승의 애정 어린 충고를 전해준다. 스승의 간곡한 당부가 염불수행으로 이어진 것이다.

그리고 하나 더. 백련암은 염불도량의 맥을 잇고 있다. 통도사 성보박물관에 있는 '백련정사 만일승회기(白蓮精舍 萬日勝會期)'가 바로 그 증거다. 원산 스님은 "이 기록에 따르면 1600여년전 '동진 때 혜원 법사가 여산 동림사에서 백련결사를 결성해 123명이 깨달음을 얻었고, 신라의 발징 화상은 강원도 고성 건봉사에서 '만일염불회'를 창설해 31인이 허공

은사 경봉 스님과 함께 한 원산 스님

에 올라가게 되었다'고 전하고 있다. 백련결사란 바로 염불회를 뜻하며, 허공으로 올라갔다는 것은 극락세계로 갔다는 뜻"이라고 설명했다.

이런 이유들로 해서 스님은 염불로 '새 삶'을 살고 있는 것이다. 그래서 2008년 가을에 '만일염불회'도 만들었다. 1만인이 만일 동안 함께 염불수행을 하자는 뜻에서다.

한 유원지의 정원을 거닐고 있는 녹원 스님

스님은 "참선, 간경, 주력 등 이것 저것 해보니 다 일리가 있다."고 했다. 참선은 화두를 들면서 집중할 수 있고, 경(經)을 볼 때는 부처님의 가르침을 직접 확인할 수 있어서 많은 것을 배울 수 있다고 했다. 그러면서도 스님은 "지극한 마음으로 하는 염불은 모든 사람들이 쉽게 할 수 있는 수행법이 될 것"이라고 강조했다.

"염불을 할 때 다른 생각이 들어오면 안 된다."는 원산 스님은 "깨달은 마음과 깨닫지 못한 마음은 어둠이 없는 낮과 어둠뿐인 밤과 같은 것"이라고 말했다. 이치를 바로 알면 모든 것이 환하게 보일 것이고 깨닫지 못하면 어둠의 세계에 빠져 산다고 스님은 말했다.

"단감에 똘감을 접붙이면 단감이 됩니다. 8만 4000가지 번뇌를 안고 사는 중생도 염불을 하면 부처가 됩니다. 염불을 통해 부처님의 맑고 깨끗한 뜻이 접목돼 성불에 이를 수 있는 것입니다."

염불의 필요성과 중요성을 일컫는 말이다. 스님은 당신이 직접 쓴 문구를 가리키며 말씀을 이어갔다.

"阿彌陀佛在何方 着得心頭切莫忘
아 미 타 불 재 하 방 착 득 심 두 절 막 망

念到念窮無念處 六門常放紫金光
염 도 염 궁 무 염 처 육 문 상 방 자 금 광

아미타불이 어디 있는가, 마음을 잡아두고 간절히 잊지 마라.
생각하고 생각해서 생각이 없는 곳에 이르면,
육문에서 항상 금빛 광명이 빛나리라."

원산 스님은 "아미타불 10번만 부르면 마음이 편안해진다. 마음이 편안하면 바로 그것이 극락"이라고 강조했다.

공부의 길에서 만난 녹원 스님

스님은 열아홉 살 때 출가했다. "세상살이가 재미가 없어서"라고 한다. 도인이 계신다는 통도사 극락암에 가 경봉 스님을 만났다. 절에서 공부하고 싶다는 청년의 말에 경봉 스님은 "그래 너는 전생부터 절과 인연이 있다."며 출가를 허락했다.

경봉 스님은 원산 스님에게 '부모미생전 본래면목(父母未生前 本來面目)'을 화두로 내리면서 "네가 누구냐? 그걸 찾아라. 육체란 게 나지도 아니하고 죽지도 아니한 자리이다. 몸뚱이는 가짜 자기이고, 진짜 자기를 찾아라."고 강조했다. 그래서 선방에서 정진에 정진을 거듭했다.

그러던 중 경전을 더 보고 싶은 마음이 일었다. 통도사 총무 소임을 본 뒤 백련암에서 잠깐 쉬던 중 직지사 관응 스님이 『선문염송』 특강을 한다는 신문광고를 보고 주저 없이 신청했다.

"탄허 스님이 월정사에서 『화엄경』 강의를 할 때 가지 못해 아쉬웠던 차에 관응 스님의 특강은 놓치고 싶지 않았습니다. 당시 '북 탄허 남 관응'으로 통하던 때여서 큰 기대를 가지고 직지사로 갔습니다."

1981년 7월 25일의 일이다. 관응 스님의 강의 소식에 전국에서 300명이 넘는 스님들이 몰려왔다. 한 달간의 법석(法席)은 환희롭고 환희로웠다.

"그동안 들었던 그 어떤 강의보다 더 좋았습니다. 관응 스님의 박학

관응 스님과 녹원 스님을 모시고 자리를 같이 한 황악학림 스님들 모습

직지사 강주로서 같이 한 1회 직지사 승가대학 졸업식

다식함에 놀랐습니다. 관응 스님을 모시고 더 공부를 해야겠다고 생각하고 저를 비롯해 10명의 스님이 남아서 3년을 더 살기로 했습니다."

그 유명한 직지사 황악학림은 이렇게 만들어졌다. 원산 스님을 비롯해 연관, 범하, 시현, 자일, 재원 스님 등 10명의 스님은 관응 스님을 모시고 사집부터 사교, 대교, 화엄까지 다시 공부했다.

녹원 스님과의 인연도 이때 만들어졌다. 『선문염송』 특강을 듣기 위해 찾은 직지사의 주지가 바로 녹원 스님이었다.

"깡마른 체구에 단단한 모습이었습니다. 정직한 걸음걸이에 예리하면서도 지혜로운 눈동자를 가지고 계셨어요. 몸에 딱 맞는 승복을 입는 옷맵시가 아주 정갈했습니다. 어떤 말씀이든지 똑 떨어지게 하셨어요.

처음 만났을 때부터 본받을 만한 분이라는 생각을 했습니다.

녹원 스님을 보며 벽안 스님이 떠올랐습니다. 통도사 어른 중에 벽안 큰스님이 계셨습니다. 벽안 스님께서 중앙종회의장을 하실 때 녹원 스님께서 부의장을 하셨습니다. 벽안 스님께서 동국대 이사장을 할 때도 녹원 스님은 이사를 맡으셨어요. 벽안 스님이 녹원 스님을 굉장히 아끼셨다고 합니다.

두 분의 공통점이 있습니다. 벽안 스님도 그렇게 깔끔하실 수가 없는 어른입니다. 당신의 법복은 직접 재단해서 만들 정도의 실력을 가지고 계셨어요. 아주 정갈하게 사셨어요.

녹원 스님께서 벽안 스님의 영향을 받으시지 않았나 싶어요. 지금 생각해도 두 분이 너무 비슷했습니다. 깔끔하기가 이루 말할 수 없어요. 두 분이 너무 닮았습니다. 하하."

원산 스님은 공부에 매진하면서도 직지사의 가풍을 계속해서 지켜봤다. 그 중심에는 녹원 스님이 있었다.

"녹원 스님은 정말 수행자로서 1등인 스님이에요. 흠잡을 데가 없는 분입니다. 20대부터 직지사 살림을 맡아서 가람수호에 진력했고 또 직지사를 대찰로 중창하셨습니다. 다양한 소임을 거친 사판 중에 사판이었습니다.

그런 가운데서도 항상 공부를 게을리하지 않았습니다. 당신 방에 가 보면 책상 위에 꼭 책이 있었어요. 경전뿐만 아니라 문학, 역사 등 책의 종류도 다양했습니다. 그냥 놓여 있는 게 아니라 실제로 보는 책이었습니다. 보통 부지런하지 않으면 안 되는 몇 가지 일을 항상 같이 하고 계셨습니다.

직지사 가람배치도 대단합니다. 꽃과 나무의 위치, 축대까지 철저하게 계획적으로 불사를 했습니다. 절의 모든 것들이 적재적소에 있었어요. 돌 하나도 삐딱한 것이 없었습니다.

황악학림에서 공부를 하면서 3년간 있었는데 우리 학인과 전체 대중들은 매일 아침 공양을 하면 자연스럽게 빗자루를 들고 나가 도량 청소를 했습니다. 녹원 스님께서 일군 도량을 정성껏 가꾸는 것도 중요했기 때문입니다. 그렇다 보니 도량에는 쓰레기가 있을 수 없었고 낙엽 하나도 그냥 떨어져 있을 수 없었습니다. 직지사 가풍이 그러했고 녹원 스님 가풍이 그러했습니다. 하하."

원산 스님은 녹원 스님이 황악학림 수업에도 참여했다고 전했다. 정식 수강생은 아니었지만 서울에서 소임을 보다 직지사에 와 있을 때는 꼭 청강을 했다고 한다.

"황악학림에서 공부할 때 녹원 스님께서는 서울 일이 바쁘셨어요. 나중에는 총무원장도 하시고 동국대 이사장도 맡아 종단 발전을 위해 진력하셨습니다. 그렇게 바쁘신 와중에도 직지사에 가끔 오셔서 쉬어가시곤 했습니다. 가끔 인사를 드리면 항상 피곤한 모습이셨어요. 녹원 스님께서 직지사에 오시면 항상 학림 강의에 오셨습니다. 청강을 하셨지요. 수업을 들을 때면 우리 학인들보다 더 집중해서 들었습니다. 어느 것 하나 소홀하지 않던 녹원 스님의 모습이 생생합니다."

녹원 스님을 위한 7일 철야기도

황악학림에서의 공부는 알찼다. 원산 스님은 그동안의 갈증을 한꺼

번에 풀어가고 있었다. 훌륭한 스승과 좋은 도반들을 만나니 공부는 순조로웠다. 오늘의 일과 공부가 끝나면 다음 날의 일정이 기다려졌다.

그러던 중 1984년 4월에 일이 생겼다. 직지사와 서울을 오가던 녹원 스님이 피로회복을 위해 맞은 주사의 부작용이 생긴 것이다. 녹원 스님에게 주사쇼크가 왔다. 녹원 스님은 앰뷸런스에 실려 대구의 한 병원으로 옮겨졌다. 가슴을 졸이던 직지사 대중들에게 들려온 소식은 우울했다. 장례를 준비해야 할지 모른다는 것이다.

원산 스님을 비롯한 황악학림의 학인들은 곧바로 일주일 철야기도에 돌입했다. 직지사뿐만 아니라 한국불교를 대표하는 어른인 녹원 스님을 이대로 보낼 수 없었기 때문이다. 황악학림의 학인들과 직지사 전 대중들의 간절한 기도 덕분인지 녹원 스님은 극적으로 건강을 회복했다.

"녹원 스님이 입원했던 곳이 천주교 병원이었습니다. 스님은 치료를 받으면서 많은 생각을 하셨다고 해요. 스님이 십자가 아래서 치료를 받는 현실이 처참했다고 하셨습니다. 부끄럽다고 하셨어요. 그때 스님께서 불교병원 건립을 발원하셨다고 합니다. 스님께서 건강을 회복하고 동국대 이사장을 맡으시면서 경주 캠퍼스에 먼저 병원을 세우셨고, 나중에 일산에 병원을 세우신 것의 출발이 바로 그 일 때문이었습니다.

녹원 스님의 원력이 아니었으면 아마 저도 어느 십자가 아래서 치료를 받았을지 모르겠습니다. 녹원 스님의 안목 덕분에 우리 스님들과 불자들이 좋은 의료혜택을 받고 있다고 할 수 있습니다."

원산 스님은 직지사의 두 어른 관응 스님과 녹원 스님을 함께 모셨다. 그래서 궁금했다. 두 사형사제는 어떤 모습이었을까?

"상경하애(上敬下愛)의 모습 자체였어요. 관응 스님은 사제인 녹원 스

교육원장에 취임한 원산 스님이 녹원 스님과 함께 교육원 현판제막식을 하고 있다.

님을 극진한 사랑으로 대했고, 녹원 스님은 사형인 관응 스님을 진심으로 공경했습니다. 관응 스님은 사제 녹원 스님을 아주 화합적으로 대했고, 녹원 스님은 사형 관응 스님을 아주 깔끔하게 모셨어요. 옆에서 보기에도 서로에 대한 예의가 대단했습니다.

저는 두 어른을 보면서 다짐했습니다. 이판(理判)으로는 관응 스님처럼 공부하고, 사판(事判)으로는 녹원 스님을 철저하게 닮아야겠다고 말입니다. 저는 직지사에서 이사(理事)를 두루 배웠습니다. 어떻게 보면 저만큼 복 받은 사람이 없습니다. 하하."

원산 스님은 황악학림 3년을 마치고 관응 스님에게 전강을 받았다. 이때 받은 법호는 '藏海'(장해). 학림을 마치고 직지사를 바로 떠날 수 없어 원산 스님은 직지사 강주를 맡았다. 20명의 학인들을 4년간 가르쳐 졸업시켰다. 원산 스님에 이어 연관 스님을 비롯한 스님들도 순서대로 강주를 맡아 직지사의 학풍을 진작시켰다.

"연관 스님한테 강주를 이어주고 7년 만에 직지사를 나왔습니다. 곧바로 통도사 강주를 하고 또 조계종 교육원장까지 살았습니다. 직지사에서의 시간이 정말 꿈만 같았습니다."

경봉, 관응, 녹원 스님과 함께 한 원산 스님은 60년 수행의 길을 담담히 회고했다. 좋은 스승을 만나는 것은 정말 아무리 강조해도 지나치지 않음을 원산 스님을 통해 확인했다.

"흐트러짐이 없었던 진짜 수행자"

前 해인총림 해인사 주지 **향적 스님**

"녹원 큰스님은 당신 자체로 권위가 느껴지는 어른이었습니다.
뭔가 범접할 수 없는 힘과 카리스마가 대단했습니다.
또 혹독할 정도로 스스로를 관리하셨습니다.
법복이 구겨질까 봐 김천역에서 서울역까지 몇 시간을 서서 가실 정도였어요.
옷에 구김 하나 들어가는 것을 허락하지 않을 만큼 철저하셨습니다.
이 대목 하나가 녹원 큰스님에 대한 모든 것을 설명할 수 있다고 봅니다."

해인사 지족암에서 만난 향적 스님은 긴 설명을 하지 않았다.
'하나를 보면 열을 안다'는 것이었다.
가야산을 적시는 비만큼이나 명쾌하게 마음을 씻어 주는
향적 스님의 말씀에 고개가 끄덕여지지 않을 수 없었다.

"자기 삶에 만족하면 그것이 바로 극락"

가야산으로 향적 스님을 만나러 가는 길. 끝나가는 장마를 붙잡고 싶은지 비가 추적추적 내린다. 비도 품어 주는 가야산은 그대로 또 다른 멋이 있다. 가야산 안으로 들어오니 향적 스님이 펴낸 선시(禪詩) 해설집 『선시, 우리를 자유롭게 한다』에 실린 한 구절이 떠오른다.

"빈 누각에 홀로 앉아 달맞이 하니(獨座虛樓待月生),
개울소리 솔바람은 이미 삼경인데(泉聲松正三更),
기다리고 기다리다 기다림마저 없는 곳(待到待窮無待處),
찬 빛이 대낮같이 산 가득 밝아오네(寒光如晝滿山明)."

조선 중기 허응보우 스님은 이 선시에서 뼛속 깊이 사무쳐 오는 외로움이 일시에 크고 활달한 깨달음으로 바뀌는 경지를 묘사한다. 향적 스님은 "기다림마저 없는 곳, 그곳이 바로 우리가 궁극적으로 당도하려는 깨달음의 거처일 것"이라고 설명했다.

'깨달음의 거처' 해인사에 도착했다. 일주문을 지나 해인사 구광루 1층에 있는 북카페에서 잠시 숨을 골랐다. 산사에서 보기 드문 문화공간인 북카페에서는 각종 공연과 전시가 수시로 열린다. 향적 스님이 참배객을 위해 주지 취임 직후 조성한 북카페에서는 차와 커피를 마시며 여유를 즐기는 사람들이 적지 않게 눈에 띄었다. 오랜 시간이 흘렀지만 여

188
———
허공에 가득한 깨달음
영허 녹원 暎虛 椂園

녹원 스님 진영

전히 사람들의 휴식처가 되고 있었다. 향적 스님의 안목이 틀리지 않았음을 다시 한번 실감했다. 북카페에서 스님의 선시 해설집을 다시 펼쳐 보았다.

"선시는 언어의 근원이다. 그런 까닭에 선시는 존재의 음성에 순종하며 존재의 소리를 전하는 지극히 성스러운 작업이라고 할 수 있다. 그 언어로부터 존재의 진리가 확연히 드러난다. 존재의 언어는 우리에게 커다란 물리적인 소리로 다가오는 게 아니라 오직 나직한 울림, 혹은 고요의 울림으로 다가온다. 고요의 울림은 존재와 무를 초월해 색즉시공(色卽是空)의 경계를 노니는 선사들의 깨달음의 깊이를 일컫는 것이기도 하다."

선시에 대한 스님의 정의가 가슴을 울린다. 북카페에서는 향적 스님의 또 다른 책도 만날 수 있었다. 바로 『프랑스 수도원의 한국 스님』. 이 책은 향적 스님이 지난 1989년 12월부터 1990년 8월까지 약 1년 동안 프랑스 삐에르-끼-비르 수도원 체험을 회고하며 쓴 '해인에서 삐에르-끼-비르까지'를 비롯해 '유럽 문화 체험을 위한 만행(萬行)', '수도원 체험을 마치고', '정휴 스님의 발문', '삐에르-끼-비 수도원 원장의 추천사' 순으로 묶여 있다.

향적 스님은 프랑스 수도원 체험을 회고하면서 "묵언수행을 해야 하는 삐에르-끼-비르 수도원의 나날은 고행이었으나, 국적, 얼굴색과 말이 다른 카톨릭 성직자들과 생활하면서 종교의 본질은 궁극적으로 같다는 것을 깨달을 수 있었다."고 말했다. 향적 스님은 삐에르-끼-비르에서 보낸 1년간의 값진 체험을 통해 '모든 종교는 대자연과의 소통을 추구하고 대중을 위무하는 것을 목적으로 한다'는 것을 몸과 마음으로 깨달은 것이다.

향적 스님의 수도원 체험기를 읽은 후 발문을 쓴 정휴 스님은 평가도 의미심장하다.

"수도원 체험은 향적 스님의 안목과 지평(地平)을 넓히는 계기가 되었는데, 바로 이때가 향적 스님의 견성체험(見性體驗)의 시기라고 볼 수 있다. 비록 종교적 교의가 다르고 의식과 문화가 많은 차이가 있음에도 불구하고 향적 스님은 근원에서 서로 같은 점을 찾아내고 있다. 향적 스님은 수도원의 공동체 생활을 하면서 정신과 사상적 넓이를 확대하면서 불교적 자아를 형성했음을 엿볼 수 있다. 이때 그는 종교적 배타성을 버리고 마음속에 깊이를 헤아릴 수 없는 수용(受容)의 골짜기를 만든 것 같다. 그리고 불교의 자비와 가톨릭의 사랑을 바탕으로 한 생명관을 통해 풀 한 포기, 나무 한 그루, 나아가 하찮은 미물까지도 그 안에 하느님의 영혼이 살아 있고, 부처님의 생명이 있음을 깨닫고 있다.

사랑과 자비가 경전이나 성서 속에서 강조될 것이 아니라 가슴 속으로 충일되어야 만신자비(滿身慈悲)가 된다는 것을 깨우쳐 주고 있는가 하면, 절대고독과 명상과 사유를 거치지 않은 그리움은 진실한 그리움이 아니라는 것을 가르쳐 주고 있다."

책으로 전해지는 가르침을 가슴에 담은 뒤, 빗줄기가 가늘어진 틈을 타 지족암으로 향했다.

지족암의 원래 이름은 지족도솔암(知足兜率庵). '자기가 가지고 있는 것에 만족하는 삶이 최고의 극락세계'라는 뜻이다.

신라 말에 희랑 대사가 지족암에 머물며 최치원과 시문을 나누었다고 한다. 그 뒤 1893년에 환운 스님이 중건하면서 도솔천의 의역(意譯)인지족(知足)으로 암자명을 개칭하였다. 인법당(因法堂)과 산신각뿐이던 지족암에 1976년부터 일타 스님이 주석하면서 중창하였고 뒤를 이어 향적 스님이 중수했다. 대몽각전(大夢覺殿)과 진영각(眞影閣), 동곡당(東谷堂), 산신각, 석경당(石經堂) 등의 전각이 아담하게 앉아 있다.

잘 알려져 있듯이 향적 스님은 해인사에서 출가했다. 월간 〈해인(海印)〉을 창간하고, 초대 편집장을 지낸 후 프랑스로 건너가 삐에르-끼-비르 수도원에서 정진하고 돌아왔다. 그 뒤, 조계종 교육원 초대 교육부장직을 수행하면서 승가 교육을 체계화했다. 해인사 성보박물관 초대

동국대 일산병원 기초공사 모습

동국대를 살피고 있는 부처님

관장을 맡아 박물관을 개관하고, 조계종 기관지 〈불교신문〉 사장, 조계종 중앙종회의원과 중앙종회의장, 해인사 주지 등을 역임했다.

어른들에게 배운 '수행자의 길'

"입적하신 혜인 사형님의 소개로 일타 큰스님을 스승으로 모시고 출가했습니다. 은사스님은 일가족 41명이 함께 출가하신 것으로 잘 알려져 있고 오른손 열 두 마디를 연지공양하신 대단한 원력의 수행자이십니다.

일타 큰스님을 은사로 모신 것이 제 인생에서 가장 중요한 인연입니다. 은사스님은 언제나 인자하시고 합리적이셨고 또 불교 안팎의 모든 것에 해박하셨습니다. 제자들이 올곧게 공부할 수 있도록 항상 배려해 주셨습니다."

향적 스님은 일타 스님을 모시고 해인사 지족암을 중창했다. 지족암은 이제 어느덧 수많은 불자들이 기도하고 수행하는 도량으로 거듭났다.

"어린 시절 용돈이 필요해 은사스님께 말씀드리면 '서랍에서 필요한 만큼 가져가라'고 하셨던 일이 생각난다. 그 말씀을 들으면 필요한 돈보다 적게 가져가게 된다. 모든 행(行)을 바르게 하기를 원하셨던 은사스님의 가르침이었다."며 향적 스님은 웃었다.

"제 스승이신 일타 큰스님을 비롯해 성철 큰스님, 혜암 큰스님, 법전 큰스님, 지관 큰스님 등이 가야산에 계실 때가 해인사의 전성기였습니다. 수행에 철저하셨고 또 후학들을 자비로 가르치셨으며 세상을 향해 할과 방을 하셨던 어른들이 더 그리워집니다.

어른들께서는 항상 서로를 신뢰하셨습니다. 예를 들어 은사스님께서 주지를 하실 때는 7직 소임자들을 혜암 큰스님과 법전 큰스님께서 인선하셨습니다. 은사스님은 두 어른께서 추천한 스님들을 믿고 일을 맡기셨습니다. 저도 주지를 해 봤지만 다른스님한테 소임자를 추천해달라는 것이 그리 쉬운 일은 아닙니다. 하하."

향적 스님은 녹원 스님에게도 많은 것을 배웠다. 수행자의 자세, 신심(信心)과 원력(願力) 등 보고 배울 것이 적지 않았다.

"생각해보니 제가 26년간 종단의 크고 작은 소임을 맡았습니다. 1994

년 종단개혁 직후 1995년부터 제가 초대 교육부장을 맡았습니다. 이것이 제 소임의 시작이었습니다. 교육체계의 틀을 만들고 위계질서를 바로 잡기 위해 노력했어요. 당시 녹원 큰스님의 상좌인 법등 스님이 저를 추천했다고 들었습니다. 아마 그때부터가 녹원 큰스님과의 인연이 시작된 시기가 아닌가 싶습니다. 종단에서, 또 동국대에서 녹원 큰스님을 뵈면서 그 당당한 모습에 저도 모르게 절로 고개가 숙여졌습니다. 정말 위의(威儀)가 대단했습니다."

향적 스님이 녹원 스님을 가까이서 모시게 된 것은 2000년대 초반 동국대 재단 감사를 맡게 되면서부터이다. 불교신문 사장을 하면서도 녹원 스님의 진면목에 대해 알 수 있었다.

"불교신문 사장을 하면서부터는 큰스님의 일거수일투족에 대해 알 수 있었습니다. 기자들이 취재를 해오고 또 직간접적으로 뵙기도 하면서 큰스님의 원력을 알 수 있었습니다. 동국대 병원 건립 불사는 큰스님이 아니었다면 누구도 해낼 수 없었습니다. 부지를 매입하고 관련 법을 처리하는 등 크고 작은 문제들을 모두 풀어내셨어요. 국방부, 교육부, 환경부 등 연관된 정부부처만 5~6개에 이르렀지만 다 해결했습니다. 특히 군부대 이전까지 해야 할 정도로 만만치 않은 일이었지만 큰스님은 모든 것을 원리 원칙대로 해내셨습니다. 지금 생각해도 대단한 불사가 아닐 수 없습니다."

"동국대를 위했고, 동국대가 원했던 녹원 큰스님"

향적 스님은 동국대와 녹원 스님의 관계에 대해 먼저 설명했다. 녹원 스님은 그 누구보다 동국대를 위해 일했고, 또 동국대 역시 녹원 스님을 원했다는 것이다.

"큰스님은 모든 일을 공심(公心)으로 하셨습니다. 직지사 중창도 그렇게 하셨고 종단 소임도 그렇게 사셨습니다. 집을 한 채 지어도 문화재급으로 만들어야 한다는 것이 큰스님의 평소 지론이었습니다. 동국대 이사장을 맡은 이후에는 오직 동국대의 발전만을 생각하셨습니다. 모든

직지사 비로전 설경

망중한을 즐기는 녹원 스님

사람들이 큰스님의 이런 마음을 알았기 때문에 대중들의 요청에 의해 오랫동안 이사장 소임을 맡은 것이라고 생각합니다."

향적 스님이 감사를 맡으면서 녹원 스님과는 수시로 만나 대화를 나누었다. 어른의 선견지명에 놀라는 일이 한두 번이 아니었다. 또 일의 흐름을 만들어가는 모습도 지켜봤다.

"주변에서는 큰스님을 '오 사장'이라고 불렀어요. 제가 볼 때는 그 어떤 사장들도 큰스님처럼 열심히 일을 안 합니다. 하하. 아무튼 오 사장이라고 불릴 정도로 큰스님께서는 정말 열심히 사셨습니다. 동국대의 풀 한 포기, 나무 한 그루 등 큰스님께서 세심하게 살피지 않은 것이 없습니다."

향적 스님은 감사로서 동국대의 행정을 챙겼다. 역할이 역할인지라 녹원 스님의 마음을 불편하게 했던 일도 있었다.

"동국대 산하기관의 한 기관장이 법인카드를 흥청망청 쓰고 있었습니다. 제가 직원들을 데리고 실사를 해보니 아주 가관이었어요. 그 당시로도 적지 않은 급여를 받고 있었음에도 개인적으로 쓴 일들이 많았습니다. 그래서 인사조치를 하도록 했습니다. '감사'라는 제 소임이 그런 일을 하는 것이잖아요. 큰스님께서 처음에는 굉장히 섭섭해 하셨습니다. '향적 수좌! 그 일이 그렇게 급한가?'라고 묻기도 하셨습니다. 당신께서 많이 아끼는 사람이었거든요. 그래도 큰스님을 위해서, 동국대를 위해서는 인사조치가 불가피했습니다. 나중에 큰스님께서 모든 상황을 아시고는 저한테 '잘했다'고 하시긴 하셨습니다."

향적 스님은 녹원 스님의 동국대 이사장 퇴임을 아쉬워했다. 어른에 대한 예우가 많이 부족했다며 말씀을 이어나갔다.

"큰스님은 카리스마가 대단했습니다. 흐트러짐이 없으셨어요. 그렇기 때문에 대중들이 큰스님께 종단 중요 소임을 맡겼다고 생각합니다. 특히 동국대에 대한 애정이 많으셨어요. 일부가 '동국대가 녹원 스님 개인학교냐?'고 비난할 정도로 학교를 위해 모든 것을 쏟아내셨습니다.

아쉬운 것은 큰스님께서 동국대를 반석 위에 올려놓고, 또 학교를 살려놓고도 명예롭게 물러나지 못하신 것입니다. 경리회계를 담당하던 직원이 공금을 횡령하는 사건이 있었는데 큰스님께서도 총책임자로서 도의적 책임을 지고 소임을 내려놓았습니다. 여기에 종단 정치적인 부분까지 연계됐습니다. 큰스님께서는 '내가 책임져야 한다'고 하셨지만 모시는 입장에서는 큰스님께 너무 죄송했습니다."

"종단의 어른을 제대로 모시지 못한 책임이 나에게도 있다."고 회고한 향적 스님은 "앞으로도 어른스님을 모시는 일에는 너와 내가 없어야 한다."고 강조했다.

향적 스님은 녹원 스님을 오래 모시지 않았다고 했다. 그래서 이야기할 것이 많지 않다고 했다. 그래도 녹원 스님에 대한 향적 스님의 마음은 '진심' 그 자체였다. 짧은 인연이었지만 향적 스님의 마음속에는 이미 녹원 스님이 크게 자리하고 있었다. 인터뷰를 마무리할 즈음 스님은 한국불교의 미래에 대한 조언도 잊지 않았다.

"세계 인류학자들의 연구에 의하면 앞으로 종교는 유대교, 무슬림, 불교만 살아남는다고 합니다. 이것이 좋은 이야기인지 나쁜 이야기인지 모르겠지만, 불교 역시 미래를 준비해야 합니다. 이렇게 손 놓고 있을 때가 아닙니다.

불교가 할 수 있는 일부터 해야 합니다. 더이상 기복(祈福)으로는 살아

남을 수 없어요. 중생을 제도하면서 사회에 기여할 수 있는 방법을 찾아야 합니다. 환경문제라든가, 생명 이슈, 핵 문제 등 지금 세계적으로 제기되고 있는 문제들에 대한 답을 불교가 가지고 있습니다. 대안을 제시해야 할 때입니다."

인터뷰를 마무리할 때쯤 비가 그쳤다. 날카로우면서도 푸근하기만 한 가야산의 진면목도 드러나기 시작했다. 향적 스님의 말씀을 통해 녹원 스님의 진면목에 한 걸음 더 다가서고 있음을 느낄 수 있었다.

"가을 날씨처럼 맑고 깨끗하신 어른스님"

서울 구룡사 회주 **정우 스님**

"가을날의 청명한 날씨처럼 맑고 깨끗한 분이셨어요.
따사로운 햇볕이 가득하고 바람은 시원하며 온 세상이 평화로운
그런 가을날 있잖아요. 큰스님은 꼭 그런 어른이었습니다.

대중에게는 관대하셨지만 스스로에게는 너무나 엄격한 분이었습니다.
칼날 같은 청규로 평생을 사셨어요. 그렇게 사셨기 때문에
오늘날의 조계종단, 동국대, 직지사가 있습니다.
모두 녹원 큰스님을 빼놓고 생각할 수 없는 단어들이잖아요.."

녹원 스님을 회고하는 정우 스님의 음성도 평화로웠다.
"고맙고 고마운 스승"에 대한 그리움이 차분한 목소리로 전해졌다.
평소 활발발한 모습의 정우 스님을 많이 봐왔던 터라
조금은 당황(?)스러웠지만,
녹원 스님에 대한 마음이 어느 정도인지를 가늠할 수 있었다.

녹원 스님에 대한 말씀을 듣기 위해 찾은 서울 구룡사는 여전했다. 비교적 한가한 오후 시간이었지만 건물에 있는 여러 법당에서 기도하는 불자들이 적지 않았다. 새로 들어서는 전법회관 불사도 한창이었다. 도심 포교의 한 획을 그은 구룡사가 전법회관 불사를 통해 한 단계 더 성장할 것이라는 생각이 드는 것은 당연했다. 법당 참배를 마치고 회주실의 문을 두드렸다.

"스승을 찾아 준 스승"

녹원 스님과의 인연을 여쭈자 정우 스님은 당신의 출가 인연부터 설명했다. "이야기가 너무 깊이 들어가는 거 아닌가?" 하는 생각이 머릿속을 스쳤지만, 스님의 말씀에는 이유가 있었다.

전북 김제 출신인 정우 스님은 초등학교 때 출가인연이 찾아 왔다. 초등학교 4학년 때 망해사로 봄 소풍을 가서 만난 한 스님이 '전설처럼 내려오는' 스님들의 이야기를 들려줬다. 시골에서 평범하게 자라던 소년에게는 스님들의 이야기가 마냥 신기했다. 이야기를 다 듣고 난 소년은 "저도 스님이 되고 싶어요."라고 말했다.

그렇게 자연스럽게 출가했다. 15살 때였다. 정읍 내장사에서 삭발염의하고 승려생활을 시작한 스님은 부안 백룡사, 인천 약사사, 그리고 서울 신대방동 장안사 등에서 어린 시절을 보냈다. 장안사에 같이 살던 한 스님이 조계사에 있는 신태 스님을 찾아가 보라고 권유했다.

총무원장 녹원 스님의 배려로 불사를 마무리 한 구룡사 법당에서
법문을 하고 있는 정우 스님

조계사에 가니 그 스님은 통도사와 홍법 스님을 추천했다.

"수행정진을 잘하려면 통도사 같은 큰 절에서 가서 공부를 해야 한다. 또 통도사에 가면 홍법 스님이 계시는데 그 스님께 가르침을 받아라."는 말이었다. 나중에 알고 보니 신태 스님은 직지사의 스님이었는데, 통도사 강원에서 홍법 스님에게 가르침을 받은 인연이 있었다.

그렇게 인연이 돼 스님은 용산역에서 야간 완행열차를 타고 통도사로 향했다. 절에 온 지 3년만의 일이었다.

"통도사에 도착해 보니 '이곳이야 말로 진짜 절'이라는 생각이 들었습니다. 고향에 온 것처럼 너무 편안하고 좋았습니다. 종무소에 저를 추천해 주신 스님의 편지를 전해드렸더니 한 스님이 '잘 왔다'고만 하셨어요. 그때 은사스님께서는 강원(講院)에서 강사(講師)를 하고 계셨는데 자상하실 것 같다는 인상을 받았어요."

정우 스님은 홍법 스님을 은사로 '진짜 출가'를 했다. 그리고 행자생활을 다시 시작했다. 절에 있다 와서인지 통도사 생활은 그리 어렵지 않았다. 강원을 마치고 군대를 제대한 뒤에 스님은 홍법 스님을 모시고 태백산 청원사에서 일주일 정도 모시고 지낸 적이 있다.

"열반하시기 몇 해 전부터 건강이 좋지 않으셔서 은사스님이 좀 쉬시길 바라는 마음으로 태백산에 모시고 갔습니다. 그간 공부하며 느꼈던 생각들을 많이 여쭤보았습니다. 편찮으셨지만 저의 질문에 자상하게 가르침을 주셨고 지금까지도 그때 은사스님과 함께 보낸 시간들이 저에게는 큰 힘이 되고 있습니다.

은사스님께서는 수행자에게 잠과 음식, 의복이 부족해야 한다고 말씀하셨습니다. 사치를 버려야 하고 잠을 많이 자면 안 되고 음식을 많이 먹어서는 제대로 공부를 할 수 없다고 강조하셨습니다. 또 부족한 환경에서 더 공부를 간절하게 할 수 있다고 가르치셨습니다."

홍법 스님은 前 조계종 총무원장 지관 스님, 남양주 봉선사 조실 월운 스님과 통도사와 해인사 강원에서 동문수학하고 1기로 졸업하여 강사의 길을 걸었다. 당시 불교계에서는 세 스님을 '한국불교 3대 재원'이라고 불렀을 정도로 뛰어난 학인들이었다고 한다. 홍법 스님은 훗날 통도사 강주와 주지를 역임하기도 했다.

"은사스님께서는 49세라는 비교적 이른 나이에 사바세계를 떠나셨습니다. 은사스님께서 많이 아프셨을 때에도 극락암 경봉 노스님께서는

'통도사를 다 팔아서라도 홍법 스님을 살려야 한다고' 하시며 매우 안타까워하셨습니다. 은사스님 열반 후 제방의 어른스님들께 '홍법 스님 시봉입니다'라고 말씀드리면 저를 다시 살펴봐 주셨습니다. 마음을 더 써 주신 것이지요. 어른스님들 모두가 그러셨던 것 같습니다."

"구룡사 불사의 든든한 후원자"

녹원 스님 역시 홍법 스님의 열반을 아쉬워했고 또 정우 스님을 제자로 대했다. 녹원 스님이 1984년 8월 총무원장에 취임하면서 정우 스님도 소임을 맡아 녹원 스님을 보좌했다. 직지사를 일으켜 세우고 주요 소임을 살며 종단 중흥을 위해 진력하던 녹원 스님을 정우 스님도 알고 있었고, 군 사병으로서 두 곳의 군 법당 불사를 했고 통도사 안팎에서 '젊은 유망주'로 인정받던 정우 스님을 녹원 스님도 알고 있었다.

"비상종단 때 교무국장을 맡았었고 큰스님이 총무원장으로 추대되신 뒤에도 소임을 봤어요. 하지만 사정이 생겨 오래 모시지는 못했습니다. 그래도 큰스님께서는 항상 저를 격려해 주셨습니다."

총무원 소임을 정리하고 정우 스님이 본격적으로 도심포교에 뛰어든 것은 1985년 중반이었다. 스님은 1985년도부터 구룡사 주지소임을 맡았다. 원래 구룡사는 서울 종로구 가회동에 있었다. 그러나 주변에 조계사를 비롯해 칠보사, 선학원 등의 여러 사찰이 있고, 사찰 주변이 한옥 보전 및 미관 지역으로 지정돼 포교당으로 성장하기에는 여러 가지 문제점이 있고 불가피하게 새로운 지역을 찾아야 했다. 그래서 정우 스님은 현재의 구룡사 위치로 절을 옮기기로 했다.

조계종 전 종정 월하 스님과 자리를 같이 했다.

종정 성철 스님이 녹원 스님에게 총무원장 임명장을 전달하고 있다.

"저의 사정을 아셨던 총무원장 녹원 큰스님께서 전폭적인 행정지원을 해 주셨습니다. 통도사 서울포교당이었기 때문에 당시 양산군과 경상남도, 문화공보부의 행정절차와 총무원의 종무행정 승인절차가 진행되도록 총무부장 현성 스님을 독려하셨습니다. 가회동 토지를 매각하면서 종단에 내야 했던 분담금도 면제해 주셨습니다. 큰스님께서는 황무지에 절을 세워 도심포교를 하겠다는 제가 자랑스럽다고 여러 차례 격려해 주셨습니다. 그때 큰스님이 안 계셨다면 저의 도심포교는 아마도 길을 잡지 못해 지지부진했을 수도 있었을 것입니다."

2년의 천막법당 생활과 다시 2년간의 임시 가건물 법당 생활을 이어간 끝에 1989년도에 구룡산 자락 허허벌판에서 구룡사를 낙성하게 되었다.

"그때 처음으로 부처님 금란가사 친견법회를 100일간 봉행했습니다. 대중들에게 만불전(萬佛殿)을 짓겠다는 원력으로 적극적인 동참을 발원하였습니다. 1만 명이 넘는 사부대중들이 신심과 원력으로 동참해 주어서 2년 만에 만불보전 법당의 낙성과 회향이 이뤄졌습니다. 녹원 큰스님을 모시고 법회도 진행했습니다. 도심포교의 중요성과 필요성을 강조하시던 큰스님의 모습을 잊을 수가 없습니다."

정우 스님이 이렇게 건립한 포교당은 국내외에 모두 30여곳에 이른다. 포교당을 창건했다가 통도사가 아닌 해당지역 본사로 이관하여 맡긴 곳도 있다.

"구룡사가 완공이 돼 본격적으로 포교를 시작할 때쯤 어린아이들이 성냥을 가지고 놀다가 불이 나서 1층을 싹 태워 먹은 적이 있어요. 지도 처음 겪는 일이어서 많이 당황했죠.

그 소식을 듣고 제일 먼저 오신 분이 녹원 큰스님이십니다. 도원 큰스님과 함께 구룡사에 오셔서 저를 다독거려 주시고 용기를 북돋워 주셨습니다. 어른스님의 따뜻한 배려가 오늘날의 저를 있게 했습니다."

"녹원 스님의 선물, 碧天(벽천)이라는 법호"

정우 스님이 구룡사를 시작으로 도심포교에 나서고 녹원 스님이 동국대 이사장을 맡아 학교 발전을 견인하게 되면서 두 스님의 만남도 잦아졌다. 정우 스님은 시간이 될 때마다 동국대를 찾아 녹원 스님에게 공양을 올리며 지극한 마음으로 모셨다.

"직지사 하면 녹원 큰스님이고, 동국대 하면 역시 녹원 큰스님이시잖아요. 저도 포교하느라 바빴지만 은사스님처럼 큰스님을 모셨습니다. 침체기를 겪었던 동국대를 다시 일으키기 위해 동분서주하시면서도 제가 찾아가 인사드리면 언제나 따뜻하게 손을 잡아 주셨습니다."

어느 날 녹원 스님이 정우 스님을 따로 불렀다.

"자네도 내 상좌나 다름없어. 그러니 내가 이름을 하나 주려고 하네. 나도 존경하고 정우 스님도 공경하는 벽안(碧眼) 큰스님의 '碧(벽)'자와 노천월하(老天月下) 큰스님의 '天(천)'자에서 하나씩 가져와 '碧天'이라는 법호를 내릴 것이네. 내 마음이니 받아 두시게. 자네가 이미 월하 큰스님께 받은 법호 '아산(芽山)'이 있으니 그 호를 써도 좋고 내가 주는 것은 굳이 안 써도 상관은 없네. 하하."

"저는 큰스님의 참회상좌가 되겠습니다. 언제든지 큰스님 앞에서 무릎 꿇고 제 허물을 드러낼 수 있는 스승으로 모시겠습니다." 정우 스님

녹원 스님에게 부처님 탄생 그림을 전하고 있는 정우 스님

녹원 스님 다비식에 참석한 정우 스님　　　©조계종

은 자리에서 일어나 녹원 스님에게 삼배를 올렸다.

녹원 스님과 정우 스님에게는 월하 스님과 벽안 스님이라는 공통점이 있었다. 그물망처럼 연결된 인연이었던 것이다.

"벽안 노스님, 월하 노스님과 녹원 큰스님은 매우 각별했습니다. 저에게도 큰 가르침을 주시던 두 어른을 녹원 큰스님께서도 잘 알고 계셔서 많이 놀랐습니다. 그래서 더 녹원 큰스님을 좋아하고 존경했나 봅니다. 하하.

벽안 노스님은 상당히 꼿꼿한 분이셨습니다. 그러나 참 따뜻하셨어요. 동진 출가자들의 공통적인 면이 있다면 아마도 세속 학문에 대한 미련일 것입니다. 제가 해보고 싶은 일들이 있어 1976년도 후반에 잠시 통도사를 떠나서 서울에 온 적이 있었는데 그때 벽안 노스님께서는 격려 편지를 답신(答信)으로 보내주시기도 하셨습니다.

'정우를 보내고 궁금하던 차 편지를 받아 보고 반겨하였다.
공부를 위한 것이니 아무쪼록 공부를 착실히 하고 돌아와서
통도를 위하고 또 불교를 위하여 크게 활약하고
훌륭한 승려가 되어라.
우리 불교는 현재 이 사회의 바람을 응수하지 못하고 있다.
젊은 세대는 반성해서 구습을 타파하여라.

이만 76년 10월 12일 노승 벽안 답'

이렇게 힘과 용기와 지혜를 주시던 스님 중 월하 노스님은 저에게 자상하신 어버이 같은 분이셨습니다. 제가 27살 때 은사스님께서 입적하셨습니다. 그때 정말 억장이 무너지듯 하였습니다. 그래서인지 손상좌인 저를 늘 따뜻하게 살펴주셨습니다.

노스님께서는 제기 젊은 시절 너무르고 있던 서울의 작은 절에 두 번이나 다녀가셨습니다. 제가 걱정이 되셨다면서요. 그때가 노스님께서 동국대학교 재단 이사장으로 계실 때입니다. 노스님의 자상함과 자애로움은 저의 젊은 시절을 버틸 수 있게 해주신 자양분이었습니다."

정우 스님은 어른스님에 대한 이야기를 하며 잠시 숨을 골랐다. 그리고 이내 말씀을 이어갔다.

"지금 우리가 이렇게 살 수 있는 것은 어른스님들께서 자비하신 연민

의 마음으로 후학들을 살펴주셨기 때문입니다. 그 마음이 우리들을 성장시켰고 어렵고 힘든 시기를 극복하게 해 주신 것입니다. 그런 가르침을 떠올려보면 직지사 조실 녹원 큰스님이 맨 먼저 떠오릅니다.

지금의 우리가 잊지 말아야 할 것은 이제는 우리가 후학들의 그늘이 되어주어야 한다는 것입니다. 또 어른스님들의 울타리가 되어야 합니다. 그래야 승가공동체가 건강하게 유지될 수 있습니다."

정우 스님과 녹원 스님과의 인연은 마지막까지 이어졌다.

"큰스님과의 인연은 '운명'이었던 것 같습니다. 2017년에 제가 조계종 총무부장을 맡고 있을 때 큰스님께서 열반에 드셨습니다. 제자로서 큰스님을 여법하게 보내드려야 한다고 생각했습니다.

저도 마음을 보태고 총무원장 설정 스님과 큰스님 상좌스님들이 준비를 해 종단장으로 잘 모셨습니다. 저도 큰스님의 제자로서 그때 영결식과 다비식에 참석해 주신 제방의 어른들과 대중들께 다시 한번 감사의 인사를 올립니다.

큰스님께서 열반하시기 전, 직지사로 찾아가 인사를 드린 적이 있습니다. 손을 잡아 드리고 제 목소리를 들려드렸습니다. '큰스님! 정우 왔습니다. 큰스님! 정우 왔습니다.' 제 목소리를 들으시고 제 손을 잡고 놓지를 않으셨어요. 아마 30분 이상 잡고 계셨던 것 같아요. 시봉하던 상좌스님들이 하는 말씀이 문병 온 스님들 중 어느 누구의 손도 이렇게 잡아 주시지 않았다고 해요. 그 말씀을 듣는 순간 저도 모르게 눈물이 났어요. 더 자주 인사를 드렸어야 했다는 후회가 됐습니다. 두고두고 가슴이 아팠습니다."

녹원 스님 하면 떠오르는 단어가 '신심(信心)'과 '원력(願力)'과 '공심(公

心)'이다. 정우 스님 역시 마찬가지다. 지중한 인연으로 이어져 온 녹원 스님과 정우 스님의 깊은 인연의 끈은 아마도 대중들과 후학들에게도 고스란히 전해질 것이다.

"원력願力에 맞는 실천력을 겸비했던 어른"

조계종 호계원장 **보광 스님**

"녹원 큰스님은 옳고 그름이 아주 분명한 어른이셨어요.
옳은 것에는 주저함이 없었고 그른 일에는 단호하셨습니다.
동국대 이사장을 그리 오래 하셨지만 개인적 인연으로 무엇을 하시는 것을
본 적이 없었습니다. 또 이사장으로서 학교가 안정적으로 운영되도록
혼신을 다하셨습니다.

학사행정은 총장에게 맡기고 당신은 더 큰 일,
종단과의 원만한 관계를 위해 노력하셨습니다.
학교운영을 해보면 총장의 권한은 20%뿐이고 나머지는 전부 재단에
있습니다. 현장에 있는 총장에게 과감하게 위임을 해 줘야
총장이 일을 할 수 있고 학교도 발전할 수 있어요.
녹원 큰스님께서는 이런 세밀한 부분까지 잘 아시고 실천하셨던 분입니다."

동국대에서 30년 넘게 불교학 연구에 매진하며 후학을 양성하고,
종단 호계원장으로 교단 발전을 위해 진력하고 있는 보광 스님.
스님이 곁에서 본 녹원 스님은 '분명한' 수행자였다.
그래서 보광 스님은 녹원 스님을 오래 모실 수 있었다고 했다.

보광 스님을 만나기 위해 찾은 경기도 성남시 상적동 정토사는 우뚝 선 무량수전(無量壽殿)만큼이나 힘이 느껴지는 사찰이다. 매일매일 이어지는 수행과 기도, 교육이 열기를 더하기 때문이다. 매월 초하루, 보름, 관음재일법회와 매월 첫째주 일요일 만일염불결사회 법회, 매월 셋째주 토요일의 만일염불결사회 철야기도가 쉼 없이 이어지고 있다.

절 마당 안내판에 적혀 있는 '아침에 염불하고 저녁에 감사하자'는 만일염불결사의 모토가 정토사를 규정하고 있다.

정토사는 1982년 100평 규모의 정토선원으로 출발한 뒤 현재는 7000평이 넘는 대가람으로 성장했다. 보광 스님이 2000년 6월 조직한 만일염불결사회 회원 2,200여명은 매일 1000번 이상의 나무아미타불 염불과 108배, 100원 이상의 보시를 생활화하며 수행한다.

"만일염불결사는 우리나라에만 있는 독특한 신앙형태입니다. 중국이나 일본은 염불의 숫자를 기준으로 해요. 만 번, 십만 번, 백만 번 이런 식이죠. 그런데 우리는 날짜를 중심으로 합니다. 3일, 7일, 21일, 100일, 1000일, 1만일 등입니다.

불교 신행에는 기본이 있습니다. 첫째, 목표가 분명해야 합니다. 생전에는 안락하고, 죽어서는 극락가는 것입니다. 살아있을 때 정진하면 몸이 건강한 '안(安)'과 마음이 즐거운 '락(樂)'의 행복을 누릴 수 있을 겁니다. 둘째, 쉬워야 합니다. 어려운 교리는 이해가 어려워요. 남녀노소를 막론하고 누구나 쉽게 할 수 있어야 합니다. 세 번째는 재미가 있어야 합니다. 지루하면 안 됩니다. 네 번째는 신나야 합니다. 신바람이 나

『정법안장』 출간 기자간담회를 진행하고 있는 보광 스님   ©노덕현

야 합니다. 환희용약(歡喜踊躍)할 수 있어야 합니다. 다섯째는 결과가 있어야 합니다. 부처님 가피를 느낄 수 있어야 합니다. 염불수행을 하면 속이 후련합니다. 부처님께서 무엇을 주신다는 감정을 느낄 수 있습니다."

대중포교를 위해 30여명의 상좌를 '무조건' 대학원에 보내고 군법사로 근무하게 하는 보광 스님은 2027년 10월 22일까지의 첫 번째 만일결사는 물론 이후의 결사도 계속 이끌며 계속해서 대중들과 함께할 것이라고 강조했다.

선교율(禪敎律)을 갖춘 수행자

정토사를 한국불교를 대표하는 신행도량으로 일군 보광 스님은 선교율(禪敎律)을 겸비한 수행자로 존경받고 있다. 우리시대의 신지식 녹원 스님과 흡사하다. 어느 분야 하나 소홀함이 없는 큰 성과를 이룬 것도 비슷하다.

보광 스님은 1987년 2학기부터 동국대에서 후학을 양성했고 2015년부터 4년간 동국대 총장을 맡아 학교를 반석 위에 올렸다. 학교 부채를 대폭 줄였고 국내외 각종 대학평가에서의 순위도 수직상승시켰다. 또 개교 111주년을 맞아 동국대 교훈을 '지혜 · 자비 · 정진'으로 재정립하면서 인권 친화적 대학문화를 조성하기도 했다.

"1934년 제정된 '섭심 · 신실 · 자애 · 도세'가 의미는 좋지만 이를 기억하는 학생과 동문은 거의 없습니다. 오래전부터 불교정신이 담긴 교훈이 되어야 한다는 생각을 했고 총장이 된 후 1년 동안 공모를 하고 수차례 회의를 열어 '지혜 · 자비 · 정진'으로 교훈을 바꿨습니다. 또 부처님 사진 한 장 걸려 있지 않던 강의실과 사무실마다 석굴암 부처님을 사진으로 모셨습니다."

보광 스님은 특히 불교적 정신을 함양하는 교육과 국제화에 진력했다. 녹원 스님이 추구했던 방향과 일치한다.

"가장 중요하게 '참사람 열린교육'을 추구했습니다. 동국대는 조계종 립대학입니다. 조계종은 선종이고 더 구체적으로 들어가 보면 임제종입니다. 임제 스님이 하신 말씀 중에 무위진인(無位眞人), 즉 참사람을 강조한 부분이 있습니다. 그래서 '참사람 열린교육'이라 명명하고 일을 했습니다.

또 국제화를 추진했습니다. 한국뿐만 아니라 전세계인들을 대상으로 한 교육을 발원했습니다. 그 결과 동국대에 국제어학원을 만들었고 외국인 유학생이 1,200명까지 등록해서 교육을 받았습니다. 그중 대다수가 또 동국대에 입학해 공부를 하는 선순환 구조를 만들었습니다. 사이버강의도 대폭 늘렸더니 이클래스(E-Class)에 5000명이 넘는 학생들이 들어왔습니다. 오프라인 강의 50명 기준으로 한다면 100개의 강의실이 필요한 일을 사이버강의로 대체했습니다."

보광 스님은 또 평생 연구해 온 일본 도겐 스님(1200~1253)의 『정법안장(正法眼藏)』을 번역하는 대작불사를 최근 마무리했다. 스님이 펴낸 『정법안장』은 총 12권으로, 1~9권은 일본 도겐스님(道元:1200~1253)의 글과 주석, 강의를 모았으며 10권은 총 목차, 해제, 총색인을 담았다. 11~12권은 '역주 정법안장 강의 사전'으로 주석을 집대성했다.

선(禪)을 중심으로 불교의 종합적인 체계를 확립하고 있는 『정법안장』은 일본뿐 아니라 동아시아 선가에서도 수행자들이 스스로 깨달음을 점검할 수 있는 나침반으로 여겨져 왔다. 납자들에게 책을 못 보게 했던 성철 스님이 유일하게 일본어까지 공부하면서 보도록 권유했던 책이고 서옹, 서암, 법정 스님을 비롯한 많은 스님들이 『정법안장』을 보며 정진했다.

보광 스님은 종단의 계율(戒律)을 관장하고 법(法)을 수호하는 호계원장을 맡고 있기도 하다. 스님은 종헌종법이 허용하는 범위 내에서 징계보다 참회에 무게를 두려고 한다. 잘못을 저질렀을 때 그것을 반복하지 않도록 성찰로 이끄는 것이 불교적 방법이라는 것이 보광 스님의 생각이다.

"조계종의 승풍을 진작하고 특히 스님들의 공심(公心)이 흐트러지지 않도록 가능하면 벌을 주는 것보다 계도하는 방향으로 호계원을 이끌고

동국대 90주년 기념 학술문화관 착공식에서 축원을 하고 있는 보광 스님

있습니다. 또 승단법과 사회법이 상충되지 않도록 고심하고 있습니다."

사부대중이 마음을 모았던 병원건립 불사

동국대와 떼려야 뗄 수 없는 인연을 가지고 있는 보광 스님과 녹원 스님은 언제 만났을까?

"1980년대 중반에 녹원 큰스님께서 총무원장을 하실 때였습니다. 아

동국대 이사장 시절의 녹원 스님

마 1985년경으로 기억하는데, 그때 일본 시코쿠에서 한일불교교류대회가 있었습니다. 저는 일본에서 유학하고 있을 때였습니다. 총무원장스님을 비롯한 조계종 대표단이 시코쿠에 오신다는 얘기를 듣고 저도 그리로 가 인사를 드렸습니다.

그전부터 녹원 큰스님에 대한 이야기는 많이 들었지만, 제가 출가해서 군법사를 하고 또 일본으로 공부를 하러 나와서 한국에서는 인사를 드리지 못했습니다. 그때 녹원 큰스님은 위엄이 있었고 차분하면서도 깐깐한 스타일로 느껴졌습니다."

보광 스님이 녹원 스님을 본격적으로 모시게 된 것은 녹원 스님이 동국대 이사장 소임을 볼 때부터다. 특히 보광 스님이 정각원장을 맡고 있을 때는 지근거리에서 녹원 스님을 보좌했다.

"녹원 큰스님이 이사장으로 계시고 총장은 민병천 교수, 제가 정각원장을 맡았을 때 서로 자주 모여 여러 가지 대소사를 논의했습니다. 학교가 안정이 안 되고 시끄러운 일들도 적지 않았습니다. 녹원 큰스님께서 워낙 대쪽 같으시고 일을 할 때는 엄청 꼼꼼하셔서 민 총장님이 녹원 스님을 많이 어려워하셨어요. 그래서 총장님이 이사장스님께 보고할 일이 있을 때 저를 통해 가는 경우가 많았습니다.

학교의 혼란이 진정되지 않고 있을 때 이사장스님께서 총장님 사표를 받으려 했던 적이 있습니다. 이사장스님이 저를 통해서 총장님을 부르셨는데, 그때 총장님 집안에 큰일이 생겼습니다. 제가 그 상황을 보고드리니, 이사장스님께서 차마 사표 가져오라는 이야기를 못 하시더라고요. 곡절 끝에 민 총장님이 4년 임기를 다 채우고 퇴임하셨습니다."

불교계의 숙원사업이던 불교병원 건립에 보광 스님도 힘을 보탰다.

스님은 송석구 총장 취임 이후 대외협력처장을 맡았다. 녹원 스님은 종단 사정에 밝고 제방의 어른스님들과 친분이 두터웠던 보광 스님에게 대외업무를 맡긴 것이다.

"녹원 이사장스님, 송석구 총장님 체제가 되면서 본격적으로 일산병원 건립을 목표로 일을 진행했습니다. 그때를 전후로 제가 8년 정도 그 소임을 봤어요. 6년 정도 하니 너무 힘들었어요. 녹원 큰스님께 더 하기 어렵겠다고 말씀드리니, '스님이 없으면 이번 불사를 할 수 없다'며 사표를 반려하셨습니다. 며칠 후에는 불교대 학장까지 겸임하라고 하시는 것입니다. 혹 떼려다 혹 붙이고 말았습니다. 하하."

불교병원 건립불사가 본격화되면서 보광 스님은 녹원 스님과 송석구 총장에게 부탁을 하나 했다. 일정에 문제가 없는 범위 내에서, 소액의 기부자여도 직접 만나 격려해줘야 한다는 것이었다. 녹원 스님과 송석구 총장 모두 흔쾌히 보광 스님의 제안을 수용했다.

"적은 액수여도 기부를 하는 불자들의 마음은 다르지 않습니다. 그분들의 정성을 생각해서라도 따뜻한 응대가 중요해요. 녹원 큰스님과 송 총장님 모두 그것을 잘 알고 계셨어요. 기부를 하는 사람들이 시간을 정해서 학교에 오지 않습니다. 대외협력처로 오신 분들에게 제가 1차로 감사의 인사를 하고 이사장실로 모시고 가면 녹원 큰스님께서도 지극정성으로 대해주셨습니다. 덕담도 해주시고 염주도 선물해주시던 모습이 생생합니다. 따뜻한 응대에 100만원 기부자가 다음에는 1,000만원을 내놓고, 한 번만 기부하려던 사람은 두 번, 세 번 마음을 내게 됩니다. 당시 동국대 홍보대사였던 방송인 홍진경씨의 어머니도 스님들의 정성스런 환대에 여러 차례 기부를 하셨습니다."

녹원 스님, 송석구 총장과 함께 서울 불광사로 광덕 스님을 찾아 환담을 나누는 모습

녹원 스님 영결식에서 행장 소개를 하고 있는 보광 스님

©조계종

녹원 스님과 보광 스님은 발전기금 모연을 동국대 안에서만 하지 않았다. 전국의 사찰을 다니면서 스님들을 만났다.

"병원건립이 워낙 큰 불사여서 제방의 스님들도 걱정이 많았습니다. 설득을 해도 잘 안 되는 경우가 없었던 것이 아닙니다. 제가 '큰스님! 평생 수행정진 하시다가 십자가 밑에서 치료받으실 것입니까?'라고 여쭈면 어른스님들이 아무 대답도 못하셨어요. 쉽지 않은 과정이었지만 그렇게 한 분 한 분 설득을 했고 기금을 모았습니다."

모연은 해외에서도 진행됐다. 동국대와 인연을 맺은 세계의 대학들에도 안내문을 보냈고 또 직접 찾아가기도 했다.

"녹원 큰스님께서 워낙 국제화에 대한 의지가 강하셨고 실제로 많은 대학들과 학술교류협약을 맺었습니다. 특히 일본의 용곡대, 고마자와대, 다이쇼대, 오타니대 등과 정토진종을 비롯한 여러 종단에서도 건립기금을 보내주셨습니다."

녹원 스님과 송석구 총장, 보광 스님을 비롯한 전 동국인이 합심해 뛴 결과 610억원을 모금했다. 병원 건립비 예상액 729억의 84%에 해당하는 금액이다. 동국대는 불자와 시민들의 정성을 종잣돈으로 여법한 불교병원을 건립했다.

"IMF 직후였던 당시 상황을 고려하면 엄청난 결과였습니다. 모두 녹원 큰스님의 원력 덕분이었다고 생각하고 있습니다."

'디테일'에 강한 녹원 스님

수많은 과정을 거쳐 동국대 일산병원 착공식을 할 때는 보광 스님도 울컥했다. 부처님께 감사한 마음과 사부대중들에게 고마운 마음뿐이었다.

"일산 제일은행 야구장을 사서 불사를 진행했습니다. 녹원 큰스님의 바람대로 불교병원 건립의 첫 삽을 떴습니다. 참석했던 대중 모두가 환희심이 났습니다. 너무 늦긴 했지만 대중들의 마음이 모여 불사가 진행됐습니다."

보광 스님은 녹원 스님에 대해 "종단과 직지사의 큰일을 도맡아서 하셨고 또 그만큼 디테일에도 아주 강하셨던 분"이라고 회고했다.

"일을 하시는 분들은 큰 그림도 잘 그리지만 작은 일도 세밀하게 잘 처리하는 특징이 있습니다. 녹원 큰스님은 그 두 가지를 모두 갖춘 분이었습니다. 원력(願力)에 맞는 실천력을 갖춘 보기 드문 어른이었습니다. 어떤 행사를 하면 좌석배치 하나까지 체크 하시는 분이 바로 녹원 큰스님입니다. 큰 행사에서 의전만큼 중요한 것이 없잖아요. 큰스님께서는 그것을 너무 잘 아셨습니다. 행사 시작 직전까지 확인하셨고 최종 오케이를 주셔야 행사가 시작될 수 있었습니다. 앞서도 말씀드렸지만 큰스님은 항상 공사가 분명했고 맺고 끊는 게 분명했습니다. 지시도 분명하게 하셨습니다. 그래서 저를 비롯한 소임자들이 일을 하기 쉬웠습니다."

보광 스님은 녹원 스님이 각급 학교의 수계법회를 직접 주재할 정도로 어린이, 청소년, 대학생 불자 양성에도 관심이 많았다고 전했다. 물론 동국대에서의 어려움도 적지 않았다고 했다.

"동국대 안팎에서 이사장스님을 흔드는 세력이 많았습니다. 그래도 잘 이겨내셨습니다. 특히 항상 옆에 계시던 도원 큰스님이 큰 힘이 되어

주셨습니다. 녹원 큰스님께서 도반이 별로 없는데 도원 큰스님만은 항상 옆을 지켜주셨습니다. 하하."

보광 스님은 지금도 연구와 수행을 게을리하지 않는다. 개인 차원의 일이 아니다. 대중들을 위한 정진이다.

"만일염불결사의 염불치유명상으로 대중들의 몸과 마음을 치유하고 싶습니다. 또 신라부터 근대까지 한국 정토신앙을 비롯한 다양한 신앙을 정리한 논문들을 시리즈로 내려고 합니다. 오늘날의 저를 있게 해준 뿌리 같은 존재 용성 노스님에 대한 연구도 계속하겠습니다. 그리고 제가 지금까지 걸어왔던 길을 돌아보는 〈자행록(自行錄)〉도 정리할 생각입니다."

항상 대중들을 위하고 후학들을 챙기는 보광 스님의 모습에서 녹원 스님을 볼 수 있었다.

"어른스님 옆에 있는 것만으로도 많은 배울 수 있는 시간이었습니다. 녹원 큰스님을 생각하며 정진하고 또 정진하겠습니다."

앞으로 계속해서 모습을 드러낼 보광 스님의 수행과 연구 성과물들에 대한 기대를 안고 정토사를 나왔다.

"녹원 큰스님은 진정한 사명 대사의 후예"

관음종 종정 **홍파 스님**

"녹원 큰스님은 그야말로 선교쌍수禪敎雙修를 하신 어른입니다.
큰스님은 젊은 시절부터 선禪 수행을 게을리하지 않았습니다.
언제 어디서나 선사禪師의 모습 그 자체였습니다.

직지사와 동국대를 오늘날의 모습으로 만드신 것은
웅대한 교학연찬의 정신이라고 생각합니다.
직지사 중창 30년 불사를 회향하셨고 동국대가 명문대로 올라서는 데
결정적 기틀을 닦은 분이 바로 녹원 큰스님이십니다.
그래서 직지사와 동국대는 스님의 업적을 반드시 기록으로 남겨야 하고
공덕비를 세워 드려야 합니다. 그래야 문중의 후학들과
동국대 후대의 임원이나 총장을 비롯한 임직원 그리고 동문들과 학생들이
그것을 보고 귀감으로 삼을 것입니다. 앞으로도 한국불교사에서
녹원 큰스님 같은 분을 다시 만나기 쉽지 않을 것입니다."

한국 현대불교사를 꿰뚫고 있는 홍파 스님의
녹원 스님에 대한 말씀이 예사롭지 않았다. 적확했다.

관음종의 살아 있는 역사, 한국불교의 산증인

홍파 스님은 한국 현대불교사의 산증인으로 불린다. 스님은 1961년 관음종의 전신인 불입종 태허 스님을 은사로 출가했다. 동국대 불교학과 재학 중 대학생불교연합회 창립 멤버로 활동, 1965년 한국대학생불교연합회 3대 회장을 지냈다. 경봉, 성철, 청담, 향곡, 서옹 스님 등 당대의 선지식들에게 가르침을 받으며 정진한 홍파 스님은 1967년 대불련 군승촉진위원회 위원장, 1985년 한국불교종단협의회 사무총장과 한일불교문화교류협의회 사무총장 소임을 맡았다. 1988년 관음종 총무원장

홍파 스님이 어린 시절 찾았던 중창 불사 이전의 직지사 모습

겸 재단 이사장으로 취임해 종단과 불교 발전을 위해 진력했다.

한국불교 안팎의 존경을 받아왔던 홍파 스님이 2022년 7월 관음종 종정에 추대된 것은 그래서 어색하지 않았다.

관음종 총본산 낙산묘각사에서 열린 '제9세 종정 추대법회 및 총무원장 취임식'에서 관음종 원로원장 법륜 스님은 종정추대사를 통해 "홍파 대종사는 관음종 총무원장 소임을 오랜 기간 수행하면서 종단을 반석 위에 올려놓았고, 한국불교종단협의회 최장수 사무총장을 역임하며 종단 간의 화합에 공헌하는 등 한국불교 발전에도 크게 이바지했다."며 "종정으로 추대됨에 따라 종단이 새롭게 중흥하고 곳곳에서 도업이 넘치며 불일이 더욱 빛나도록 잘 이끌어 주길 바란다."고 말했다.

이 자리에서 홍파 스님은 법어를 통해 "불보살님과 은법사이신 태허 조사님, 그리고 여러 대중의 은혜에 감사하는 소회를 표하는 것으로 인사를 대신하겠다."며 "천태지의 스님, 고려 제관 스님, 왕자 의천 스님, 경운원기 스님, 그리고 은법사부 태허 조사님, 반드시 미묘한 법을 더욱 펴겠으니 염려하지 마옵소서."라고 강조했다.

조계종 총무원장이자 한국불교종단협의회 회장인 원행 스님은 "한국전쟁 이후 거리 설법을 통해 백성들의 삶에 희망과 용기를 일깨운 태허 스님의 유지를 이은 홍파 스님은 한국불교의 산증인으로 한국불교 발전을 위해 헌신해 오셨다."며 "경륜과 지도력을 두루 갖춘 스님께서 종정으로 추대돼 종도들의 삶과 수행에 지남이 되어주시니 관음종은 더욱 융창할 것"이라고 축하했다.

가을이 도심에 스며들고 있던 날 서울 낙산 묘각사를 찾았다. 주택가 사이에 있는 묘각사는 관음종의 총본산으로서 결코 작지 않은 위용을

총무원장 추대 직후 기자회견을 하고 있는 녹원 스님

직지사 사명당에 그려진 벽화.
사명 대사가 일본을 찾아 포로송환 등을 이야기 하고 있는 모습이다.

뽐내고 있었다. 묘각사에서 만난 스님은 "종정이라는 자리가 마음대로 움직이는 것도 아니고 격을 갖춰야 하는 자리이다. 앉을 자리 설 자리를 확실히 가려서 살아야 한다. 그동안 제가 여러 어른들을 모시고 종단의 텃밭을 만들어놨으니 새로운 소임자들이 잘 살 것으로 기대하고 있다."고 전했다.

정성스럽게 차를 내리던 스님의 서재에서는 특히 『법화경』이 눈에 띄었다. 스님은 평생 『법화경』을 연구해왔고 『법화경』의 가르침을 근본으로 수행해왔다.

"팔만대장경을 다 읽지 않아도 『법화경』과 『금강경』, 『화엄경』을 보면 부처님 경전을 다 보았다고 할 수 있습니다. 『법화경』은 팔만대장경의 나침반 같은 경전이자 참다운 부처님 정신을 알 수 있는 경전이에요. 『법화경』은 부처님의 말씀을 함축해놓아 현대 사회의 흐름에 부합하고 불교의 정수를 느낄 수 있는 경전입니다."

스님은 『법화경』을 근본으로 한 수행법에 대한 설명도 덧붙였다. 법화 행자는 첫째, 경전을 받아 지니며 마음 깊이 수행할 것을 새겨야 한다. 둘째, 매일 경전을 읽고 뜻을 헤아리는 독경을 해야 한다. 셋째, 경전을 외워 경과 하나 되는 것이며 모두 외울 수 없다면 경의 이름이나 품의 이름을 암송한다. 넷째, 해설로 경을 공부하고 익혀 그 뜻을 남을 위해 설명한다. 다섯째, 경을 따라 쓰는 사경으로, 사경 자체가 수행이고 공양이며 전법의 수단이다.

본격적인 인터뷰에 앞서 대중에게 들려주고 싶은 구절을 여쭈었다. 스님은 주저하지 않고 『법화경』 '방편품'의 한 구절을 꼽았다.

"今此三界 皆是我有 其中衆生 悉是吾子 而今此處
금 차 삼 계 개 시 아 유 기 중 중 생 실 시 오 자 이 금 차 처
多諸患難 唯我一人 能爲救護 라.
다 제 환 난 유 아 일 인 능 위 구 호

즉, 지금 이 삼계는 모두 내 소유이고 그 안의 중생은 모두 내 자식이다. 지금 곳곳은 모두 환난 중이니 나 혼자만 능히 구할 수 있다."

"옆집 아저씨 같았던 녹원 큰스님"

잘 알려져 있듯이 홍파 스님은 한국불교종단협의회 사무총장과 부회장 소임을 오랫동안 맡았다. 그만큼 조계종을 비롯한 주요 종단의 여러 대표자들과 함께 했다.

"조계종의 경우 제20대 총무원장 법전 스님부터 제36대 원행 스님까지 총 17대에 걸쳐 15명의 총무원장스님을 종단협 회장으로 모셨습니다. 사람들이 가끔 제가 종단협에서 독재를 오래 했다고 하는데 저는 심부름꾼에 불과했어요. 하하. 회장스님이 바뀔 때마다 사직서를 들고 갔

제6차 한일불교문화교류 및 학술대회에서 법어를 내리고 있는 녹원 스님

죠. 그럴 때마다 '홍파 스님보다 종단협 일을 잘 아는 사람이 있느냐'며 반려해 오랜시간 종단협 소임을 볼 수 있었습니다."

홍파 스님은 기억에 남는 조계종 총무원장으로 녹원 스님과 지관, 의현, 월주, 정대 스님을 꼽았다.

"어떤 분은 일을 하면서 많은 친분을 쌓았고 또 어떤 분은 개인적 인연으로 가깝게 모셨다고 할 수 있겠습니다. 녹원 큰스님은 일로도 그렇고 개인적 인연으로도 아주 가깝게 모셨습니다."

그렇다면 홍파 스님과 녹원 스님의 인연은 어떻게 시작되었을까?

"제 고향이 상주입니다. 남장사 등 고찰들이 많이 있는 곳이죠. 상주는 제8교구본사인 직지사 권역입니다. 자연스럽게 어린 시절 저의 본사도 직지사가 되었습니다. 제가 중학생이 되어서는 직지사에 자주 갔습니다. 그때 직지사에 스님들이 많이 계시지는 않았어요. 관응 큰스님과 녹원 큰스님은 확실히 기억이 나지만 다른 스님들은 뵙기도 쉽지 않았습니다.

하루는 대웅전 참배를 하고 나오는데 한 스님이 말씀하셨습니다. '학생 어떻게 왔나?' '큰절에 참배하러 왔습니다.' '잘 왔네. 큰법당에 가서 절을 많이 하게' 나중에 알고 보니 그 스님이 바로 녹원 큰스님이셨습니다. 스님께서는 삼천배를 해라, 1080배를 해라 등의 말씀은 안 하시고 절을 많이 하면 좋다고 하셨어요. 스님들이 친근하게 느껴지던 시절이어서인지 녹원 큰스님의 인상도 편안했습니다. 다정다감하셨습니다. 이웃집 아저씨나 삼촌 같은 느낌이었죠. 편안한 분이셨습니다. 그 시절 스님들이라면 엄격하게 격을 따지는데 그냥 편안하게 해주셨습니다. 저같이 어린 상대방이 어색하지 않게 말입니다. 아마 그때는 절에 오던 아이들이 많이 없으니 중학생인 저를 더 따뜻하게 대해 주신 것이 아닌가 생각되기도 합니다. 하하."

대불련 지도간사로 활동하던 홍파 스님은 1970년대 초반 교수불자연합회의 직지사 수련회에 참여해 실무를 도왔다. 이 자리에서도 녹원 스님을 만났다. 포교와 전법에 대한 의지는 1950년대 후반이나 1970년대 초반이나 별반 다르지 않았다. 직지사도 몰라볼 만큼 변화 발전하고 있었다.

"교수불자연합회가 출범하고 그해 여름방학 때 처음으로 직지사에서 수련대회를 했던 것 같아요. 초대 교수불자회장 김동화 박사를 비롯해 30여명의 교수불자 회원들이 참여했습니다. 녹원 큰스님께서 직접 수련대회를 진행하시지는 않았지만 법문도 해주셨고 참여 대중들과 함께 발우공양도 하셨던 기억이 납니다. 교수님들도 함께 발우공양을 하면서 근엄하고 정중한 큰스님의 모습을 좋아했습니다."

"회장과 사무총장의 관계 그 이상…"

홍파 스님이 녹원 스님과 보다 직접적으로 인연을 갖게 된 것은 녹원 스님이 조계종 총무원장에 추대되면서부터다.

처음 인사를 간 자리에서 녹원 스님은 홍파 스님에게 평소와 다른 지시(?)를 내렸다.

"자네가 종단에 들어올 때는 사회부 통하지 말고 바로 올라와. 나와 스님 사이에 무슨 격식이 필요하겠어!"

어떤 일을 하건 절차와 형식을 중요시하던 녹원 스님의 말씀에 홍파 스님은 당황했다. 그러나 말씀의 뜻을 금방 알 수 있었다.

"그 정도로 저를 친근하게 대해 주셨어요. 제가 어렸을 때부터 뵀던 분이어서인지 편안하게 대해 주셨습니다. 그런 거 저런 거 따지지 말고 보고할 일 있으면 바로 들어오라고 말씀은 하셨지만 그래도 저는 관련부서 스님들과 충분한 절차를 거쳐 종단협 회장인 녹원 큰스님을 만났습니다. 하하."

녹원 스님의 애정표현이 여기서 그치지 않았다. 한 번은 또 이런 일이 있었다.

"홍파 스님! 관음종에 있지 말고 조계종으로 와. 와서 내 상좌가 되면 어때?"

"큰스님! 지금 제가 그런 입장은 될 수가 없고요. 제가 그래도 큰스님을 잘 알고 있으니 더욱 잘 모셔서 종단협이 잘 될 수 있도록 하겠습니다."

홍파 스님은 "대정부 업무 등 필요하신 일은 언제든 옆에서 도와드리겠다고 해 큰스님을 안심시켰다."며 "너무 편안하게 대해 주셔서 일이 순조로웠던 적이 많지만 그래도 가끔은 가슴을 졸인 적이 있다."며 웃었다.

녹원 스님의 홍파 스님 편애(?) 소문은 삽시간에 조계종 안팎으로 퍼져 나갔다. 유력한 조계종의 스님들도 홍파 스님을 통해 녹원 스님을 만나고자 할 정도였다.

"어떤 스님께서는 '홍파 스님이 그렇게 원장스님하고 친하다며?'라며 저를 부러워할 정도였어요. 그래도 저는 저의 본분을 지키며 일을 했습니다. 저도 어떤 일을 할 때 무섭게 추진하는 스타일이어서 아마 큰스님께서 그런 성격을 좋아하셨나 봅니다. 또 녹원 큰스님께서는 항상 신심(信心)을 강조하셨습니다. 저한테도 '홍파 스님은 무엇보다 신심이 훌륭해서 내가 더 좋아하는 거야'라는 말씀도 자주하셨어요."

녹원 스님은 국제협력 사업에도 관심이 많았다. 훗날 동국대 이사장을 하면서 활발히 추진한 해외 유수 대학들과의 자매결연 사업을 통해서도 이를 확인할 수 있다. 한일 불교교류 초창기이던 시절 녹원 스님이 홍파 스님을 불렀다.

"한국불교종단협의회의 대표인 나는 비구이고 일본 스님들은 대부분 권속이 있잖아. 그러니 나를 소개할 때 단순히 종단협 회장으로 소개하지 말고 선사(禪師)로 호칭을 해줘. 그래도 한국스님들이 일본스님들보다 더 열심히 수행하고 정진한다는 것을 알려야 할 것 아닌가."

홍파 스님은 이 말을 듣고 눈이 번쩍 뜨였다.

"사명 대사가 직지사 출신의 스님이고 또 임진왜란 때도 홀로 일본에 건너가 조선인 포로들을 구해온 어른이잖아요. 녹원 큰스님께서 그러한 역사의식이 철저한 분이라는 것을 그때 알았습니다. 또 한국불교의 자존심에 대한 고민도 많으셨다는 것을 확실하게 알게 되었습니다. 그래서 저는 사명 대사의 행장부터 직지사와의 관계, 녹원 큰스님이 바로 그 직지사를 중창한 사명 대사의 후예라는 것을 일본스님들에게 설명했습니다. 일본스님들도 대부분 고개를 끄덕였습니다."

도제 양성과 교육불사의 열정

홍파 스님은 녹원 스님의 특별한 교육 열정도 높이 평가했다. 평생

제6차 한일불교문화교류 및 학술대회 기념사진

교육을 강조한 결과물이 바로 직지사와 동국대라고 했다.

"직지사를 중창하신 뒤 녹원 큰스님은 종단에 절을 내놓았습니다. 언제든 와서 교육을 받을 수 있도록 큰도량을 개방했잖아요. 특히나 이제 막 출가한 행자 습의교육에 관심이 많으셨어요. 사명 대사의 정신을 이을 수 있는 재목이 나오길 기대하셨습니다. 큰 행사를 치르다 보면 크고 작게 신경 쓸 일들이 많습니다. 실무자 입장에서야 매우 힘든 일이겠지만 녹원 큰스님은 기꺼이 개방했습니다. 이런 실천력은 동국대에서도 이어졌습니다. 수많은 병원을 짓고 학교 시설들을 개선했습니다. 동국대학교가 예전의 명성을 찾는 데에는 녹원 큰스님의 큰 원력이 빛을 발했습니다. 녹원 큰스님께서 이렇게 절과 학교를 운영하다 보니 어느새 직지사는 현대적 대찰이 되었고 동국대는 명문대학이 된 것입니다."

녹원 스님이 조계종 총무원장 소임을 마치고 시간이 흐른 뒤 조계사에서 홍파 스님을 만났다.

"홍파 스님! 동국대로 한 번 오시게. 내가 학교에 있는데 와서 모교의 참모습을 한 번 봐줘야 할 것 아닌가!"

"남산이 높아서 제가 가기 어렵습니다. 하하."

며칠 뒤 홍파 스님은 동국대에서 녹원 스님을 만나게 됐다. 불교계 안팎의 여러 현안들을 얘기하던 중 홍파 스님은 동국대학교 산하 초중고등학교에서 일하는 교법사의 처우에 대해 말했다.

"스님! 기독교의 경우 교장, 교감, 교목 순으로 소임의 중요도를 둡니다. 우리 동국대 산하 학교들에서도 교법사들의 처우를 개선하고 충분한 역할을 줘야 합니다. 그래야 불교학교로서 정체성을 확실히 할 수 있습니다."

시간이 흘러 다시 녹원 스님을 만났다. 녹원 스님은 홍파 스님에게 자랑을 했다.

"내가 홍파 스님 말을 듣고 바로 회의를 소집해서 교장-교감-교법사 순서로 위치를 정리하라고 했어. 하하."

홍파 스님은 녹원 스님을 "일 욕심이 많은 어른"이라고 했다. 그러면서 "큰스님의 그런 점을 나도 닮았다."며 웃었다.

오로지 불법홍포(佛法弘布)와 불교발전을 위해 평생을 헌신한 녹원 스님과 홍파 스님. 두 스님의 노력이 있었기에 한국불교와 조계종, 직지사, 동국대, 관음종은 계속 발전하고 있다.

"최고의 수행자, 녹원 스님"

서울 보성사 회주 **자민 스님**

"한마디로 정리하자면, 녹원 스님은 스님으로서,
수행자로서 자격이 충분한 분이었습니다.
수행자로서 빠지는 것이 하나도 없었어요.
기도와 정진은 물론이고 본인이 한 말에 대해서는 항상 책임을 졌고
본인이 해야 할 일은 꼭 해내고 말았습니다.
또 인간적인 면모도 있었어요. 주변 사람들을 포용하는 힘이 있었습니다.
그래서 제가 녹원 스님을 존경합니다. 하하."

비구니 원로 자민 스님의 말씀에는 거침이 없었다. 시원시원한 답변 속에
녹아있는 자민 스님과 녹원 스님의 관계를 짐작할 수 있었다.
자민 스님의 또렷한 기억 속 녹원 스님은 최고의 수행자였다.

80대 중반이라고는 믿을 수 없을 만큼 자민 스님은 명쾌하고 또렷했다. 비구니 원로로서 후학들의 존경을 받는 이유를 알 수 있을 정도로 분명했다. 어쩌면 녹원 스님이 그랬던 것처럼 말이다.

자민 스님은 매월 네 곳의 절에서 법문을 한다. 매월 음력 1일에는 천안 연대선원에서, 음력 7일에는 서울 보성사에서, 음력 8일에는 인천 향적사에서 대중들을 만난다. 평소에는 경주 이거사에서 정진하며 보름법회를 비롯한 각종 법석에서 후학들을 제접하고 있다. 모두 자민 스님이 직접 창건했거나 상좌스님들이 법(法)을 펼치고 있는 사찰들이다.

"부처님 덕분에 이렇게 잘살고 있어요. 제가 받은 은혜를 대중들에게 조금이라도 더 나누려고 전국을 다닙니다."

건강이 괜찮으냐는 질문에 "간이 안 좋으면 눈이 안 보이고 신장이 안 좋으면 귀가 안 들리는데, 보시다시피 이렇게 눈도 좋고 귀도 좋고 건강하다."며 스님은 웃었다.

음력 10월 6일, 서울 보성사에서 스님을 만났다. 한 달에 한 번 친견할 수 있는 일정이어서 법회 전날부터 스님을 기다리는 서울 신도들이 적지 않았다. 신도들과의 대화가 끝나자마자 자민 스님의 옆자리를 꿰찼다.

강사의 길! 포교의 길!

자민 스님은 한국 현대불교사와 함께 한 어른이다. 출가와 수행과정

젊은 시절의 녹원 스님과 자민 스님

이 궁금하지 않을 수 없었다. 시간을 1952년으로 돌렸다.

동산 스님을 친견하러 간다는 친구를 따라 나선 길. 어린 소녀는 범어사 팔상전을 장엄한 탱화와 벽화를 마주하고 정신을 차릴 수 없었다. 전율이 느껴졌다. 부처님 세계에 그대로 빠져버렸다. 그렇게 인연이 돼 범어사 대성암의 혜진 스님을 은사로 출가했다.

야무지고 똑똑한 자민 스님은 어른스님들의 사랑을 듬뿍 받았다. 내원사 선원 등에서 10안거를 성만한 자민 스님은 개심사, 청용사, 운문사, 흥국사 등 비구니 강원에서 공부했다. 공주 동학사에서 공부하던 스님은 탄허 스님이 삼척 영은사에 회상을 열자 주저 없이 짐을 싸 자리를 옮겼다.

"도반 자흔 스님과 함께 오뉴월 염천에 바랑을 메고 삼천 영은사로 탄허 스님을 찾아갔습니다. 탄허 스님께서는 '동학사에서 수재가 왔다'고 엄청 반겨 주셨습니다. 소임자들이 처음에는 방부를 받지 않는다고 해서 당황했지만 아랫마을에 집을 얻어 살면서 공부하겠다고 버티니 허락을 해줬습니다. 3년여 간 탄허 스님을 모시고 〈사교(四敎)〉를 배웠습니다. 여기에 더해『선종영가집』과『주역선해』,『장자』등도 공부했습니다. 탄허 스님께 경을 배우면서 제가 교(敎)에 뜻을 세우지 않았나 생각됩니다."

공부에 힘이 붙던 자민 스님은 대중들에게 "하루 세끼 먹는 것도 아까우니 두 끼로 줄이고 공부하자."고 제안했을 만큼 열의가 대단했다.

탄허 스님을 모시고 공부한 스님은 이후에도 관응·성능 스님에게 6년간 사교와 대교를 배웠다.

자민 스님도 출가 후 10여 년이 지나자 '슬럼프'가 찾아왔다고 한다.

부처님 말씀을 하나로 꿰뚫는 그 무엇인가가 잡히지 않았기 때문이다.

"『원각경』을 펼친 순간 가슴이 탁 트였습니다. 그때 새로운 힘을 얻었지요."

자민 스님의 눈길을 잡은 대목은 『원각경』의 '금강장보살장' 첫 부분이다.

'세존이시여, 만약 모든 중생이 본래성불해 있는 것이라면 무엇 때문에 다시 일체의 무명이 있게 되고, 만약 모든 무명이 중생에게 본래 있는 것이라면 무슨 인연으로 여래께서는 다시 중생이 본래성불해 있다고 말씀하시며, 시방의 중생이 본래 불도를 이루고 있음에도 후에 무명을 일으킨다면 일체 여래께서는 어느 때 다시 일체 번뇌를 일으키는 것입니까?'

중생인데 왜 본래성불이라 했으며, 본래성불인데 왜 다시 번뇌를 일으키냐는 궁극의 물음이다.

"부처님이 금을 비유로 말씀한 부분을 보면서 뭔가 알 수 있었습니다. 원석에는 이미 금이 있지만 캐서 단련해야 금이 됩니다. 이 과정을 수행이라 할 수 있지요. 그러나 한 번 금[圓覺]이 되면 결코 원석으로 돌아가지 않습니다."

그리고 1970년 음력 12월 11일, 스승인 성능 스님의 생신날 아침이었다. 개심사 강원 대중들이 모인 가운데 생신상을 받아든 성능 스님은 자민 스님에게 '보월'이라는 당호와 전강게를 내렸다. 한영 스님의 강맥을 이은 성능 스님은 '장엄염불'의 한 구절인 '若不傳法度衆生 畢竟無能報恩者(부처의 법을 전하여 중생을 제도하지 않는다면, 그는 필경 부처님의 은혜를 갚은 자라 할 수 없다)'라는 글로 자민 스님에게 강맥을 전했다.

직지사 천불전에서 법문하고 있는 녹원 스님

"탄허 스님은 책 한 권 들지 않고 분필 한 자루로 칠판을 다 채우셨습니다. 강의에는 힘이 있었습니다. 유불선에 통달한, 전형적인 천재형 수행자입니다. 유식(唯識)에 아주 밝으셨던 관응 스님은 엄마 같은 분이었습니다. 굉장히 섬세하게 가르치셨습니다. 지금 같은 늦가을에는 시도 한 편씩 읊어 주셨습니다."

1982년 고양 흥국사에서의 강의를 마지막으로 강사의 길을 멈췄다. 그리고 포교와 전법의 길에 나섰다. 출가 30년 되던 해이다. 산문을 나오자마자 비구니회를 이끌던 혜춘 스님을 도와 비구니회관의 터를 닦았고, 재단법인 선학원의 임원으로 다양한 포교에 헌신했다. 젊은 사람들에게는 팔정도(八正道)와 사성제(四聖諦)를, 중·노년층에게는 인과법(因果法)을 중심으로 설했다.

"부처님이 계시기에, 종단이 있기에, 내가 있다"

자민 스님이 녹원 스님을 만난 시기 역시 공부에 집중하던 때였다.

"방금 말씀드린 것과 같이 탄허 스님께 공부를 배우기 위해 삼척 영은사로 갔어요. 저와 자흔 스님이 들어오고 얼마 뒤 녹원 스님과 도원 스님이 오셨습니다. 녹원 스님은 아주 반듯한 모습이었고 날카로움도 느껴졌습니다."

공부에 집중하던 때여서 녹원 스님과 대화를 나누는 일은 많지 않았다. 농번기에는 모든 대중이 나가 일을 했기 때문에 마주칠 일도 거의

자민 스님이 직지사에서 공부할 때 머물렀던 극락전(옛 서전). 지금은 선원이다.

없었다. 그래도 자민 스님과 녹원 스님은 서로를 알아봤다.

"그때 영은사가 소유하고 있던 논 100마지기 농사일을 대중들이 직접 다 했습니다. 봄과 가을 농번기 한 달은 모든 것을 내려놓고 일에만 집중했습니다. 녹원 스님은 크건 작건 무슨 일을 하면 제일 열심히 했습니다. 제가 영은사에서 공부하며 원주 소임을 보았기 때문에 녹원 스님이 열심히 살았던 모습을 잘 알고 있어요.

공부하던 시기에는 서로가 예민했습니다. 낮에 탄허 스님에게 배운 공부를 복습한다며 옆방에서 글 읽는 소리가 들리면 잠을 잘 수 없었습니다. 서로 경쟁적으로 공부를 했습니다. 공부가 아주 알찼어요. 하하."

공부에는 진전이 있었지만 영은사 밖의 상황은 녹록지 않았다. 종단 차원의 정화불사가 진행 중이었기 때문이다. 특히 1960년 11월 24일 일어난 '대법원 6비구 할복 사건'은 불교계뿐만 아니라 사회적으로도 큰 파장을 일으켰다.

"영은사에 있던 대중들도 그 소식을 듣고 많이 놀랐어요. 그런데 그에 대한 의견은 분분했습니다. 저와 녹원 스님은 정화 불사에 적극적으로 동참해야 한다는 입장이었습니다. 특히 녹원 스님은 '종단이 어려운데 이렇게 우리가 공부만 해서 무슨 의미가 있느냐?'고 열변을 토하셨습니다. 그래서 이듬해 봄에 녹원 스님과 저를 비롯한 몇몇 대중들은 영은사에서 나와 정화불사에 동참했습니다. 생각해보면 녹원 스님과 저는 사상이 비슷했습니다. 하하."

녹원 스님은 경북지역 정화에 진력했다. 직지사를 비롯한 많은 사찰들이 정화되면서 수행가풍을 회복했다. 자민 스님과도 다시 만날 인연이 찾아왔다.

"직지사에 계시던 고봉 스님과 고산, 우룡 스님이 김천 청암사로 가시고 관응 스님이 오셨습니다. 그래서 20여 명의 대중들이 직지사에서 관응 스님을 모시고 공부했습니다. 3년 정도 관응 스님께 유식(唯識)을 비롯해 경전의 기본을 다시 배웠습니다.

저는 다른 비구니스님들과 함께 서전(西殿)에서 지내며 공부했습니다. 3시간 이상 자지 않겠다고 다짐하며 정진했습니다. 비구스님들이 서전으로 찾아와 함께 논강을 하기도 했습니다. 그때 비구니스님들이 공부를 잘했거든요. 하하.

직지사에 있을 때는 녹원 스님 덕을 많이 봤습니다. 녹원 스님이 춘원 이광수의 '광팬'이었는데, 덕분에 저도 녹원 스님이 가지고 있던 이광수 전집을 다 빌려다 봤습니다. 가끔 춘원에 관한 이야기를 나누기도 했습니다."

"기도와 수행 어느 것 하나 빠지지 않는 분"

자민 스님은 녹원 스님에 대한 이야기를 본격적으로 풀었다.

"녹원 스님은 아주 치밀하고 또 자상하고 책임감이 강한 분이에요. 1970년대 후반 정도 될 겁니다. 한번은 탄허 스님이 천안의 제 절로 오셨습니다. 녹원 스님에 대한 얘기가 나와서 곧바로 직지사로 향했습니다. 탄허 스님과 시자스님, 진관 스님, 범조 스님, 저까지 다섯 명이 함께 갔습니다. 저녁이 다 돼 직지사에 도착했어요. 그런데 하필 그날이 대구 능인학교 졸업식이 있는 날이어서 녹원 스님이 절에 안 계셨어요. 당시 원주스님이 탄허 스님을 알아보지 못하고 '요새는 비구와 비구니

관응 스님과 녹원 스님을 모시고 함께 한 제주도 여행 모습. 자민 스님은 앉아서 찍었다.

가 함께 잘 돌아다닌다'며 냉기가 가득한 객방을 내줬어요. 참다못한 제가 탄허 스님께 '스님! 그냥 갑시다!'하고 절에서 내려와 여관방에 자리를 잡았습니다. 직지사에서의 아쉬움은 뒤로 하고 탄허 스님의 '관상학 강의'에 빠져 한참 동안 말씀을 들었습니다. 저녁 늦게 도착한 녹원 스님이 이 사실을 알고 총무와 재무스님을 보내 탄허 스님께 예를 갖췄습니다. 그래서 제가 '이게 뭐하는 짓입니까? 어른스님께 이런 법은 없습니다. 어디서 어른스님을 오라 가라 합니까?'라고 호통을 쳤어요. 결국 녹원 스님과 도원 스님이 여관방까지 왔습니다. 마음이 상한 탄허 스님이 녹원 스님의 간곡한 말씀에 마음이 풀리셨는데 계속 저를 쳐다봐요. 상황을 알게 된 녹원 스님이 '자민 스님 왜 이래! 마음 풀고 올라갑시다!' 해서 다시 직지사로 올라갔습니다. 그래서 탄허 스님을 모시고 3일간 직지사에 있으면서 녹원 스님과 이런저런 얘기를 나눌 수 있었습니다. 나중에 들은 이야기지만, 우리가 나오고 직지사 소임자들이 녹원 스님한테 엄청나게 혼났다는 얘기를 들었습니다. 어른을 모시는 것도 수행이라고 가르쳤다고 해요. 괜히 제가 미안해지더군요."

자민 스님은 녹원 스님의 기도와 수행이 대단했다고 전했다. 신통(神通)에 가까운 일들이 많았다고 한다.

"녹원 스님께서 직지사 중창을 할 때 많은 일들이 있었어요. 쉽지 않은 불사를 스님은 오직 기도를 통해서 해냈습니다.

중창불사 시작 일화가 재밌습니다. 녹원 스님이 중창불사를 발원하고 기도를 시작했습니다. 녹원 스님은 기도를 시작하면 밥도 안 먹고 잠도 안 잡니다. 정말 신심(信心)있게 합니다.

스님이 천불전에서 꿈쩍 않고 단식기도를 했습니다. 용맹정진기도를 회향하는 날 아침에 서울에서 기업을 하는 거사가 찾아와 거금을 시주했다고 합니다. 그런데 그 거사님의 사연이 재미있습니다. 외국 대형 사업을 수주해야 하는 상황에서 방법을 찾고 있었는데, 꿈속에서 어떤 스님이 '손가락이 가리키는 절'에 시주를 하라고 했다는 것입니다. 그래서 그 거사님이 총무원을 찾아가 '손가락이 가리키는 절이 어디냐?'고 물으니 총무원에서 '직지사(直指寺)'라고 답을 해서 직지사로 가서 시주를 했고 외국에서의 사업도 크게 성공했다고 합니다. 이렇게 직지사 중창불사가 시작되었습니다.

또 직지사에 다니던 신도의 딸이 간질을 앓고 있었는데 녹원 스님의 기도로 병이 깨끗하게 나았고 그 딸은 시집을 가서 잘 살고 있다고 합니다. 저도 직지사에 가서 그 딸과 손녀까지 본 적도 있습니다. 녹원 스님이 까칠하다고 소문이 났지만 기도에 있어서는, 또 사람을 대할 때는 그렇게 간절했고 또 따뜻함 있던 어른이었습니다."

직지사를 한국불교를 대표하는 사찰로 키워내면서 녹원 스님에 대한 음해도 적지 않았다. 한 번은 절에서 일을 하던 보살이 임신을 하는 사건이 있었다. 직지사 주변에서는 이런저런 소문이 적지 않았다. 이를 듣고 자민 스님이 녹원 스님을 만나 직설적으로 물었다. 녹원 스님은 표정 하나 바뀌지 않고 답했다. "두고 보면 압니다." 시간이 흘러 그 사건의 당사자는 밝혀졌고 관련자 모두는 절을 떠났다.

"이상한 소문에 화를 낼 법도 했지만 녹원 스님은 차분하고 당당했어요. 인내하고 또 인내했습니다. 결국 진실은 드러났습니다."

자민 스님의 이야기는 끝이 없었다. 녹원 스님의 전설과도 같은 이야기가 흥미진진했다. 신심(信心)과 원력(願力)으로 기도하고 정진하면 안 될 일이 없다는 '사실'을 자민 스님과 녹원 스님을 통해 확인할 수 있었다. 그래도 자민 스님은 녹원 스님과 관련해 아쉬움이 하나 있다고 했다.

"제가 눈 수술을 한 다음날 녹원 스님이 열반하셨어요. 장례 기간 내

식물원을 둘러보는 자민 스님과 녹원 스님 일행

내 병원에 누워 있다 보니 저는 녹원 스님을 제대로 보내드리지를 못했어요. 그 점이 너무 아쉽고 미안합니다. 그래도 이런 기회를 통해 녹원 스님의 진면목(眞面目)을 전할 수 있다는 것이 너무 감사합니다. 후학들이 녹원 스님의 뜻을 잘 이어가기를 바랍니다."

말씀을 들어보니 자민 스님과 녹원 스님의 공통점이 보이기 시작했다. 바로 원력(願力)의 수행자라는 점이다. 행(行)으로 보여 주신 어른들의 실천의지를 사부대중이 잘 이어갈 수 있기를 바라는 마음이 더 간절해지며 보성사 산문을 다시 나섰다.

"동국대 중흥의 위대한 선각자"

송석구 前 동국대 총장

"어떤 경우에도 흐트러짐이 없는 어른이셨어요.
오랫동안 모시면서 몸과 마음이 흔들리는 것을 본 적이 없습니다.
공公적인 자리나 사私적인 모임에서도 항상 절제된 모습을 보여주셨습니다.
당신 스스로에게는 너무나 엄격했지만
대중들에게는 언제나 인자하셨던 분으로 기억됩니다.
이와 같은 수행력으로 동국대를 중흥시킨 선각자가 바로
녹원 큰스님이라고 확신합니다."

8년간 동국대 총장 소임을 맡아 이사장 녹원 스님과 호흡을 맞췄던
송석구 前 동국대 총장의 '증언'(?)은 생생했다.
"눈빛만 봐도 텔레파시가 통하던 사이"라는 말이 어색하지 않았다.
녹원 스님과 '환상의 짝꿍'이었던 송 총장님의 이야기는 흥미진진했다.

송석구 총장님은 잘 알려진 바와 같이 동국대 교수와 총무처장, 부총장을 거쳐 1995년부터 2003년까지 동국대 제13대, 14대 총장을 역임했다. 한국철학회장, 대학총장협의회장, 국제신문 사장, 가천의과학대학 총장, 삼성꿈나무장학재단 이사장, 삼성경제연구원 고문 등 다양한 소임을 역임했다. 최근까지도 불교계 안팎에서 러브콜이 멈추지 않았다. 현재는 백성욱연구원장으로서 저술과 강연에 집중하고 있다. 『길 위의 길』, 『노철학자의 인생수업』, 『한국의 유불사상』, 『송석구 교수의 율곡철학 강의』, 『송석구 교수의 불교와 유교 강의』, 『바람이 움직이는가 깃발이 움직이는가』, 『대통합』, 『율곡의 공부』 등 유교와 불교를 회통하는 동양철학으로 일가를 이루고 다수의 저서를 출간했다.

동국대 전경

"영원한 동국인, 영원한 불자"

그래도 송석구 총장님 하면 떠오르는 단어가 바로 '영원한 동국인', '영원한 불자'라는 말이다. 누구보다 동국대 출신임을 자랑스러워했고 동국대의 발전을 위해 발로 뛰어 왔다.

송석구 총장님의 동국대 인연은 불교대학 철학과 입학과 함께 시작됐다. 당시 철학과는 문과대 소속이 아닌 불교대였다. 철학과가 지금처럼 문과대 소속이었다면 다른 선택을 했을 거라고 말할 정도로 총장님에게 불교는 절대적이다.

"동국대 불교대학 철학과에 입학할 때부터 저는 불교와는 떨어질 수 없는 관계였다고 볼 수 있습니다. 그것은 이미 저의 자의적 선택이었기 때문입니다. 제가 살아온 역사는 동국대의 울타리를 떠나서는 생각할 수 없어요. 동국대 생활이 제 삶의 역사라고 할 수 있습니다.

또 단 한 번도 다른 종교를 넘나든 경험이 없기에 저는 불교 속에서 살았다고 할 수 있어요. 불교 속에 살았다는 뜻은 팔십이 넘는 평생의 삶 속에 명멸되었던 슬픔과 기쁨, 고뇌와 좌절, 성공과 실패를 모두 부처님께 의존해서 극복했기 때문입니다."

송 총장님은 1958년 3월에 동국대에 입학했다. 그때부터 불자와 동국인의 삶이 시작됐다. 송 총장님은 누구보다도 동국대와 불교의 혜택을 많이 받은 사람이라 생각한다. 어려울 때 부처님께 매달려 기도하고 죽음에 직면해서도 부처님의 가피로 살아왔고, 지금도 그 가피를 갚기 위해 전법에 힘을 쏟고 있기 때문이란다.

1969년 1월 해인사 백련암에서 성철 스님을 만나 일주일간 삼천배를

1997년 10월 일본 중상사를 방문했을 때 자리를 같이 한 녹원 스님과 송석구 총장

하며 번뇌 망상이 사라지는 듯한 자유를 맛보았다. 1975년 여름방학 때는 통도사로 50여 명이 구도 수련을 떠났다. 이기영, 서경수 교수의 강의와, 종범 스님의 『화엄경』 법문도 들었다. 수련대회가 거의 끝나갈 무렵에 극락암에서 경봉 스님을 친견했다. 경봉 스님은 '이 세상이 꿈이다. 이 꿈속의 세상에서 한바탕 연극을 하라'고 했다. 삶이 꿈속의 연극이요, 연극이 연극인 줄 알고 꿈인 줄 알면 곧 참나, 진실한 세계를 볼 수 있다는 내용이었다. 다음 날 경봉 스님에게 '翠山(취산)'이라는 법명과 게송을 받았다. '雪後始知 松栢操 事難方見 丈夫心'(설후시지 송백조 사난방견 장부심) 즉, 눈이 온 뒤 송백의 지조를 알 수 있고 어려운 일을 당해야 장부의 마음을 알 수 있다'는 뜻이었다.

2002년 5월 13일 열린 동국대 서울캠 중앙도서관 상량식 모습

"1975년에 광덕 큰스님께서 불광법회를 창립하셨습니다. 큰스님께서 전화를 주셔서 불광법회를 체계적으로 조직하고자 구도의 사명이 있는 불자들과 구도법회를 출발시키는데 함께하자고 하셔서 불광법회 부회장 겸 전법위원장을 맡게 되었어요. 불광 식구들은 매주 목요일 정기법회, 매주 셋째 토요일 철야정진 법회, 매주 넷째 일요일 순회법회를 하면서 신심을 다졌습니다. 이때부터 부처님의 진면목을 알기 위해서는 스스로 수행을 해야지 글과 이론의 관념으로는 깨달음의 세계를 맛볼 수 없음을 자각했습니다.

이제껏 불교의 변두리만 헤매고 다니다 광덕 스님의 믿음 체계에 의하여 수행하면서 방향과 목적을 찾았습니다. 1965년부터 10년 이상 의심이 꽉 차 있던 응어리가 드디어 터진 것 같았습니다."

1977년 3월에 동국대 불교대학 철학과 교수로 부임하면서 본격적인 후학양성의 길을 걸었다. 1986년 2월 황수영 총장이 임기를 끝내고 지관 스님이 11대 동국대학교 총장으로 선출되어 총무처장으로 일했다. 총장스님을 도와 경주부속병원 부지 4만 6,000평을 취득했다. 총무처장을 끝내고 의료원 기획실장을 맡아 의료원 체계를 확립했다. 그 후 의료원장에 임명되었으나 새로 온 총장스님에게 사표를 내고 평교수로 돌아왔다.

송석구 총장님은 1990년 4월 동국대학교의 개혁을 내세우면서 총장 직선제를 주장, 총장선거에 임했다. 10월 12일 선거에서 1등을 했으나 1991년 2월 이사회에서 한 표 차로 2등을 한 민병천 교수가 총장으로 선임되었다. 1993년 3월에 부총장에 임명되어 민병천 총장을 보필하면서 교과과정 개혁을 주도했다. 1995년 1월 27일, 총장 직선투표에서 또

1등을 했고 마침내 13대 총장에 선출되었다.

송 총장님은 동국대 중흥의 하나로 교세를 확장하고자 했고, 그러기 위해 동국대가 취약했던 과학, 의학의 발전에 헌신했다. 교세를 확충하기 위해 학부생 증원을 꾀했다. 당시 서울시내의 대학 정원이 막혀 있었는데 마침 김영삼 정부에서 IT 전산계 학생증원이 있어 150명을 증원했고 대학원, 경주캠퍼스 등 약 500명을 확충했다. 대학입학 정원을 500명을 증원하여 3,300명까지 늘림으로써 일약 대단위 대학으로 도약할 수 있었다.

"예사롭지 않던 직지사 주지스님"

송 총장님은 광덕 스님을 모시고 불광법회에서 정진할 때 녹원 스님을 처음 만났다. 1970년대 후반 1,000여명의 불광법회 회원을 이끌고 직지사를 참배했다. 처음 가 본 직지사는 전각이 그리 많지 않았지만 너무나 깔끔하고 정갈했다.

"녹원 큰스님이 주지소임을 보고 있다는 것을 알고 있었습니다. 저도 나름대로 소문을 듣고 갔었는데, 직접 본 직지사는 소문 이상이었습니다. 너무나 정리가 잘 돼 있었어요. 말 그대로 여법(如法)했어요.

녹원 큰스님의 첫인상은 굉장히 엄격한 모습이었습니다. 여느 스님에게서 쉽게 볼 수 없었던 계행(戒行)이 느껴졌어요. '아! 진짜 스님이구나!' 하는 그런 느낌 있잖아요. 그런데 인사를 드리니 반전이 있었습니다. 인간적인 부드러움이 진하게 다가왔습니다. 하하."

그 후 직간접적으로 녹원 스님과 인사를 나눌 기회가 있었지만 본격적으로 마음을 나눈 상황은 아니었다. 1990년 동국대 총장선거에서 1등을 한 뒤 송 총장님은 서울 연화사로 가 녹원 스님에게 인사를 드렸다. 총장에 오르지 못하고 평교수로 강단에 서고 있을 때인 1993년에 녹원 스님이 다시 송 총장님을 연화사로 불렀다.

"지난번에 총장 소임을 맡기지 못한 것은 미안합니다. 대신 지금 학교가 어려우니 부총장을 맡아 일을 좀 해주세요."

녹원 스님과의 진짜 인연이 시작됐다.

"그때 녹원 큰스님은 공적으로는 그야말로 바늘 하나 들어갈 수 없을

녹원 스님과 함께 일궈낸 동국대 일산병원 모습

정도로 엄격했어요. 사적으로는 자동차가 들락거릴 정도로 굉장히 품이 넓고 부드러우며 원만하셨습니다. 사람을 편안하게 해주셨어요. 그때부터 큰스님과 저는 떨어질 수 없는 사이가 되었습니다. 하하."

송석구 총장은 '재수' 끝에 소임을 맡으면서 특유의 뚝심을 발휘하기 시작했다. 거침없는 질주였다. 모든 것은 이사장 녹원 스님의 든든한 지원이 있었기에 가능했다.

"총장으로서 대내적으로는 인화를 통한 과감한 개혁, 대외적으로는 홍보를 강화하고자 하였습니다. 홍보는 업적이 있어야 합니다. 그러기 위해 교육개혁과 일산에 불교병원을 건립하고자 했어요. 자금을 모금하기 위해 1996년에 힐튼 호텔에서 대대적인 모금행사를 실시했고 하루 저녁에 76억 원의 기부금을 모았습니다. 1999년에 14대 총장으로 재임하여 2003년 2월에 정년퇴직하기까지 8년 동안 600억을 모금하여 불교병원 건립의 기초를 세웠습니다."

녹원 스님의 평생 원력 사업이던 불교병원 건립불사가 가시화되기 시작했다. 이에 앞서 크고 작은 난제들도 해결했다.

"가장 큰 것은 불교병원을 건립이었지만 다른 주요 불사도 많았습니다. 녹원 큰스님께서 어린아이들에 대한 사랑이 깊어서 경주캠퍼스에 유치원을 지었어요. 또 경주병원 내에 장례식장을 만들었고 학인스님들을 위한 기숙사도 건립했습니다. 경주병원 증축, 서울캠퍼스 도서관 증축, 식당인 상록원과 개교 90주년 기념관, 정보과학관 등을 신축한 데 이어 일산에 3만평의 부지를 확보해 제3캠퍼스의 토대를 마련했습니다.

이 모든 것은 이사장스님의 의지였습니다. 저는 그저 이사장스님의 뜻을 받들어 실천했을 뿐입니다. 이사장 녹원 큰스님께서 특유의 지도력으로 재단과 종단의 의견을 원만하게 조정해주셨습니다. 동국대가 종립대학이기 때문에 종단과 함께하는 것이 반드시 필요합니다. 지금도 중요한 부분입니다. 이 부분을 큰스님께서 매끄럽게 해주셨습니다. 당시 종정이셨던 월하 큰스님께서 교시를 내려주실 정도였으니까요. 정말이지 녹원 큰스님은 동국대 중흥에 앞장선 선각자이셨습니다."

약국도 못 짓던 종단이 병원을 만들다!

녹원 스님과 송 총장님은 갖은 고초를 다 겪으면서 병원불사에 진력했다. 1998년에 기공하여 2002년 9월 27일에 준공을 했다. 대지 2만 5,000평에 건축면적 1만 2,000평, 1,000개 병상을 갖추는데 건축비 1,000억 원이 소요되었다. "그때까지 불교계는 '약국 하나도 짓지 못한다'는 혹평을 듣고 있었는데, 불교병원의 건립은 곧 부처님의 보살행의 현대적 징표이기도 하고, 동국대학교의 사명이기도 하였다."고 송 총장님은 회고했다.

송 총장은 불교병원 준공식을 잊지 못한다. 당시 법전 종정예하, 원로회의 의장 도원 스님, 총무원장 정대 스님, 동국학원 이사장 녹원 스님, 송석구 총장 및 불교병원 관계자, 일본 정토진종 본원사파 문주 오타니 코신 스님 등 준공식에 참석한 사부대중 5,000여명은 병원의 완공을 축하하고 국내 최고의 자비 인술의 장이 조속히 열리기를 기원했다.

이날 준공식에서 법전 종정예하는 법어를 통해 "불교병원은 하늘이 숨겨놓은 영장(靈場)이요, 사해 질병을 구제하는 복지(福地)"라면서 "모든 중생이 이곳을 찾아 몸을 다스리면 질병이 소멸될 것이고 마음을 다스리면 번뇌가 없어질 것"이라고 격려했다.

이사장 녹원 스님은 치사에서 "한국불교계의 오랜 숙원사업이었던 불교병원 준공을 맞아 지극한 정성으로 성금을 내주신 1만여명의 동참자 여러분에게 감사한 마음을 전한다."며 "난관을 무릅쓰고 병원 건립에 진력한 송석구 총장 및 병원 관계자들의 노고에 위로와 감사를 표한다."고 치하했다. 송석구 총장님은 "불교병원 건립은 8년간 총장 소임을 수행하는 동안의 화두였다."며 "모범적인 양·한방 협진체제를 갖춘 불교병원은 명실공히 최고의 친절과 봉사를 다하는 자세로 의료계의 새로운 기린아가 될 것"이라고 기대를 피력했다.

"일제시대 교육입국의 정신에 따라 민족자존과 조국의 미래를 열겠다는 불교 선각자들에 의해 동국대는 출발했습니다. 그동안 민족자존과 전통을 사수하겠다는 일념으로 성장해왔습니다. 그러나 해방 이후 신흥 사립대학이 집중적으로 육성되면서 동국대는 위기에 봉착했어요. 1990년대를 맞이하며 '동국발전'에 대한 새로운 계획이 수립됐고, 그 과정에서 두 번에 걸쳐 총장직을 수행했습니다.

대학도 이제는 경제적 자립을 이뤄야 합니다. 때문에 대학 총장은 경영 마인드를 갖고 재정 안정을 성취할 필요가 있어요. 비좁은 서울캠퍼스는 남산 때문에 확장이 불가능하다고 판단해 제3캠퍼스 신설을 추진했고, 불교병원을 일산에 건립하게 됐습니다. 수도권에 병원이 있어야 학교의 인지도가 높아지고 많은 인재들이 모인다는 취지에서 추진했습니다. 이와 함께 인문사회 중심의 대학에서 '과학 의학 동국'으로 전환하는데 힘을 쏟았습니다."

송 총장님의 8년을 확인할 수 있는 대목이다. 송 총장님은 다시 한번

녹원 스님이 일본 용곡대학에서 명예박사학위를 받을 때의 모습

녹원 스님의 원력을 강조했다. 녹원 스님이 아니었다면 성취하지 못했을 불사였다는 것이다.

"녹원 큰스님은 불교 종립대학을 너무나 사랑하셨습니다. 그래서 동국대에 뭐 하나라도 더 해주려고 하셨어요. 책임감과 의무감이 대단하셨어요. 적어도 일주일에 세 번 이상 직지사에서 올라오셨습니다. 집무실에서 항상 저와 대소사를 협의하시고 또 결재도 하셨습니다. 큰스님께서는 어떤 사적 부탁도 하지 않으셨습니다. 학교 운영은 철저하게 저한테 맡기셨고 뒤에서 후원자로서 역할에 충실해 주셨습니다. 언제나 저를 도와주신다는 입장이셨습니다. 그랬기 때문에 저도 더 열심히 일을 할 수 있었습니다. 아마 녹원 큰스님께서 좀 더 이사장을 하셨으면 동국대는 몇 단계 더 상승한 최고의 대학이 됐을 것이라 확신합니다."

송 총장님의 회고는 불교계 현실을 자각하고 성찰할 수 있는 계기가 되었다. 불교라는, 이 세상 어디에도 내놓아도 손색없는 콘텐츠로 사회와 소통하고 사회를 견인할 수 있어야 한다는 송 총장님의 말씀을 가슴에 새기고 또 새겼다.

"지금까지 제 삶의 과정은 제 안에 있는 부처님을 찾기 위한 실험의 몸부림이었습니다. 80대 중반을 넘긴 제가 무엇을 더 바랄 것이 있겠어요. 이제는 진정 모든 것을 내려놓고 죽을 때까지 제 안의 부처님을 찾기 위해 참선에 매진할 것입니다. 역대 조사의 선어록을 바탕으로 실수(實修)에 전념하고 있습니다. 특히 인천 용화사 송담 스님의 녹음법문을 들으면서 수행하고 있습니다. 저도 저의 주인공을 찾아야 생사의 일대사 인연이 해결될 거 아니겠습니까? 하하."

영원한 동국인, 영원한 불자. 송석구 총장님은 호탕하고 유쾌했다.

오래전 동국대 입학식에서 처음 만난 송석구 총장님을 인터뷰하는 인연이 있으리라고는 생각하지도 못했다. 그런데 인연이 찾아왔다. 마치 녹원 스님과 송 총장님의 아름다운 인연처럼.

인터뷰・II

녹원 스님의 길을 따르는 수행자들

"큰스님은 노력하는 천재"

문경 김룡사 회주 **혜창 스님**

"큰스님은 정반대의 성격을 함께 가지고 계셨습니다.
큰스님의 성격이 이중적이었다는 것이 아닙니다.
어떤 때는 무서울 만큼 냉정하셨고 또 어떤 때는 열정이 넘치셨어요.
열정 안에는 따뜻함도 있었습니다.

제가 오늘날까지 수행자로 잘 살고 있는 것은 큰스님의 이런 성격 때문입니다.
제자들이 훌륭한 수행자로 잘 성장하길 바라실 때는 냉정함과 엄격함으로,
어려운 일이 생겼을 때는 온화함과 따뜻함으로 대해 주셨습니다.
큰스님의 이런 관심과 사랑 때문에 제자들은 잘 성장했습니다.

저도 이제 나이가 들었습니다.
전에는 냉정함이 강했는데, 이제는 후학들에게 따뜻한 선배가 되고 싶습니다.
우리 녹원 큰스님처럼 말입니다. 하하."

녹원 스님의 맏상좌로서 문도를 이끌고 있는 혜창 스님은 열정적이었다.
"이가 좋지 않아 보름째 죽만 먹고 있다."던 스님은
말씀을 청하는 후학들에게 언제 그랬냐는 듯 열변을 토했다.
수많은 선지식善知識들이 김룡사에서 그랬던 것처럼 말이다.

문경 김룡사로 가는 길은 여전히 설렜다. 신심(信心)이 샘솟는 여행길은 언제나 즐거웠다.

김룡사가 어떤 곳인가? 근현대 역사만 살펴봐도 성철 스님과 서옹 스님을 비롯한 대선사(大禪師)들이 화두를 참구했던 곳이고 또 관응 스님과 권상로 박사를 비롯한 대강사(大講師)들이 후학들을 지도했던 곳이다. 지금은 김천 직지사의 회주이자 녹원 스님 문도회를 이끌고 있는 혜창 스님이 주석하며 불자들을 제접하고 있다.

옛 위용이 그대로 살아 숨 쉬고 있는 김룡사를 찬찬히 둘러보고 참배한 뒤 혜창 스님의 방문을 두드렸다. 스님은 대구에서 온 신도들에게 전법(傳法)과 포교(布敎)의 중요성을 설하고 있었다. "전법이 없는 불교는 죽

문경 김룡사 전경

은 종교"라면서 말이다.

　신도들과의 만남이 끝난 후 바로 말씀을 청했다. "할 말이 없다."던 스님은 길을 떠나려던 대구 신도들까지 다시 자리에 앉게 할 정도로 폭포수 법문을 쏟아냈다.

'공부'를 하고 싶었던 행자

　"저는 1959년에 직지사로 왔어요. 본래는 1958년 진주 의곡사로 입산했습니다. 의곡사에는 불화의 대가 석정 스님이 계셨습니다. 의곡사에서 8개월 정도 공부를 하고 인연이 되어 직지사로 왔습니다. 석정 노

직지사 벽안당 모습

장님이 직지사로 가 녹원 큰스님을 모시라고 하셨거든요.

직지사에 도착해서 녹원 큰스님을 바로 뵙지는 못했습니다. 큰스님께서는 직지사의 안과 밖에서 모두 바쁘셨어요. 며칠 지나 큰스님께 인사를 드렸는데 준수한 외모에 단단한 모습이 인상적이었습니다."

8개월간 단련되어 왔기에 혜창 스님에게 절 생활은 그리 어렵지 않았다. 관응 스님에게 배우는 공부도 재미있었다.

"의곡사에 살면서 공양주와 채공 등을 했기 때문에 직지사에 와서도 공양주를 했습니다. 공부를 좀 하고 싶었는데 그때 직지사 강주로 계시던 관응 큰스님께서 얼마 후에 조계사 주지 겸 중앙포교사로 가셨습니다. 그러다가 조계사에서 하던 중앙총림이 깨지고 난 뒤에는 속리산 복천암에 가셨다가 1961년에 다시 직지사로 오셔서 강원을 열었어요.

그래서 저를 비롯한 행자 일곱 명이 1961년 봄부터 관응 큰스님에게 공부를 배우게 됐습니다. 관응 큰스님께서 저희를 직접 가르치셨어요. 처음에는 『초발심자경문』을 하고, 『치문』을 건너뛰고 바로 『서장』을 배웠습니다. 행자가 바로 '수좌'가 되어 버렸어요. 하하.

사실 제대로 중이 되려면 꼭 『치문』을 공부해야 합니다. 이와 함께 『사미율의』도 봐야 하는데 이것을 공부하지 않았어요. 그래서 그런지 제가 젊었을 때는 좀 천방지축이었습니다. 하하.

『초발심자경문』을 배우기 전에 한문을 알아야 한다고 천자문을 미리 읽으라고 하셔서 독학으로 공부를 했습니다. 『초발심자경문』을 배울 때 큰스님께서는 하루에 다섯 줄 이상을 가르치지 않았습니다. 저희들은 다음날 그 다섯 줄을 외워야 합니다. 글만 외우는 것이 아니라 새기는 것도 함께 해야 했습니다. 만약 한 명이라도 이것을 하지 못하면 더 가르치지 않으셨어요. 그래서 우리 전부는 밤을 새워 가며 공부를 했습니다.

의곡사에서 공부를 좀 했기 때문에 글을 보는 것은 어렵지 않았어요. 저는 새벽에 도량석을 할 때도 '발심수행장'을 외우면서 했어요. 관응 큰스님께서는 제가 공부를 잘한다고 녹원 큰스님께 칭찬을 많이 하셨어요. 나중에 저를 꼭 공부시키라고 당부하실 정도였습니다."

그래도 전쟁 직후였던 '시대적 상황'은 직지사도 예외일 수 없었다.

"그 시절 직지사는 무척 어려웠습니다. 먹는 것도 그랬어요. 고생은 말할 수 없지요. 나무도 하고, 기왓장을 나르기도 했습니다. 후원의 공양주를 하다 보니 선배격인 스님들이 저에게 서전(현재의 극락전) 비구니 스님들이 만들어놓은 김치와 고추장을 훔쳐 오는 대장 역할을 하도록 시켰습니다. '너는 행자니까 걸려도 괜찮다. 안 맞는다'고 하면서 저에게 그런 일을 시키셨습니다. 제가 김치와 고추장을 훔쳐 와 비구스님들한테 드리곤 했습니다. 하하."

긴 행자생활을 마치고 스님은 계(戒)를 받았다. 수계식이 열리던 날, 은사 녹원 스님은 출타 중이었다. 은사스님이 없는 수계식에 참석한 혜창 스님은 서운했다.

"1962년 정월 보름에 사미계를 받았습니다. 저의 법명 '慧昌'(혜창)도 관응 큰스님께서 지어 주셨습니다. '지혜를 키워라. 지혜를 창성시키라'는 뜻으로 주셨습니다. 은사이신 녹원 큰스님이 함께 하지 못해 조금 아쉽긴 했습니다. 어린 마음에 큰스님께서 동분서주하시던 것을 이해하지 못했어요. 하하.

계를 받은 뒤 얼마 지나지 않아 관응 큰스님께서 더 강(講)을 하지 못

1995년 10월 19일 열린 직지사 30년 중창불사 회향법회에는 수많은 대중이 운집했다.

하셨어요. 하지만 그때 저는 공부를 더 하고 싶은 마음이 컸습니다. 그래서 혼자 야반도주를 해서 해인사로 갔습니다. 해인강원에 가고 싶었기 때문입니다. 해인사에 갔더니 대기자가 많아서 방부를 안 받아 줬어요. 그래서 다시 범어사로 갔습니다. 당대의 선지식(善知識) 동산 큰스님께 인사를 드렸더니 저에게 '日面佛 月面佛(일면불 월면불)' 화두를 주시면서 지객스님을 불러 '이놈을 선방에 넣어라'고 하십니다. 그때는 조실스님 말씀이 곧 법(法)이었기 때문에 졸지에 진짜 '수좌'가 되어버렸습니다. 하하. 그래서 범어사에서 한 철을 나고 다시 제주도로 가서 한 철 더 살고 육지로 나와 직지사로 돌아왔습니다.

관응 큰스님께서 그 뒤에 다시 용주사로 가셔서 강원을 열었습니다. 그래서 저는 관응 큰스님께 배우려고 또 용주사로 갔어요. 큰스님께 간청을 드렸는데 돌아온 대답은 '너거 스님에게 허락을 받고 오라'는 것이었습니다. 은사스님께 말씀을 드리면 허락을 하시지 않을 것 같아 직지사로 가지 않고 대구 보현사로 도망갔습니다. 대구에서 검정고시 강의록을 보면서 대학에 갈 준비를 했습니다. 돈이 없어 대구 서문시장에 가서 탁발도 하고 그랬습니다. 결국 대학에도 가지 못하고 군대를 갔습니다."

혜창 스님은 군대에 가서 월남전에 참전했다. 주월한국군사령부에 배치돼 전장에 나가지는 않았다. 돈독한 불자이던 장교가 스님이 총을 들고 나가는 것을 막아준 것이었다. 2년 정도 베트남에서 근무를 한 뒤 제대하고 직지사로 돌아왔다. 녹원 스님을 모시고 본격적으로 정진하는 시간이 시작됐다.

계속된 담금질의 시간

혜창 스님은 군에서 제대하자마자 직지사 총무를 맡았다. 스님도 직지사 중창에 한창이던 녹원 스님을 돕기 시작한 것이다. 녹원 스님은 직지사 불사에도 진력했지만 상좌들의 교육도 허투루 하지 않았다. 하루에도 몇 번씩 혼나는 일이 많았다고 한다.

"어렸을 때는 뭔가 잘못하면 항상 회초리로 종아리를 맞았습니다. 처음에는 다섯 대, 그 다음에는 열 대, 또 그 다음에는 열 다섯 대…. 이렇게 혼나다가 성인이 되니 '기합'도 많이 받았습니다. 큰스님께서 벽안당에 계실 때는 그 앞마당에서 '엎드려 뻗쳐'가 '일과'였습니다. 하하.

몇 시간 동안 엎드려 있다가 배가 땅에 닿을 때쯤 큰스님 목소리가 들려 옵니다. '배 들어라!' 그럼 깜짝 놀라 다시 자세를 고치곤 했어요. 한 번은 큰스님께서 벌을 서던 저희들에게 '이때를 당하여 마음이 어떠한고?'라고 물으셨어요. 마치 선문답을 하듯이 말입니다. 제 사제 중에 선방에 다니던 스님이 있었는데 그 스님이 '여여(如如)합니다'라고 답을 했습니다. 큰스님께서 그 소리를 듣고 '그럼 계속해!' 하고 자리를 떠나셨습니다. 저는 힘들어 죽겠는데 여여하다는 사제를 보고 두들겨 팰까 하는 생각이 들기도 했습니다. 하하.

큰스님께서는 '벌'로 절도 많이 시키셨어요. 수행으로 하는 절은 신심이 나서 합니다. 108배든, 1080배든, 삼천배든 마찬가지입니다. 그런데 벌로 하는 절은 너무 하기 싫고 힘이 듭니다. 큰스님께서 나한전으로 모이라고 하면 그날은 108배를 하는 날입니다. 혼이 나고 절을 시작하면 큰스님께서 염주를 돌리며 그 과정을 지켜보십니다. 그러다 80배쯤 하

녹원 스님 영결식에서 문도 대표 혜창 스님이 인사를 하고 있다. ©조계종

면 큰스님께서는 처소로 가셨습니다. 저는 '얼씨구나!'하고 자리에 앉았습니다. 그런데 다른 사제들은 끝까지 108배를 다 하더라고요. 조금 미안하긴 했지만, 벌로 하는 108배는 솔직히 하기가 싫었어요. 제가 철이 없었습니다. 하하."

혜창 스님은 "맨날 혼난 것은 아니다."며 말씀을 이어나갔다.

"큰스님께서 서울에 오랫동안 계신 적이 많아요. 큰스님 방을 청소하다 귀한 꿀을 봤습니다. 큰스님께서 손도 안 댄 것이었는데 그만 제가 뚜껑을 열었어요. 한 번 먹고 두 번 먹고 세 번 먹다 보니 어느새 싹싹 비우게 됐습니다. 큰스님께서 직지사로 오셔서 그 사실을 아시고 저를 부르셨습니다. 저는 '이제 죽었다' 생각하고 갔습니다. 순간 '위기'를 모면하려고 '오늘은 제 생일이니 혼내지 마세요!'라고 당돌하게 말씀드렸습니다. 그 말씀을 듣는 순간 큰스님의 얼굴에서 화가 사라졌어요. 큰스님께서 방에 들어가시더니 그때 제일 귀한 사탕을 한 움큼 가져오셨어요. '사탕 먹고 힘내라. 다시는 그러지 말아야 한다'고 하시는 거예요. 사실 그날이 제 생일이 아닌 것도 큰스님은 알고 계셨을 것입니다. 그때는 정말 큰스님이 승늉같이 따뜻한 분처럼 느껴졌습니다. 하하."

혜창 스님은 녹원 스님이 총무원장으로 추대된 뒤에는 직지사 주지를 맡아 사중을 살폈다.

"제가 1984년부터 1988년까지 4년 동안 직지사 주지를 맡았습니다. 다만 1984~1985년은 관응 큰스님께서 '행정적' 주지를 맡으셨어요. 그 당시 본사주지를 하려면 만 40세가 되어야 했는데 그때는 제가 40살이 되기 전이었기 때문입니다.

총무원장을 하시면서도 녹원 큰스님께서는 직지사에 시간이 될 때마다 오셨습니다. 큰스님께서 내려오시는 날은 전 대중에게 비상이 걸립니다. 구석구석 청소를 다시 하고 사중의 물건이 제 자리에 있는지 확인하고 또 확인했습니다. 하루는 절의 부목 거사님이 명월당 정원석 옆에 낙엽을 모아서 태우고 있었습니다. 하필 그때 큰스님께서 명월당으로 들어오셨습니다. 불 피우는 것을 보고 불호령을 내리셨어요. 불을 피우고 생긴 그을음을 바로 닦으라고 저한테 지시하셨습니다. 날이 어두웠지만 해야 했습니다. 만약에 제가 '내일 하면 안 될까요?'라고 했다가는 더 혼났을 것입니다. 부목 거사님이 횃불로 주변을 밝힌 뒤 제가 정원석 그을음을 다 닦아냈습니다.

큰스님께서는 서울에서 다시 오시는 시점에 맞춰 대중들의 '군기'를 잡았습니다. 일주일 뒤에 오시면 일주일만큼의 군기, 보름 후에 오시면 보름만큼의 군기를 잡으셨어요. 주지를 하면서도 정말 하루도 편한 날이 없었습니다. 하하. 제가 한 번은 마당에서 돌을 줍는 큰스님께 '오늘 꼭 돌을 주워야 합니까?'라고 여쭌 적이 있습니다. 그때 큰스님께서는 '오늘 안 치우면 어차피 내일 치워야 한다. 절은 매시간 가꾸고 또 가꿔야 한다'고 하셨던 말씀이 생각납니다."

"전법(傳法)은 부처님의 생명"

혜창 스님은 녹원 스님을 '노력하는 천재'라고 했다. 끊임없이 기도하고 공부했다고 했다.

"큰스님께서는 춘원 이광수의 글을 좋아하셨습니다. 춘원의 글을 항상 곁에 두고 보셨습니다. 또 당시 5대 중앙일간지를 빼놓지 않고 보셨

영허녹원 대종사 5주기 추모다례를 마치고 자리를 같이한 스님들

어요. 신문의 첫 페이지부터 끝까지 다 보셨습니다. 특히 사설과 칼럼을 꼼꼼하게 보셨습니다. 부처님 경전도 항상 읽으셨습니다. 평상시 기도와 수행은 말할 것도 없고요. 이렇게 정진을 하시니 어디에 가셔서도 대화가 통하는 분으로 정평이 났습니다.

제가 어린 시절 고은 시인과 함께 지낸 적이 있습니다. 그때 고은 시인은 일초 스님이었습니다. 고은 시인은 기억력이 대단했습니다. 제가 며칠 걸려 보는 책도 고은 시인은 몇 시간이면 다 봤습니다. 머리가 엄청 좋았습니다. 큰스님을 모셔보니 젊은 시절의 고은 시인만큼 머리가 좋으셨어요. 특히나 기억력이 대단하셨습니다.

종회의원을 하실 때는 항상 관련 자료를 다 보고 회의에 참석하셨습니다. 그때 종회의원들 중 그렇게 열심히 공부하는 분이 별로 없었어요. 큰스님께서 종회에서도 유독 눈에 띄었던 것은 타고난 머리에 노력을 게을리하지 않았기 때문입니다."

녹원 스님을 곁에서 모신 혜창 스님 역시 1990년대 중반 조계종 호법부장과 총무부장 등의 소임을 볼 때 "녹원 스님처럼 일했다."고 한다. 공부하고 또 공부하며 일을 처리했다. 주변에서는 "그 스승의 그 상좌"라는 평가가 절로 나왔다.

"되돌아보면 저는 저 잘난 맛에 살았어요. 오만했던 것이죠. 특히나 어른스님들을 모시는 것에 서툴렀던 것 같습니다. 그 점을 생각하면 항상 죄송합니다.

그래도 오늘날 제가 이렇게 사는 것은 다 녹원 큰스님 덕분입니다. 수행자가 되면 삶이 단순해집니다. 단순해져야 합니다. 단순해지면 수행에 집중할 수 있고 또 삶이 편안해집니다. 번거로운 것들을 다 걷어내고 이렇게 사는 것이 저는 너무 좋습니다."

말씀을 마무리하던 혜창 스님이 다시 한번 전법(傳法)을 강조했다.

"부처님 전도대선언 알지요? '비구들아, 나는 하늘과 인간의 모든 그물을 벗어났다. 비구들아 그대들도 천신과 인간의 모든 그물을 벗어났다. 비구들아, 길을 떠나라. 여러 사람들의 이익과 안락을 위하여, 세상을 동정하여, 인간과 천신의 이익과 안락을 위하여 길을 떠나라. 두 사람이 한 길을 가지 마라. 비구들아 처음도 좋고 중간도 좋고 끝도 좋은, 의미와 문장을 갖춘 법을 설하라. 아주 원만하고 청정한 행을 드러내 보여라.' 이 말씀은 지금도 너무 소중한 것입니다. 이제 세상은 변하고 또 변했습니다. 문서포교하던 시대도 지났습니다. 유튜브를 비롯한 SNS 소통 수단이 많습니다. 새로운 포교와 전법이 필요한 시기입니다. 이 점 명심해야 합니다. 전법은 부처님의 생명과도 같습니다."

  혜창 스님은 한참 동안 전법의 중요성을 역설했다. 녹원 스님이 그랬던 것처럼 말이다. 혜창 스님은 앞으로도 직지사 대중들의 버팀목이 될 것이다. 혜창 스님을 중심으로 항상 화합하고 서로를 존중하는 직지사의 앞날은 그래서 더 밝아 보인다.

"모든 것을 갖추셨던 수행자"

구미 해운사 주지 **법성 스님**

"저를 비롯한 상좌들에게는 엄격하신 스승이셨어요.
제자들을 가르치면서 올곧은 수행자가 되어야 한다고 신신당부하셨습니다.

사판事判 일을 보시면서도 항상 관음기도를 하시는 등 수행력도
여느 스님 못지않으셨습니다. 제가 출가하고 3일째 되던 날 저에게
'중노릇 잘하려면 기도를 하라'고 하셨습니다.
'무슨 기도를 하면 좋을까요?'라고 여쭈니 '관음기도를 하라'고 하십니다.
큰스님께서는 대웅전에서 예불을 마치면 꼭 모든 전각을 참배하셨어요.
그리고 방에 들어가셔서 <관세음보살 보문품>을 독송하셨습니다. 큰스님의 그
모습을 보며 '나도 큰스님 같은 수행자가 되어야겠다'고 다짐했습니다.

그래서 지금까지 60년 가까이 관음기도를 하고 있습니다.
기도 덕분인지, 부처님 가피와 큰스님 보살핌으로 이렇게 잘살고 있습니다.
녹원 큰스님은 다시 모시기 어려운 스승 중의 스승이라고 생각합니다."

법성 스님은 스승에 대해 확신하고 있었다. 의심의 여지가 없었다.
위의威儀가 있는 법성 스님의 모습이 녹원 스님과 다르지 않았다.
팔순을 앞두고서도 매일 매일의 기도를 빼놓지 않는 스님은
녹원 스님의 가르침을 항상 실천하는 수행자였다.

2022년 12월 27일 직지사 종무회의실. 법성 스님과 법등 스님, 법보 스님, 장명 스님을 비롯한 녹원 스님의 상좌스님들과 보륜 스님과 묘장 스님을 비롯한 손상좌 스님들이 한자리에 모였다. 이날 회의는 직지사 승려복지회의 2022년 사업성과를 점검하고 2023년 예산을 확정하는 자리였다.

직지사 승려복지회의 신화

법등 스님이 승려복지회장, 법성 스님이 부회장으로서 8교구 스님들의 복지를 이끌고 있다. 직지사 승려복지회는 2017년 3월 9일 창립됐다. 8교구 사부대중들이 마음을 모아 출범한 승려복지회는 단숨에 전국 사찰의 모범을 만들었다.

종단의 승려복지법 및 동법 시행령을 모범으로 직지사 승려복지회 회칙을 제정하고 종단의 수혜 대상으로 규정되지 않은 제8교구본사 직지사의 재적, 재직, 제산문도 스님들을 대상으로 건강보험, 장기요양보험, 국민보험, 상해보험 등 폭넓은 복지혜택을 제공하고 있다.

일반적으로 타 교구는 교구 재적스님과 문도스님들에게 혜택을 주고 있지만, 8교구에선 타 교구 스님이라도 말사의 주지, 본사 내 소임, 교구 내 복지 시설장 등 교구 재직 스님들에게도 동일하게 지원해주고 있다. 이뿐만이 아니다. 구족계를 수지하지 않은 사미·사미니 스님들도 승려복지제도 수혜를 입고 있다. 법성 스님은 "교구 발전을 위해 일하고

법성 스님이 법등 스님, 장명 스님과 담소를 나누고 있다.

있는 스님들을 대상으로 승려복지에 차별을 둘 수 없다."고 말하며, 사미·사미니 스님 지원에 대해선 "출가 생활에 도움이 되는 일이기에 되도록 빨리 승려복지 혜택을 받을 수 있게 해 줘야 한다."고 설명했다.

현재 8교구 승려복지회에선 대상자들에게 국민연금과 건강보험 등 기본적인 지원은 물론 암, 심장병과 같은 4대 중증질환 및 고혈압 등의 외래진료비, 입원진료비, 약제비, 간병비 등도 지원 중이다. 법성 스님은 현재 시행 중인 다양한 지원 사업 중에 '간병비'의 중요성을 역설했다. 스님은 "고령에 병환이 있는 스님들 중에서 상좌가 있는 스님들은 그래도 상황이 낫지만, 그렇지 않은 경우엔 돌봐줄 사람이 없는 실정"이라며 "간병비 부담으로 홀로 어려움을 겪는 스님들을 위해 직지사 승려복지회에선 이를 지원해주고 있다."고 말했다.

녹원 스님을 스승으로 모신 사형사제(師兄師弟)이자 평생 도반인 법등 스님과 법성 스님은 승려복지화 활성화에 대해서도 이견이 없었다.

직지사 승려복지회의 첫 시작은 법등 스님이 1억원의 기금을 쾌척하며 시작됐다. 스님의 뜻에 맞춰 직지사 내 수말사 스님들과 불자들이 정성을 더해 승려복지기금이 마련됐다.

지속적인 재원 마련을 위해 법등 스님은 '재가자 1명 1일 100원 승보공양 운동'을 제안했다. 2018년 '참다운 공양, 희유하고 아름다워라'라는 캐치프라이즈로 시작한 직지사 승려복지회의 승보공양운동은 의미가 남다르다. 먼저 법등 스님이 직접 수말사 주지 스님과 신도회장들과 소통하면서 승보공양운동을 널리 알리고 권선에 나섰다. 처음엔 더뎠지만, 법등 스님의 정성에 불자들도 화답했다. 그리고 시행 5년 만인 2022년 12월 말 현재 1만 2,367명 동참해 총 4억 5,000만원이 넘는 기금을 모으는 성과를 만들어냈다. 말사들의 동참도 줄을 잇고 있어 승려복지기금은 이미 10억원을 넘어선 것으로 알려졌다.

또한 직지사 내 다비장을 설립해 8교구 스님들의 다비식을 자체적으로 봉행할 수 있게 제도화했다.

"시간이 지나면 수행자가 된다"

승려복지회의가 끝나고 법성 스님을 만났다. "승려복지는 이미 늦었다. 늦었으니 더 잘해야 한다."고 법성 스님은 강조하고 또 강조했다. 따뜻한 차로 숨을 돌린 뒤 녹원 스님과의 인연에 대해 여쭈었다.

"제가 1963년 8월, 17살에 직지사로 왔으니 이제 60년이 되었습니다. 벌써 시간이 이렇게 흘렀네요.

저는 녹원 큰스님 도반 중 한 분인 해인사 송월 스님 소개로 직지사로 왔습니다. 송월 스님의 합천 속가 집 옆집에 제가 살아서 잘 알고 있었거든요. 1년에 한두 차례 집을 다녀가시면서 송월 스님께서 저를 잘 봐주셨습니다. 하루는 저에게 '출가수행자가 되지 않겠느냐?'고 하셔서 자연스럽게 출가자가 됐습니다. 해인사에 다닐 때라 불교에 친숙했습니다. 저희 부모님을 비롯한 가족들도 해인사에 다니며 정진했습니다. 추석을 일주일 앞두고 직지사로 왔습니다. 하하."

"추석은 가족과 보내고 출가해도 되지 않았느냐?"고 여쭈자 "직지사에서 빨리 오라 해서 그렇게 빨리 갔다."며 법성 스님은 웃었다.

송월 스님과 함께 온 직지사는 여느 시골 절과 다르지 않았다. 논과 밭으로 둘러싸여 있었고 농사에 필요한 소도 외양간에 사는 대중으로 같이 있었다.

"송월 스님께서는 저를 직지사에 데려다주시고 바로 해인사로 가셨어요. 얼마나 섭섭하던지요. 객실에서 호롱불을 켜놓고 있는데 너무 적

녹원 스님은 항상 기도 정진을 당부했다. 직지사 천불전에서 기도 중인 스님의 모습

막해 아무 생각도 나지 않았습니다. 밤이 어서 물러가기만 바랬어요. 하하."

이튿날 스님은 녹원 스님을 만났다. 첫인상은 다정하면서도 엄격했다. 말씀 한마디 한마디가 예사롭지 않았다. 흘려버릴 말씀이 하나도 없었다.

"하룻밤 자고 나니까 어떠냐?" "괜찮습니다." "부모님 생각은 안 나더냐?" "괜찮습니다." "시간이 지나면 적응이 될 것이다." "네! 열심히 하겠습니다."

익숙한 절집문화에 스님은 금방 녹아들었다. 비슷한 연배의 행자가 8명이나 됐던 것도 큰 힘이 됐다.

직지사 마당에 선 녹원 스님

"나이가 비슷한 또래가 많으니 수행자가 된다기보다 함께 논다고 생각했습니다. 하루하루가 즐거웠어요. 특히 법등 스님과는 마음이 잘 맞았어요. 결과적으로 여섯 명은 속퇴하거나 먼저 떠나고 둘만 지금까지 남았습니다. 법등 스님은 지금까지 평생 의지할 수 있는 도반입니다."

절 사정이 워낙 열악해 삼시세끼를 다 챙겨 먹는 것은 엄두도 내지 못했다. 흩어져 각자의 일을 보던 8명의 행자는 간식으로 누룽지를 먹을 때면 어느새 다 모여 있었다. 조금이라도 더 먹으려 가마솥에 딱 달라붙어 누룽지를 먹었다고 한다.

"10대 후반, 20대 초반은 항상 배고프잖아요. 누룽지 한 숟가락이라도 더 먹으려고 그렇게 아등바등했습니다. 하하.

낮에는 주로 일을 했고 아침, 저녁에는 경전을 보며 공부를 배웠어요. 행자들이 머물던 큰 방에는 이불이 딱 한 채 있었습니다. 밤 9시가 되면 소등을 하고 8명이 빙 둘러 누워 발만 이불에 넣고 잤습니다. 그런데 아침이 되면 어느 한 사람이 이불을 뒤집어 쓰고 방 구석에 가 있어요. 그럼 나머지 7명은 추위에 벌벌 떨며 일어나곤 했습니다. 이것도 지금 생각해보면 다 추억입니다."

법성 스님이 출가했을 때 직지사에는 재가자가 없었다. 공양주와 갱두, 채공 같은 소임은 오롯이 행자와 대중들의 몫이었다.

법성 스님이 공양주를 할 때는 끼니가 걱정이었다. 아침 먹으면 점심 걱정, 점심 먹으면 저녁 걱정이었다. 녹원 스님과 공부를 할 때도 끼니 걱정이 떠나지 않았다. 공부가 끝나면 하루종일 일을 했다. 밭에 나가 채마를 가꾸고 고추를 키웠다. 소를 먹이는 것도 중요한 일과였다. 소가 없으면 농사일을 할 수 없었기 때문이다.

"절에 디딜방아도 있었어요. 제일 괴로운 때는 고추방아를 찧을 때입니다. 눈물 콧물 다 나와요. 정말 서러울 때도 있었지요. '내가 이거 하려고 여기 왔나' 하는 생각이 들었지만 절대 절을 떠날 수 없다는 생각에 참고 또 참았습니다."

법성 스님이 녹원 스님을 시봉할 때의 일화 하나.

"큰스님께서 가을 환절기가 되면 감기몸살을 꼭 앓으셨어요. 아프면 식욕도 떨어지고 힘이 약해집니다. 입맛이 있을 리가 없어요. 그런데 저는 제가 죽을 잘못 끓인 것으로 생각해 다시 끓이고 또다시 끓여 일곱 번 죽을 올린 적이 있어요. 나중에 큰스님께서 '내가 입맛이 없어 그러니 그만 가져와라'고 하실 정도였습니다. 저는 저대로 긴장하고 큰스님은 또 힘드실 때여서 그랬었죠. 하하."

"큰스님의 모든 것을 닮아야겠다"

출가 초기 스승은 어른스님들이었다. 격려의 한 말씀, 따뜻한 눈빛이 어린스님들에게는 힘이 됐다. 몇 달간의 단련이 끝나고 법성 스님은 1964년 음력 1월 15일 계(戒)를 받았다.

"계를 받고 본격적으로 큰스님께 공부를 배웠습니다. 처음에는 『천수경』을 공부했습니다. 그리고 염불도 배웠습니다. 염불을 배우면서는 '이것을 해야 중노릇한다'는 말씀을 많이 들었습니다. 그리고 〈초발심자경문〉을 배웠어요. 하루 5~6줄씩 배웠어요. 배운 내용은 다음날 수업 전에 다 외워야 했습니다. 틀리면 다 외울 때까지 수업을 안 하셨어요. 그래서 더 긴장하면서 공부했던 기억입니다.

관응 스님의 유식론 대강좌에 함께 한 대중들.
맨 앞줄 왼쪽에서 여섯 번째가 법성 스님. 녹원 스님과 관응 스님도 자리를 같이 했다.

한참 공부를 할 때는 새벽 3시에 예불을 올리고 아침 공양을 하기 전까지 책상에 앉아 '자율학습'을 했습니다. 10대 후반, 20대 초반에는 잠이 많을 때라 책을 보다 졸거나 자는 행자들이 많았습니다. 녹원 큰스님은 불호령을 내리셨지만, 고암 큰스님은 조용히 오셔서 이불을 덮어주셨어요. 깜짝 놀란 학인들이 일어나 다시는 잠을 안 잤습니다. 두 어른의 교육방식은 같은 듯 달랐고, 다른 듯 비슷했습니다. 하하."

녹원 스님은 제자들을 볼 때마다 '절이 우선이다. 불교가 우선이다'는 말씀을 빼놓지 않았다. 애종심(愛宗心)을 강조하고 또 강조했다. 개인 생활 역시 수행에 초점이 맞춰져야 했다.

한 번은 녹원 스님이 전 대중을 천불전 뒤로 불러모았다. 그날의 할 일을 지시하고 스님은 사라졌다. 두어 시간이 지났을까 녹원 스님이 대중들을 다시 천불전 뒤로 모이게 했다. 그리고 일대일 대면상담을 했다.

"이거 뭐야?" "…"

"이거 뭐야?" "…"

"이거 뭐야?" "…"

그날 열 명 안팎의 초심자들은 종아리를 걷어 올려야 했다. 대중들이 일을 하는 동안 녹원 스님은 방으로 가 제자들이 어떻게 사는지를 점검했다. 수행과 상관없는 물건들이 나온 제자들은 여지없이 혼이 났다. 녹원 스님은 상좌들을 엄격하고 엄격하게 길러냈다.

법성 스님은 녹원 스님에게 기본교육을 받고 통도사 강원으로 가 공부한 뒤 졸업했다. 당시 천재강사로 명성을 날리던 홍법 스님에게 경(經)을 배웠다.

통도사 강원을 졸업하고 스님은 다시 직지사로 왔다. 녹원 스님을 모시는 일은 계속됐다. 녹원 스님이 항상 엄격했던 것만은 아니었다. 1년에 한 번 정월보름기도를 마치면 스님들과 신도들은 함께 윷놀이를 했다. 윷을 던져 모나 윷이 나오면 녹원 스님은 덩실덩실 춤을 췄다. 신도들이 "노래 한 번 하이소!"라고 요청하면 언제나 '나를 두고 아리랑'을 멋들어지게 불렀던 녹원 스님이다.

법성 스님이 직지사의 주요 소임을 맡을 때에도 녹원 스님의 철저함은 여전했다. 녹원 스님은 서울에서 소임을 보는 시간이 많아졌지만 매주 주말은 직지사로 내려와 사중을 살폈다. 서울로 올라갈 때마다 소임자가 보시를 챙기면 녹원 스님은 창문을 내려 봉투를 집어 던지고 길을 떠났다. 사중의 돈은 절대 쓰지 않는다는 원칙 때문이었다.

1년에 두세 번씩은 3직(총무, 재무, 교무) 소임자들을 불러 신도들이 놓고 간 약값을 정산하도록 시켰다. 셋이 함께 액수를 확인하고 절 수입으로 잡으라고 했다고 한다. 돈을 받은 3직 스님들은 어른스님의 돈을 함부로 쓸 수 없어 지역 학생을 위한 장학금 기부 등 의미있는 곳에 지출을 했다. 명절 때 들어오는 선물 역시 3직을 불러 전 대중에게 똑같이 나눠줄 것을 지시했다.

"큰스님께서 당신을 위해 무엇을 쓰는 일은 없었습니다. 들어오는 것들은 다 대중들과 나누셨어요. 큰스님은 당신의 수행과 기도에도 철저하셨어요. 큰스님 절을 하시는 것만 봐도 신심이 납니다. 아주 정확하게 정성껏 절을 하셨어요. 염불도 잘하셨습니다. 음성이 청아하고 너무 좋았어요. 큰스님께서는 60대까지 새벽 행선축원을 직접 하셨습니다. 사시예불도 9시 30분에 들어가셔서 꼭 11시 30분까지 두 시간을 꽉 채워서 하셨습니다. 큰스님께서는 '기도와 정진은 부처님과의 약속'이라며

2002년 4월 진행된 제22기 행자교육원 수료식.
맨 앞줄 왼쪽에서 일곱번째가 법성 스님이다.

ⓒ조계종

무슨 일이 있어도 빼놓지 않고 하셨습니다."

"큰스님께서는 모든 일에는 정성과 신심(信心)과 원력(願力)이 있어야 한다고 늘 강조하셨다."고 전한 법성 스님은 "큰스님께서 '직지사 복원 불사를 이번 생애 다 못하면, 다음 생에 또 스님으로 태어나 마무리 할 것'이라고 말씀하셨다. 큰스님의 모든 것을 다 닮아서 꼭 큰스님처럼 살겠다고 다짐한 것이 벌써 60년"이라고 회고했다.

인터뷰를 마치고 며칠 뒤 금오산 해운사로 향했다. 아도 화상이 이곳을 지나다 저녁노을 속으로 황금빛 까마귀, 곧 태양 속에 산다는 금오(金烏)가 날아가는 모습을 보고 태양의 정기를 받은 산이라 하여 명명된 금오산의 케이블카를 타고 해운사에 올랐다. 절은 아담했지만 기도소리는 웅장했다. 스승이 그랬던 것처럼 법성 스님은 신도들과 함께 두 시간에 걸쳐 정성껏 사시기도를 올리고 있었다. 역시 그 스승에 그 제자였다. 태양의 정기, 부처님의 가피가 살아 숨 쉬는 해운사와 법성 스님이었다.

"모두의 스승이었고 부모님이었던 어른"

조계종 원로의원 **법등 스님**

"녹緣자 원圓자 큰스님은 저에게 스승님이자 부모님이었습니다.
어린 시절 저를 거두어 주셔서 제가 사람으로, 스님으로,
수행자로 살 수 있게 해 주셨습니다.

60년 가까이 큰스님을 모시다 막상 보내드리려 하니 하염없이 눈물이
났습니다.
다비를 할 때 피어오르는 연기 속에 큰스님의 모습이 있었습니다.
큰스님께서 연기와 함께 사라지는 것 같았습니다.
처음 만났을 때부터 열반하실 때까지의 큰스님 모습이 파노라마처럼
펼쳐졌습니다. 어제도, 오늘도, 아마 내일도, 큰스님과의 이번 생生 인연이
다음 생生에도 꼭 이어지기를 기원하고 또 기원하고 있습니다."

스승을 회고하는 노승老僧의 눈가는 이미 촉촉했다.
2017년 12월 27일 녹원 스님 영결다비식을 영상으로 보았다.
다비를 하는 순간, 언제나 위풍당당했던, 그동안 알고 있던 법등 스님과는
전혀 다른 모습의 법등 스님은 그야말로 '펑펑' 울고 있었다.
영상으로 보는 사람도 눈물이 날 만큼 법등 스님은 울었다.
평생을 스승으로 모셨고 또 평생을 부모님처럼 생각했던
녹원 스님과의 이별을 법등 스님을 쉽게 받아들이기 어려웠을 것이다.

녹원 스님이 열반에 들었던 12월 어느 날 법등 스님과 함께 직지사를 찾았다. 경내 곳곳을 둘러보며 녹원 스님의 흔적을 더듬었다. 전각을 참배하고 나무를 살펴보고 기와 위치를 확인하다 보니 문득 부질없는 일이라는 생각이 들었다. 황악산과 직지사에 녹원 스님 아닌 것이 없었기 때문이다.

부도전으로 향했다. 녹원 스님 부도와 비를 찬찬히 살폈다.

"큰스님께서 평생 수행정진 하시고 남긴 것은 발우 하나였습니다. 그래서 부도의 아랫부분을 발우로 형상화했습니다. 윗부분에는 큰스님께서 중창하신 직지사의 모습을 그대로 새겨 넣었습니다. 그리고 비(碑)에는 큰스님의 수행과정을 정리했습니다. 큰스님의 부도와 비만 보면 직지사의 역사를 알 수 있도록 했습니다."

다른 사형사제(師兄師弟) 스님들에게 직지사 주지를 양보하다 녹원 스님의 마지막을 모시기 위해 잠깐 맡았던 주지. 시절인연이 됐던 것인지, 녹원 스님은 법등 스님이 주지소임을 맡고 있을 때 열반에 들었다. 법등 스님은 스승을 위해 직지사 다비장을 마련했고, 열반 후에는 주저하지 않고 부도를 조성했다. 여기에 더해 제산, 탄옹, 녹원 스님의 진영을 완성해 직지사에 모셨다. 맘에 걸렸던 만덕전(萬德殿) 리모델링까지 끝내고 사제(師弟)에게 주지를 넘겼다. 평소 '쿨한' 법등 스님다운 모습이었다.

부도전을 참배하고 만덕전을 둘러본 후 벽안당으로 자리를 옮겨 본격적으로 녹원 스님과의 인연을 듣기 시작했다.

법등 스님이 녹원 스님 부도에 대해 설명하고 있다.

인연에서 인연으로, 인연으로~

"저는 1948년 전북 임실에서 태어났습니다. 어렵게 입학한 초등학교도 휴학을 해야 할 정도로 가정 형편이 좋지 않았습니다. 열두 살 때 큰어머니가 저를 고향 마을 인근의 암자인 도통암으로 데려다줘 이런저런 심부름을 하면서 지냈습니다. 그 암자에는 조계종의 대표적인 불모(佛母)인 삼락자(三樂子) 석정 스님이 자주 오셔서 불화를 그렸습니다. 석정 스님과의 인연으로 진주 의곡사로 갔고 거기서 만난 보살님의 소개로 다시 대구 가창 운흥사를 거쳐 직지사로 오게 되었습니다. 그 보살님이 고암 스님을 모시고 공부하면 좋겠다고 추천했기 때문입니다. 그때가 1960년 가을입니다. 당시 직지사의 사격(寺格)은 지금의 1/4, 1/5도 안 될 정도로 조그만 사찰이었습니다. 대웅전 밖으로는 논과 밭이 대부분이었고 대다수가 사유지였습니다."

법등 스님이 직지사로 왔을 때 고암 스님과 녹원 스님이 소임을 맡고 있었다. 고암 스님이 출타가 잦아서 실제 사찰 살림은 녹원 스님이 도맡아 보고 있었다.

스님이 직지사에 와서 맡은 첫 소임은 고암 스님의 시봉이었다. 고암 스님은 새벽예불 때마다 행선축원을 했다. 노스님의 음성에서는 맑은 물소리가 났다. 성정도 푸근하고 인자했다.

"하루는 노스님이 저녁 늦게 절에 오셨습니다. 당시는 전기밥솥이 없을 때라서 가마솥에 밥그릇을 보관했습니다. 그런데 제가 다른 데 정신이 팔려서 노스님이 드실 밥을 떠놓지 않았어요. 노스님께 솔직히 말씀을 드린 뒤 밥을 데워오겠다고 했습니다. 그러자 고암 노스님이 찬밥도 괜찮다고 하셨습니다. 노스님은 어린 행자를 배려해 주셨습니다. 그런데 미혹한 저는 노스님이 실제로 찬밥을 좋아하시는 줄 알고, 그 일 이후에도 두 차례나 더 노스님께 찬밥을 드렸습니다. 세 번째 찬밥을 받으신 뒤에야 노스님은 솔직히 속내를 밝히셨어요. '찬밥은 어쩌다가 한 번 먹는 거지'라고 말입니다. 그때는 너무 죄송했습니다."

법등 스님이 녹원 스님의 상좌가 된 것은 고암 스님의 뜻에 따른 것이었다.

"나는 나이가 많으니 신심(信心)과 원력(願力)으로 정진하는 녹원 스님을 스승으로 모시거라. 내가 녹원 스님한테 이미 얘기해 뒀다."

녹원 스님을 모시는 일은 만만치 않았다. 흐트러짐 없이 올곧은 분이었던 터라 녹원 스님은 상좌들이 철두철미(徹頭徹尾)하길 바랐다.

"녹원 큰스님 젊은 시절에는 상상 이상으로 아주 날카롭고 무서웠어요. 당신 몸과 마음의 처신 자체에 전혀 빈틈이 없었습니다."

당시 직지사의 살림은 빈한하여 하루라도 일을 하지 않으면 안 되는 상황이었다. 밭농사와 논농사를 대중이 직접 지었으나 가을걷이를 하고 석 달이 지나면 먹을 양식이 없었다. 그래서 직지사 대중은 가을이 되면 대웅전 옆에 있는 산수유나무의 열매를 따야 했다. 산수유 열매를 말린 뒤 쌀과 바꾸기 위해서였다. 그런데 그 작업은 쉽지 않았다. 산수유 열매의 씨를 빼야 하는데, 손톱으로 까면 손톱 끝이 아리고, 이빨로 까면 이가 시렸다. 그 밖의 수입원이라고는 중고등학생이 수학여행을 왔다가 놓고 가는 쌀과 보리밖에 없었다. 그런 까닭에 20여 명의 대중은 죽, 보리밥, 감자 등으로 간신히 끼니를 해결해야 했다.

법등 스님 주지 재임시 조성한 진영들. 왼쪽부터 녹원, 제산, 탄옹 스님이 모셔져 있다.

쉽지 않았던 시봉(侍奉)

"큰스님 시봉을 할 때는 말 그대로 살얼음판 위를 걷는 기분이었어요. 큰스님 주변에서는 찬바람이 쌩쌩 불었어요. 하하. 엄격하셨고 흐트러짐이 없어요. 청소를 해도 쓰던 물건은 그 자리에 그대로 있어야 합니다. 조금이라고 틀어져 있거나 엉뚱한 데 있으면 정신이 해이해졌다고 야단을 치셨어요. 그때는 정말 뭐든지 조심스러웠습니다.

통도사에 계셨던 벽안 노스님께서 큰스님을 아주 좋아하셨습니다. 벽안 노스님은 '조계종의 선비'라고 불릴 정도로 위의(威儀)가 있었던 어른입니다. 아마 큰스님께서도 벽안 노스님의 그런 모습들을 많이 닮으려고 하셨던 것 같아요.

저는 대중울력 외에도 큰스님을 시봉해야 했습니다. 외부에서 손님이 오면 항상 큰스님께서 맞이하셨는데, 그 찻상을 차리는 것도 제 임무 중 하나였습니다.

전기 주전자가 없었던 터라 찻상을 차리는 것도 쉽지 않았습니다. 삼발이에 주전자를 올려놓은 뒤 삼발이 밑에 작게 잘라놓은 마른 나무들을 놓고 불을 붙여야 했어요. 그런데 혹시라도 삼발이가 흔들리면 주전자가 엎어져 불도 꺼지고 물도 쏟고 말았습니다. 실수의 연속이었고 큰스님께 수시로 혼났습니다. 하하."

녹원 스님이 입을 옷을 삶아서 말리는 것도 스님의 임무였다. 녹원 스님은 매일 매일 사찰 곳곳을 누비고 다녔다. 저녁이 되면 녹원 스님의 승복은 군데군데 때가 묻어 있었다. 저녁마다 세숫대야에 녹원 스님의 속옷을 넣고 삶아야 했다. 그런데 하루는 꾀가 나서 옷을 삶지 않고 비누로 빨았다. 이튿날, 녹원 스님이 법등 스님을 불렀다.

"삶았어?"

법등 스님이 머뭇거리다가 대답했다.

"예."

그러자 녹원 스님이 다시 물었다.

"삶았어?"

이번에는 자신 있게 대답을 할 수가 없었다. 법등 스님은 녹원 스님이 어떻게 빨래를 삶지 않았다는 것을 알았는지 자못 궁금했다. 세월이 흐르고 나서 그 이유를 알 수 있었다. 삶아서 말린 옷에서는 구수한 냄새가 나지만, 비누로 빤 옷에서는 비린내가 난다는 것을.

"큰스님의 방을 청소하는 것도 제 일이었어요. 방을 청소하다가 벽장에 놓인 각설탕을 보았습니다. 저 자신도 모르게 설탕에 손이 갔어요. 큰스님의 방을 청소할 때마다 달디 단 설탕 맛의 유혹을 떨칠 수 없었습니다. 결국 큰스님에게 각설탕 훔쳐 먹은 사실이 들통 나서 세 시간 동안 바닥에 무릎 꿇고 앉아 있었던 적도 있었습니다. 하하."

당시 직지사 대중은 가을이 오기만 기다렸다. 가을이 되면 감나무에서 감이 떨어지기 때문이다. 법등 스님도 예외는 아니어서 잘 익은 감이 떨어지길 바랐다. 감이 떨어지면 그 감을 주워서 자신만 아는 장소에 숨겨두었다. 감이 다 익어서 먹을 수 있길 기대하면서 말이다.

하루는 조계종 총무원에 가려는 녹원 스님에게 신도가 종이봉투를 건넸다. 봉투에는 곶감이 담겨 있었다. 당시 김천에서 서울까지는 기차로 꼬박 7시간이 걸렸다. 녹원 스님은 빳빳하게 풀을 먹인 두루마기를 입은 채 한 치의 흐트러짐 없이 꼿꼿하게 앉아 있었다. 당연히 법등 스님도 편안히 의자에 등을 기댈 수 없었다. 그러다 문득 선반에 올려놓은 곶감 담긴 봉투 생각이 났다.

"곶감 좀 드릴까요?"

녹원 스님은 말없이 고개를 저었다. 시간을 두고서 세 차례나 같은 질문을 했다. 사실 법등 스님은 많이 배가 고팠다. 그래서 곶감을 먹고 싶었다. 하지만 녹원 스님은 계속해서 고개만 저었다. 배가 고픈 어린 법등 스님은 하염없이 좌석 위 선반을 바라볼 뿐이었다. 서울에 가서도 녹원 스님은 곶감을 찾지 않았다. 결국 곶감이 담긴 봉투를 들고 다시 직지사로 와야 했다.

법등 스님은 사미계를 받고도 5년 정도 더 녹원 스님을 시봉했다. 그리고 해인강원에 입학했다.

"해인사 강원에 들어가 6개월 동안 산감 소임을 본 뒤 본방에 들어갔지만 다시 직지사로 가야 했습니다. 큰스님께서 급히 찾았기 때문입니다. 배우고자 하는 바람이 컸던 까닭에 1년 동안 큰스님을 시봉한 뒤 다시 해인사로 향했습니다. 비록 군에 입대하느라 강원 졸업식에 참석하지 못했지만 종진 스님께 『치문(緇門)』을, 지관 스님께 여러 경전을 배울 수 있었고, 성철 스님이 수행정진하시는 모습을 볼 수 있었습니다. 무엇보다 학문이 짧은 저를 항상 챙겨줬던 좋은 도반들을 만났던 것이 제일 큰 행복이었습니다."

"나의 집 직지사에 계셨던 나의 부모님 녹원 큰스님"

법등 스님은 군입대 후 베트남전에 참전했다. 전쟁에 참여한다기보

직지사 불사의 중심축인 옛 청풍료 모습. 현재는 재정비해 성보박물관으로 사용되고 있다.

다 불교국가 베트남에 가보고 싶었던 것이 큰 이유였다. 베트남에서 스님은 생사(生死)가 다르지 않음을 체득했다. 한국으로 돌아와 스님은 영천 3사관학교에서 공수훈련 조교를 했다. 군대에서 받은 월급은 녹원 스님에게 송금했다. 직지사가 집이었고, 녹원 스님이 부모님이었기 때문이다.

"제대 후에는 '나의 집', 직지사로 돌아왔습니다. 직지사 중창불사로 여념이 없는 큰스님을 도와야 했기 때문입니다. 큰스님은 10만여 평의 땅을 매입한 뒤 전각들을 세웠습니다. 큰스님의 원력과 실천이 없었다면 직지사는 본사로서의 사격을 갖출 수 없었을 것입니다.

지금 생각해보면 중창불사 당시 큰스님 머릿속에는 이미 마스터플랜이 있었던 것 같아요. 현재의 청풍료가 직지사의 중앙에 있습니다. 대웅전, 관음전, 나한전, 응진전, 천불전 등의 불보(佛寶) 영역과 설법전, 만덕전 등의 승보(僧寶) 영역의 딱 중간에 있어요. 처음에 불사를 할 때는 불보 영역 쪽으로 기울어 있었어요. 뒤늦게 이 사실을 아시고서는 이미 진행한 기초공사부분을 다 뜯어내도록 지시하셨습니다. 당시 노장님들 사이에서는 '젊은 주지가 돈 없는 절 사정을 생각 안 하고 일을 한다'는 볼멘 소리가 나왔습니다. 그런데 다 짓고 보니 위치가 딱 맞는 것입니다. 큰스님의 혜안(慧眼)을 최근에야 느끼고 있습니다."

당시 청풍료 불사에 함께 했던 김현덕 거사님의 증언도 생생하다.

"녹원 큰스님은 매사가 확실했습니다. 불사도 마찬가지였어요. 월정사에 있던 저를 부르셔서 당신의 불사를 도우라고 하셨습니다. 몇 년간 녹원 스님을 모신 뒤 환속해서 목재 회사를 차렸어요. 청풍료 불사 때 우리나라 제일의 춘양목을 가져다 썼습니다. 당시 제가 가져올 수 있는 최고의 목재들을 큰스님께 드렸습니다. 청풍료 상량식을 할 때 대들보에 앉아 너무 밝게 웃으시던 큰스님 모습을 잊을 수가 없습니다. 하하."

법등 스님은 기와 작업도 스님들이 직접 했다고 전했다.

"전각을 지을 때 지붕에 기와를 올리는 일도 스님들이 직접 했습니다. 그때 기와는 지금처럼 압축을 하지 않고 불에 구웠습니다. 기와를 가져오면 하나하나 다 두드려 확인을 했어요. 잘 구워진 기와는 옹기소리처럼 청아했고 잘 못 구워진 것은 둔탁한 소리가 났어요. 그걸 다 일일이 확인하고 또 확인했습니다. 큰스님이 시키는 대로 물불 안 가리고 일을 하다 보니 허리 디스크 병을 크게 앓기도 했습니다. 하하."

법등 스님은 만덕전 불사를 마무리하기 위해 병원 입원 한 달 만에 병상에서 일어나야 했다. 그런 까닭에 스님은 지금도 허리가 좋지 않다.

"죽음을 생각할 만큼 허리가 아팠지만 누구도 원망하지 않습니다. 오히려 수술이 잘 돼서 두 팔 두 다리로 움직이면서 살게 해준 불은(佛恩)에 감사할 따름입니다. 저는 세 차례나 자의가 아닌 다른 사람의 도움으로 죽음을 피할 수 있었어요. 인과법(因果法)의 중요함을 몸소 체득한 까닭에 자비를 실천하는 데 여생을 바칠 원력을 세웠고 금오종합사회복지관 관장으로서 지역복지에 팔을 걷은 것도, 더프라미스 이사장으로서 국제구호 활동에 매진한 것도 저 스스로 다짐한 자비 실천이었습니다."

스님은 전국적으로 화제를 모으고 있는 직지사 승려복지를 지금도 이끌고 있다. 법등 스님의 자비 실천 원력은 점점 더 커지고 있다.

법등 스님은 녹원 스님에게 진짜 교육을 받았다고 했다. 어디에서도 배울 수 없는 것을 스승에게 배웠다고 강조하고 또 강조했다.

"저는 큰스님께 '참교육'을 받았습니다. 진짜 제대로 된 가르침을 받

법등 스님이 만덕전 불사에 대해 설명하는 모습

았다고 생각해요. 큰스님께 배운 것만으로도 종단에서 충분히 여러 소임을 볼 수 있었으니까요. 배움의 과정이 쉽지 않았지만 오늘날의 저를 있게 해준 큰스님께 정말 감사한 마음뿐입니다.

녹원 스님 고희연에서 법등 스님이 녹원 스님에게 『한국불교의 좌표』를 봉정하고 있다.

큰스님은 완벽함 그 자체였습니다. 항상 명분을 중요하게 생각하셨고 사중에서 일을 보는 저희 제자들에게는 10년 후, 100년 후에 시비가 일어도 이상이 없게 확실하게 일을 해야 한다고 하셨습니다.

저는 큰스님께 받은 세 가지 가르침을 가슴에 새기고 있습니다. 첫째 가르침은 명분이 없는 행동은 일체 하지 말라는 것이고, 둘째 가르침은 삼보정재를 허투루 쓰지 말라는 것이고, 셋째 가르침은 공금과 개인 돈을 혼용해 쓰지 말라는 것입니다. 이러한 가르침들은 결국 애종심(愛宗心) 혹은 애사심(愛寺心)으로 귀결된다고 할 수 있습니다. 큰스님의 애종심, 애사심은 말로 표현하지 못할 정도였습니다. 항상 불교와 종단을 생각하셨습니다. 그래서 포교와 교육을 그렇게 강조하셨습니다. 또 사중 물건 하나하나를 그렇게 소중하게 여기셨습니다. 사람들이 '녹원 스님은 티끌 하나도 직지사로 가져와 버린다'고 할 정도로 직지사가 당신의 전부였습니다. 하하."

법등 스님은 "직지사의 수많은 기왓장이 바로 큰스님의 진신이고, 세간과 출세간을 가리지 않았던 보살행이 바로 큰스님의 법체임을 알고 있던 터라 큰스님이 평소 즐겨 암송했던 '가없는 허공이 깨달음에서 나타난 것'이라는 『원각경(圓覺經)』의 한 구절을 마음속 깊이 되새길 따름"이라고 전했다.

녹원 스님을 가장 많이 닮았다는 평가를 받는 법등 스님. 스승의 길을 따라 계속해서 전진하는 법등 스님의 길 역시 아름답기만 하다.

"대중을 위해 헌신하신 어른"

직지사 중암 회주 **도진 스님**

"녹원 큰스님은 아마 전생, 그 전생부터 원력願力을 세워서 세상에 오신
분이었을 것입니다. 그렇지 않고서야 그 큰일들을 해낼 수 없습니다.
그 정도로 직지사를 사랑하는 애사심愛寺心이 대단했어요.
애종심愛宗心은 말로 다 못하죠. 아주 그냥 눈에 딱 보일 정도였습니다.

당신 개인을 생각하는 것은 전혀 없었고 오직 대중들을 위해 사셨습니다.
직지사의 사부대중, 종단의 사부대중을 위해 고민하고 또 고민하셨습니다.

이런 공심公心이 있었기 때문에 직지사를 중창하셨고 종단을 바로
세우셨습니다. 동국대도 마찬가지입니다.
제가 얼마 전에 법문도 하고 현지 사찰도 참배할 겸 미국에 다녀왔습니다.
귀국 후에 몸이 안 좋아 동국대 일산병원에 10일 정도 입원을 했어요.
병원에 있어 보니 녹원 큰스님의 위대함을 다시 알겠어요.
큰스님 덕분에 제가 편안하게 치료를 받을 수 있다는 생각에
가슴이 뭉클했습니다."

직지사 중암 회주 도진 스님은 녹원 스님의 '사실상 상좌'다.
생전 녹원 스님은 도진 스님을 많이 아꼈다.
녹원 스님은 당신의 사형師兄 관응 스님을 극진히 시봉하는 도진 스님이
든든했다. 도진 스님 역시 '사실상 은사' 녹원 스님을 마음을 다해 모셨다.

황악산이 눈으로 뒤덮인 12월. 직지사 중암에 오르는 길 역시 꽁꽁 얼어붙어 있었다. 직지사를 출발해 부도전을 지나 오르고 또 올랐다. 다행히 길은 잘 정리되어 있었다. 중암에 서니 세상이 시원하게 뚫려 있다. 이런 길지(吉地)가 또 있을까 하는 생각을 하며 도진 스님의 방문을 두드렸다.

관응 스님의 영원한 시자

도진 스님은 관응 스님의 영원한 시자(侍者)로 잘 알려져 있다. 관응 스님이 누구인가? 현대 한국불교에서 선교(禪敎)를 회통하고 타의 추종을 불허하는 수행력으로 후학들의 존경을 받았던 선지식(善知識)이다. 그리고 녹원 스님의 유일한 사형(師兄)이기도 하다. 도진 스님과 관응 스님의 관계를 풀어야, 도진 스님과 녹원 스님의 인연이 정리된다.

"관응 큰스님은 저에게 노스님 되십니다. 노스님께서 화성 용주사에 계시던 1965년 봄에 제가 출가를 했습니다. 용주사에 가니 노스님께서는 주지를 그만두시고 무문관에 들어갈 준비를 하고 계셨어요. 노스님께서 하루는 저를 부르시더니 '너는 삼호(덕해 스님)의 상좌가 돼라'고 하셨습니다. 그 뒤 저에게 사미계를 주셨습니다. 그렇게 저는 큰스님의 손상좌가 됐습니다."

관응 스님은 1965년 서울 도봉산 천축사 무문관 6년 결사에 들어가 원만회향했다. 스님이 무문관 결사에 들 때 56세였다. 6년 결사에 들어

관응 스님을 모시고 자리를 함께 한 도진 스님

가던 날 관응 스님은 정진자를 대표한 인사말에서 "위로는 제불보살의 가호가 있고 밖으로 사부대중의 외호가 있으며 아래로 8부신장의 두호함이 있으니 아무런 장애도 없을 것이며 기필코 대도를 성취하고야 말겠다."고 서원했다.

"노스님께서 무문관으로 들어가시고 저는 용주사에서 행자생활을 했어요. 얼마 뒤 은사이신 덕해 스님께서 수원포교당 주지로 가신다 해서 함께 가 원주 소임을 맡았습니다. 그런데 또 얼마 지나지 않아서 무문관에서 노스님을 시봉하던 스님께서 병이 나 시봉을 할 수 없다는 연락을 받았어요. 그래서 제가 1967년 여름부터 노스님 무문관 시봉을 했습니다."

도진 스님은 하루 세 번 관응 스님의 공양을 챙겨 식구통(食口桶)에 넣어 드렸다. 그리고 정해진 시간에 관응 스님 방을 청소했다. 그렇게 4년간 관응 스님을 시봉했다. 시봉 도중 군에 입대했다가 관응 스님이 다시 세상에 나오던 날 휴가를 내고 현장에 참석했다.

결사를 마친 후 관응 스님은 대중들과 만난 자리에서 "나는 아무 공부도 한 것이 없다."며 자리를 떠났다.

도진 스님은 군 제대를 하고 관응 스님이 주석하던 안양 보장사에서 시봉을 계속했다. 여기서 도진 스님은 관응 스님에게 〈사교(四敎)〉를 배웠다. 그 후 선방을 다니며 정진하다 동국대에 입학해 학부를 마쳤다. 관응 스님이 1980년대 초반 황악학림을 열었을 때는 시자 겸 청강생으로 3년 과정을 마쳤다. 이후 중암 불사 역시 도진 스님이 도맡아 해냈다.

"노스님의 박학다식은 이루 말할 수 없었어요. 강의를 하면서는 불교의 근본정신을 강조하셨습니다. 항상 부처님의 진리와 불법의 핵심을 총체적으로 가르쳐 주셨습니다. 가끔 제가 질문을 하면 불교, 유교, 서양철학 등 모든 것을 회통해서 답을 주셨습니다.

노스님은 또 명리나 자리에 집착하지 않고 세상에 초연해 사셨습니

관응 스님 진영

다. 많은 어른들이 원로의장을 맡으셔야 한다는 청을 해도 당신 대신 다른 어른을 추천하셨습니다."

관응 스님은 정화직후인 1959년 조계사 초대 주지로 취임했다. 그와 더불어 최초의 중앙포교사로 임명됐다. 당시 종정이었던 동산 스님은 "중앙에서 포교를 도맡아 할 인물은 관응 스님 밖에 없다."며 직지사 강주로 있던 관응 스님을 한국불교 1번지 조계사로 불러들여 주지와 중앙 포교사 직책을 맡긴 것이다. 관응 스님은 수행에 있어서도 물러서지 않았다. 청암사 수도암에서 안거할 당시가 1975년, 66세였다. 이때 석주 스님, 고송 스님 등과 함께 안거에 든 관응 스님은 손수 빨래까지 하면서 한 철을 보내 젊은 수좌들에게 공부에 대한 신심을 일으켰다.

도진 스님은 관응 스님의 열반 순간을 잊을 수 없다고 했다. 생사불이(生死不二), 생사일여(生死一如)를 관응 스님을 통해 확인할 수 있었다고 한다.

"저는 노스님의 열반을 보면서, 노스님이야말로 진정한 도인이라는 것을 알았습니다. 어떤 고통도 없이 도인의 회향을 보여주셨습니다. 얼굴에 괴로운 표정이 없었고 헐떡거리는 것이 전혀 없는 아주 편안한 모습이셨습니다. 혈색도 전혀 변하지 않았어요. 노스님의 열반 순간을 지켜보는 대중들은 슬퍼하기보다 환희심을 느꼈습니다."

법정 스님이 쓴 비문으로 부도와 비를 세우는 것으로 도진 스님은 노스님의 시봉을 마무리했다.

관응 스님의 '이(理)'와 녹원 스님의 '사(事)'

도진 스님이 녹원 스님을 처음 만난 곳은 안양 보장사다. 녹원 스님은 명절을 비롯한 주요한 날에는 보장사로 와 관응 스님에게 인사를 올렸다.

"녹원 큰스님께서는 노스님께 자주 오셨어요. 늘 우애가 있으셨고 서로를 존중하고 아꼈습니다. 녹원 큰스님께서 보장사에 오셔서 저한테

명적암에서 자리를 같이 한 녹원 스님과 관응 스님, 도진 스님

꼭 하시는 말씀이 '나를 낳아주신 분은 부모님이고 나를 키워주신 분이 바로 관응 사형님이다'고 말씀하실 정도였습니다.

어릴 때였지만 녹원 큰스님의 첫인상은 '강직하신 분이다'였습니다. 어른들께 들은 말씀 역시 마찬가지였습니다. 강직함과 근성, 뚝심. 이것을 풀면 신심(信心)과 원력(願力)이겠지요. 큰스님 자체가 신심과 원력이었던 것 같아요.

안양에 있을 때 노스님을 모시고 직지사에도 자주 갔어요. 탄옹 스님 추모다례를 비롯해 노스님이 직지사에 가실 때는 항상 동행했습니다. 그 옛날에는 절에 외양간이 있었어요. 절에서 농사를 지으려면 소가 있어야 하니까요. 하하.

이랬던 직지사는 녹원 큰스님에 의해서 완전히 바뀌게 됩니다. 그런데 지금 생각해보면 큰스님께서 직지사를 중창하신 것은 모두 인재를 키우기 위해서 그렇게 하신 것이 아닌가 싶어요. 도량이 안정돼야 훌륭한 수행자가 많이 나올 수 있으니까요. 중창불사가 마무리될 때쯤부터는 종단의 수계교육을 도맡아 하신 것이 그런 의미가 아닌가 합니다."

도진 스님은 관응 스님과 녹원 스님이 '환상의 짝꿍'이었다고 했다.

"노스님의 이(理)와 녹원 큰스님의 사(事)가 합쳐져 황악산의 가풍이 만들어졌습니다. 두 분의 존중과 배려가 직지사의 수행정신이 되었습니다."

녹원 스님의 상좌인 법등 스님 역시 여러 번 비슷한 얘기를 했다.

"두 어른스님 모두 탄옹 노스님을 은사로 출가하셨습니다. 해방 이후에는 사형사제가 단 두 분밖에 없었습니다. 녹원 큰스님은 관응 큰스님을 스승처럼 모셨습니다. 서울에 갔다 오시면 꼭 중암으로 올라가 인사를 드리며 이것저것 보고를 했습니다. 관응 큰스님 역시 녹원 큰스님을 사제보다 도반으로 대하셨습니다. 다른 사형사제 관계에서는 보기 드문, 정말 특별한 사이였습니다."

관응 스님이 중암을 짓기 전 봐둔 토굴 위치는 지금의 명적암 자리였다고 한다. 명적암 자리는 원래 논이었고 관응 스님이 논을 사서 몇 년을 가지고 있다가 녹원 스님에게 줬다고 한다.

법등 스님은 "관응 큰스님께서 저를 부르셔서 '이 터는 녹원 스님 토굴로 써라. 황악산 주인은 녹원 스님이다'고 하셨다."며 "관응 큰스님께서 중암을 먼저 지으신 뒤 녹원 큰스님께서 명적암 불사를 마무리하셨다. 어른스님 중 관응 큰스님처럼 욕심이 없으시고 사심이 없으신 분을 보지 못했다."고 전했다.

법등 스님은 "관응 큰스님과 녹원 큰스님은 억지로 욕심을 부리지 않으셨고 항상 원칙을 지키셨고 명분을 잃지 않으시고 공심(公心)으로 일을 하셨다. 이런 어른스님들의 모습이 제 수행정진의 기준이 되었다."고 덧붙였다.

도진 스님은 관응 스님과 녹원 스님의 인연을 하나 더 전했다.

"관응 노스님이 해인사 장학생으로 선발돼 일본 용곡대학으로 유학을 갔다 오셨고, 수십 년이 흘러 녹원 스님이 동국대 이사장을 하시면서 용곡대학의 명예박사 학위를 받으셨습니다. 사형사제 간에 이렇게 좋은 인연이 이어지는 것은 정말 보기 드문 일입니다."

도진 스님이 녹원 스님에게 극찬을 받은 이유

직지사 중암에서 관응 스님을 시봉하며 수행과 포교에 진력하던 도

관응 스님과 녹원 스님을 비롯한 대중들이 직지사 경내를 걷고 있다.

진 스님이 녹원 스님에게 극찬을 받은 일이 있다. 바로 포월당 봉률 스님의 행장을 정리해 직지사 역사의 한 페이지를 추가했기 때문이다.

포월당 봉률 스님은 1897년 6월 경남 거창에서 태어났다. 일찍이 해인사에서 보통학교를 졸업하고 해인사 지방학림에서 수학한 스님은 만 20세 되던 1917년 퇴운 스님을 은사로 비구계를 받고 희랑대에서 지냈다. 22세 때인 1919년 3·1운동이 일어나자 서울 중앙학림 학생이던 김봉신으로부터 독립선언서를 전달받고 강재호, 기상섭, 송복만, 박달준, 최범술 등과 함께 해인사에서 만세운동을 계획, 주도했다. 해인사 등사판과 학교 등사판을 훔쳐 독립선언서 1만매를 등사했고, 4월 1일 1만명의 군중이 만든 태극기 물결이 해인사를 휘감았다.

만주로 향한 봉률 스님은 1920년 신흥무관학교 장교과정을 졸업, 임시정부 산하 서로군정서에 소속됐다. 국내로 잠입해 부산 범어사, 양산 통도사, 경주 불국사 등에서 항일투쟁 자금을 모아 서로군정서로 송금하기도 했다. 그러나 1921년 문경 김룡사에서 2차 거사를 모의하던 중 체포돼, 서대문형무소에 수감됐다. 출감해 은사 퇴운 스님이 주석하던 직지사로 돌아왔지만 폐결핵을 앓는 등 몸은 만신창이가 됐다. 훗날 처자식을 둔 대처승이됐지만 1936년 무렵 수다사 주지를 거쳐 직지사 주지로 부임해 천불전을 개보수하고 천불선원 조실인 탄옹 스님을 도와 선풍 진작에 진력했다. 만당(卍黨)의 일원이 되어 평생을 비밀리에 군자금을 모금했고, 왜색불교에 저항했다. 그러다 1946년 남로당 비밀요원이라는 누명을 쓴 스님은 고문과 폭행으로 고초를 겪었고, 결국 그해 12월 23일 세수 49세 법랍 29세로 입적했다. 훗날 정부는 1996년 8월 15일 봉률 스님에게 건국훈장 애족장을 추서했다.

도진 스님은 봉률 스님의 행장정리부터 독립유공자 신청과 건국훈장 애족장 추서까지 모든 일을 직접 챙겼다. 일을 시작할 때부터 마무리될 때까지 녹원 스님은 도진 스님의 일을 적극 지원했다.

도진 스님은 "모래처럼 많은 스님의 공덕은 이 땅 초목군생에게 이익이 될 것이니, 우리 민족은 세월이 흐를수록 선과를 얻을 것"이라며 "봉률 스님의 자비광명은 바다의 연해도, 대륙의 연안도, 반도의 도서도, 심해의 해저도 두루 환하게 비출 것이니 보리심이 충만한 시방법계에 눈 먼 거북이들도 천안을 얻고, 앞산의 산새들도 겁외가를 부를 것"이라며 봉률 스님의 업적을 기렸다.

도진 스님은 봉률 스님 선양사업을 하던 당시 스님의 속가 딸 김죽자 씨를 만났다. 김씨의 증언 속에는 봉률 스님과 녹원 스님의 인연이 고스란히 담겨 있었다.

"직지사의 도움으로 아버지의 독립운동 사실이 입증되어 1996년 8월 15일에 건국훈장 애족장이 추서되셨습니다. 저희는 유족연금을 모아 1999년 12월에 백수 정완영 선생께서 문장을 짓고 묵선 심재영 선생께서 글씨를 써서 아버지의 행적비를 직지사에 세웠습니다.

아버지 행적비를 세우고 나서 녹원 큰스님을 만났습니다. '네가 죽자구나. 네가 기차를 타고 직지사역에 도착하면 내가 마중을 나가 너를 업고 직지사까지 왔었다'며 반기시더군요. 그러더니 '봉률 스님께서 직지사 주지를 하실 때 위세가 대단하셨지. 일본군수도 스님 앞에 서면 벌벌 떨었어'라고 하시더군요.

녹원 큰스님 고향이 해인사 아랫마을입니다. 옛날엔 직지사가 해인사 말사였기에 아버지는 종종 해인사를 오가셨습니다. 어느 겨울날 해

녹원 총무원장 취임법회에서 관응 스님이 성철 종정예하 법어를 대독하고 있다.

인사에 들렀던 아버지는 추위에 떨고 있는 어린 녹원 스님을 발견하고 당신의 겉옷으로 감싸 등에 업고서 직지사까지 왔다고 합니다. 이것도 녹원 큰스님이 말씀하셔서 알게 된 사실입니다.

그 후 녹원 큰스님께서 보다 많은 사람들이 볼 수 있도록 행적비의 방향을 산문 쪽으로 돌리게 하셨습니다. 그때 저를 따로 방으로 부르시더니 '선친께서 막걸리를 좋아하셨다. 잔이나 한잔 쳐놓게. 내가 해드릴 수 있는 게 그것밖에 없어서 미안하다'며 통곡을 하시더군요."

녹원 스님의 가슴 속에 봉률 스님은 항상 살아 있는 존재였던 것이다. 그러던 중 도진 스님이 선양사업을 한다고 하니 반가울 수밖에 없었을 것이다.

도진 스님은 "큰스님께서 얼마나 좋아하셨는지 모른다. 건국훈장 애족장 추서가 확정되자 그렇게 고마워하셨다. 봉률 스님과 큰스님 인연을 일찍 알았더라면 더 빨리 일을 했을 것"이라고 밝혔다.

"큰스님은 소임자로서 공사(公私)가 분명하셨습니다. 아주 철두철미했어요. 그런데 가까이서 뵈면 내면은 또 그렇게 따뜻하실 수 없습니다. 저를 보시면 항상 격려를 해주셨고 또 당신 사형인 관응 노스님을 잘 모시라고 항상 당부를 하셨어요. 녹원 큰스님 상좌들은 많이 혼났다는데 저는 한 번도 꾸중을 들은 일이 없어요. 하하."

큰나무 밑에서 새로운 나무가 자라기는 힘들다고 한다. 그런데 관응 스님과 녹원 스님이라는 큰나무 아래서 도진 스님을 비롯한 새로운 나무는 이미 훌쩍 자랐다. 스승들에게 배운 그대로 수행하고 정진했기 때문일 것이다.

"큰스님은 저의 전부입니다"

서울 학도암 회주 **법보 스님**

"큰스님은 저의 전부입니다. 이 말보다 더 정확한 표현이 있을까요?
맞는 표현이 있을까 싶어요.
엄격한 스승이셨지만 마치 부모님처럼 저를 길러 주셨습니다.
또 오늘날 제가 수행자로 살 수 있게 해주셨고 부처님 법을 알게 해주신
분이죠. 우리 큰스님 생각만 하면 눈물이 나네요."

녹원 스님과의 인연을 이야기하던 법보 스님의 눈에 눈물이 맺혔다.
스승에 대한 존경과 사랑은 나이를 초월했다.
이미 수많은 사람들의 스승으로 후학들을 제접하고 있는,
세수 일흔을 넘긴 법보 스님의 눈이 촉촉해지자 덩달아 울컥했다.
군더더기 없는 말씀 뒤 스님의 얼굴에 흘러내리는 눈물에는 진심이 가득했다.
법보 스님과의 인터뷰는 눈물과 미소, 환희로움으로 가득했다

법보 스님을 만나기 위해 직지사로 가는 길. 기차 안에서 직지사와 사명대사에 관한 자료를 다시 살펴봤다.

먼저 눈에 띄는 대사의 시. '김해고릉'이다.

兵火秋廻城郭空 故陵金盌散炭中(병화추회성곽공 고릉금완산회중)
積解成莽迷蘭逕 遺恨看雲惹竹叢(적해성망미란경 유한간운야죽총)
赤髮少厮歌古調 茅簷斜日起悲風(적발소시가고조 모첨사일기비풍)
悠悠往事無人問 流水寒煙處處同(유유왕사무인문 류수한연처처동)

난리 속에 가을은 왔으나 성은 텅 비었으니
고릉의 금잔은 잿더미 속에 나뒹굴고 있다.
백골이 쌓인 길에 잡초 아득히 우거져 있고
대숲에 이는 구름은 한스럽기만 하다.
더벅머리 초동아이 옛 노래를 부르는데
초가집 석양볕에 슬픈 바람이 분다.
덧없구나, 지난 일을 물어볼 사람 없는데
이르는 곳마다 물 흐르고 차디찬 연기 흩어진다.

신라 눌지왕 2년(418) 아도 화상이 구미 도리사에서 손가락으로 가리킨 곳에 절을 지어 '직지사'라 했다고 한다.

해발 1,111m 황악산(黃岳山)에 자리한 직지사는 선종(禪宗)의 '직지인

직지사 사명당에 그려진 사명 대사 출가 설화

심 견성성불(直指人心 見性成佛)'의 '직지'에서 유래되었다.

사명 대사의 출가 인연도 드라마틱하다. 직지사는 사명 대사 유정 스님이 16세인 명종14년(1559)에 출가한 사찰로 유명하다. 대사의 출가 설화에 "직지사 주지 신묵(信默) 스님이 벽안당에서 참선을 하고 있는데 황룡이 나타나 천왕문 앞 은행나무를 감고 있었다. 이를 이상하게 여겨 가 보았는데, 한 아이가 돌 위에서 잠들어 있었다. 대사는 불교를 지킬 큰 인물로 여겨 제자로 받아들였다."고 한다. 이후 사명 대사는 명종16년 (1561) 18세에 승과에 장원급제하였으며, 30세에 직지사 주지가 되었다. 1575년 32세에 묘향산 보현사로 서산 대사를 찾아가 선의 종지(宗旨)를 이어받았다.

사명 대사는 임진왜란과 정유재란에 참여해 의승군을 지휘하여 평양성을 탈환했다. 전쟁이 끝나자 1605년 6월 일본으로 건너가 포로로 잡혀간 3,500여 명의 백성을 데리고 돌아오는 등 혁혁한 공을 세웠다. 이러한 대사의 구국충절을 기리기 위해 정조 11년(1787) 직지사에 사명각을 건립했다.

직지사에 도착해 대웅전을 참배하고 다시 사명각으로 갔다. 사명 대사 진영에 예를 올리고 주위를 둘러봤다. 사명각 외벽에는 사명 대사가 일본으로 가는 장면과 일본에서의 이적(異蹟)이 그려져 있다. 특히 일본의 장수들이 사명 대사 앞에 무릎을 꿇고 머리를 조아리는 모습이 눈에 들어온다.

사명 대사 출가사찰에서 출가하다

이날 법보 스님은 만덕전에서 열린 김천불교대학 송년법회에 참석해 불자들을 격려했다. 200여 불자들은 지난 1년간의 수행을 회향하고 새로운 1년, 10년에도 정진의 발걸음을 멈추지 않을 것을 다짐했다.

"부처님이 출가한 이유는 중생을 제도하기 위해서였습니다. 부처님께서는 세상만사가 인연 따라 생멸한다는 것, 태어난 자리에는 죽음이 있고, 죽음의 자리에는 반드시 태어남이 있다는 것을 동녘 하늘에 떠서 반짝거리는 샛별을 보면서 깨달으셨습니다.

깨달은 뒤 부처님께서는 전법교화의 길을 나섰습니다. 전법교화의 길에서도 부처님께서는 맨발이셨습니다. 이 땅을 맨발로 밟고 다닌다는 것은 중생들과 더불어 기쁨과 슬픔과 괴로움과 아픔을 함께 나눈다는 의미일 것입니다. 김천불교대학 학생 여러분들에게 부처님의 가피가 함께 하길 진심으로 기원드립니다."

법회가 끝나고 명월당으로 자리를 옮겼다. 법보 스님은 사명 대사의 '김해고릉'에 대해 잘 알고 있다고 했다.

"사명 대사가 임진왜란 중 김해를 지나면서 읊은 시가 '김해고릉(金海古陵)'입니다. 사명 대사는 임진왜란이 발생하자 개미 한 마리라도 해치지 않으려고 들고 다닌 주장자(拄杖子)로 왜구와 맞서 싸워야 했습니다. 저는 사명 대사가 깨달음을 전하는 방편이자 불살생을 지키기 위한 도구인 주장자를 왜구와 맞서 싸우는 데 쓸 수밖에 없었던 상황에 대해서 숙고하지 않을 수 없었습니다. 사명 대사는 고릉이 파헤쳐져 금잔이 잿더미 속에 나뒹굴고 있고, 백골이 쌓인 길에 잡초가 아득하게 우거져 있는 아비규환(阿鼻叫喚)의 상황에서 어떻게 법좌(法座)에 앉아 깨달음만 전할 것인가, 하는 생각에 결단을 내렸을 것입니다. 이런 사명 대사의 정신이 살아 숨 쉬고 있는 곳이 바로 황악산 직지사입니다."

사명 대사에 관한 얘기 끝에 스님이 한마디 던진다.

"제가 직지사로 온 것도 사명 대사 때문이에요. 출가 전에 읽은 사명 대사 일대기가 너무 충격적이었고 또 감동적이었어요. 저도 사명 대사 같은 수행자가 되겠다고 서울에서 내려왔습니다."

자연스럽게 법보 스님과 녹원 스님의 인연으로 이야기가 이어졌다.

"다른 인연이 있었던 것이 아닙니다. 사명 대사 책을 읽고, 직지사가 출가사찰이라고 해서 온 것입니다. 책을 읽고 보니 문득 그 절에 가고 싶다는 생각 때문에 왔습니다. 많은 생각을 하거나 고민을 하지 않았습니다. 한번 해보고 싶다는 단순한 생각으로 왔다고 할 수 있어요. 하하."

스님이 직지사에 온 것은 1966년 봄. 직지사는 시골의 초라한 절이었다. 30여명의 대중들은 주경야선(晝耕夜禪)의 삶을 살았다. 스님은 입산 다음날 바로 삭발을 하고 지게를 짊어졌다. 돌을 나르고 담장과 축대를 쌓았다. 녹원 스님의 지휘로 불사를 위해 분주히 움직였다.

"행자생활을 하면서 은사는 당연히 우리스님, 녹원 큰스님으로 정해지는 것으로 알고 살았어요. 고민할 필요가 없었습니다. 처음 와서 인사를 드리니 큰스님은 참 깐깐한 인상이었어요. 누구에게도 곁을 잘 허락하지 않으셨습니다. 처음에는 공양주 보조를 하면서 이리 뛰고 저리 뛰었던 기억이 나네요."

1년여의 행자생활을 마치고 1967년 4월 15일 대웅전에서 계(戒)를 받았다. 법명은 '法寶(법보)'. '부처님법을 수호하는 보물이 돼라'는 당부가

법보 스님이 김천불교대학 송년법회에서 법어를 내리고 있다.

관응 스님과 녹원 스님은 법보 스님에게 큰 가르침을 준 스승들이다.

담겼을 터. 스님은 녹원 스님이 내려 준 법명을 담담하게 받았다. 1980년대 녹원 스님은 법보 스님에게 '雲海(운해)'라는 법호를 내렸다. 법호를 받을 때 법보 스님은 녹원 스님에게 불평 아닌 불평을 했다고 한다.

"큰스님! 운해가 뭡니까? 좋은 법호 좀 주세요! 하하."

"야 이놈아! 하늘과 바다와 땅을 섭렵한다는 뜻인데, 얼마나 좋냐? 하하."

"신심(信心)과 원력(願力)이 대단한 원칙주의자"

법보 스님은 계를 받고 강원에 가려 해인강원에 방부를 들였다. 서울 속가로 되어있던 주소를 옮기기 위해 동사무소를 찾았다가 군 입영통지서가 나왔다는 것을 알고 바로 입대했다.

"가사와 장삼을 부처님께 올리고 큰스님께 인사를 드리고 군에 갔습니다. 제대를 하고 해인강원에 가기 전 몇 개월 큰스님을 시봉할 수 있었습니다.

매일 저녁이 되면 큰스님 방에 불을 지펴야 하는데 제가 그만 장작의 양을 조절하지 못해 방에 앉지 못할 정도로 뜨거워졌던 적이 있습니다. 그때 큰스님께서 '쓸만한 놈이 없다'고 말씀하셔서 어찌할 바를 몰랐습니다. 하하."

스님은 1976년도에 해인강원에 입학해 1979년도에 졸업을 하고 1980년대 초반에 직지사 재무를 봤다. 이때 녹원 스님이 크게 아파 '큰 고비'를 맞는 일이 벌어졌다.

"제가 그날을 잊을 수가 없어요. 왜냐하면 복싱선수 김득구 씨가 그날 경기를 마치고 사망한 날이기 때문입니다. 서울에서 오신 큰스님께서 피곤하시다며 링거를 한 대 맞고 싶다고 하셨습니다. 김천 시내에 있는 의사를 어렵게 수소문해서 링거 처방을 받으셨는데, 몇 시간 뒤에 급히 부르셔서 가보니 입에서 피를 토하셨습니다. 자리에서 일어나셔서는 저를 꼭 껴안으시며 '혹시 내가 죽더라도 자연사로 부고를 내라. 내가 링거 맞고 죽었다 하면 그 의사와 병원, 링거를 만든 회사에 큰 해가 될 것이니 그렇게 하라'고 하시는 것입니다. 생사(生死)가 엇갈릴 수 있는 상황에서도 그렇게 말씀하시는 의지에 크게 놀랐습니다.

그 후에도 큰스님께서 쓰러진 적이 있습니다. 대구 파티마 병원에 후송돼 정말 큰 고비를 넘기셨습니다. 간호를 하면서 저는 '천하의 오녹원 스님이 여기서 돌아가시면 안 됩니다. 일어나셔야 합니다. 큰스님 돌아가시면 저도 승복을 벗고 절을 떠날 것입니다'라고 큰스님 귀에 대고 여러 번 말씀드렸습니다. 그때 직지사 모든 대중들의 기도와 큰스님의 초인적 의지로 병상에서 일어나셨고 이후 불교병원 원력이 결실을 보게 되었던 것입니다.

퇴원을 하는 날 담당 의사가 그래요. 사실상 사망상태까지 갔던 스님이 일어나신 것은 부처님 가피와 본인의 수행력으로밖에 설명이 안 된다고 말입니다."

1986년 녹원 스님은 법보 스님에게 서울 연화사 주지를 맡겼다. 동국대 이사장 소임을 맡고 있던 녹원 스님은 연화사에 주석하며 소임에 진력했다. 연화사 주지 임기를 시작하기 전 법보 스님은 녹원 스님에게 청을 드렸다.

"큰스님께서 연화사에 계시면서 종무에 대해 말씀하시면 업무가 수

녹원 스님 5주기 추모다례에서 인사말을 하고 있는 법보 스님

젊은 시절의 녹원 스님

월하게 진행되지 못합니다. 제가 주지로서 열심히 할 것이니 큰스님께서는 든든한 버팀목이 되어 주십시오."

녹원 스님도 법보 스님에게 당부를 했다.

"내가 이곳에 있으면 수많은 사람들이 찾아올 것이다. 이런저런 부탁을 하러 오는 사람들을 냉정하게 대해야 한다. 할 수 있겠느냐?"

"저는 큰스님께서 지금까지 어떻게 사셨는지 잘 알고 있습니다. 제가 부당한 청탁을 받는 그런 일은 있을 수 없는 일이니 걱정하지 마십시오. 큰스님께 누가 되는 일을 저는 할 수 없습니다."

법보 스님과 녹원 스님은 서로의 약속을 지키며 4년을 보냈다. 많은 사람들이 녹원 스님을 만나기 위해, 녹원 스님에게 '부탁'을 하기 위해 연화사를 찾았지만 눈길도 주지 않는 법보 스님 때문에 발길을 돌려야 했다.

완벽한 수행자

녹원 스님이 동국대 이사장을 할 때 상좌스님이 동국대 입학시험에 두 번이나 응시했지만 낙방하는 일이 있었다고 한다. 이 소식을 모를 리 없었지만 녹원 스님은 그 상좌스님에게 아무말도 하지 않았다고 전해진다.

"큰스님의 신심은 말로 다 표현 못하죠. 제가 모시고 살아서 잘 압니다. 절에 계실 때 새벽, 저녁 예불을 빠진 적이 없으시고 항상 염주를 들고 '관세음보살' 주력(呪力)을 하셨습니다. 주무시는 시간 외에는 눕지를 않으셨어요. 항상 책을 보셨습니다. 보시는 책도 경전부터 소설, 시, 시사 잡지 등 다양했어요. 생활이 너무 철저하셨어요. 수행자로서 나무랄 데 없는 분이 바로 우리 큰스님이십니다."

녹원 스님은 어떤 스승이었느냐고 여쭈자 스님은 순간 당황했다.

"어떤 스승이었냐는 질문이 좀 이상하네요. 저의 전부, 저의 모든 것이었어요. 큰스님은 저에게 그런 분입니다. 이유가 없습니다. 그냥 그렇습니다. 저에게 부처님은 바로 녹원 큰스님이십니다."

4년간의 본사주지소임 회향 소감도 여쭈지 않을 수 없었다.

"주지를 엉겁결에 하게 됐어요. 임기의 대부분이 코로나19 확산 시기와 겹쳐 사중이 많이 힘들었습니다. 그것도 제 복이라고 생각하며 소임에 임했습니다.

그래도 박물관 수장고 건립불사의 첫 삽을 뜨게 돼 다행입니다. 수장고는 지하 1층, 지상 2층 규모로 연면적 400여평 가까이 됩니다. 제 임기 때 이낙연 총리가 직지사를 찾은 적이 있는데 그때 얘기가 잘 됐고 또 김천시청에서 많이 살펴줘서 수장고 불사가 시작됐습니다. 신임 주지 장명 스님이 여법하게 마무리할 것으로 기대합니다. 사람들이 시원섭섭하지 않느냐고 묻는데 저는 그냥 시원하기만 합니다. 하하."

직지사에서 법보 스님을 만나고 시간이 흘러 서울 학도암에서 다시 스님을 찾았다. 학도암은 불암산 중턱에 위치한 사찰로, 불암산을 대표하는 전통사찰이다. 불암산과 어우러진 학도암 풍경이 아름다워 '학이 이곳에 날아와 노닐었다'는 말이 전해질 정도다. 학이 놀다가 갔다는 것에서 유래돼 사찰 이름 역시 학도암(鶴到庵)으로 불리게 됐다.

학도암이 온전하게 부처님법을 전할 수 있는 것도 법보 스님의 원력 덕분이다. 2006년 법보 스님이 주지를 맡으면서부터 삼성각과 대웅전을 중창하는 등 불사를 통해 사격을 일신해 현재 모습을 갖추게 됐다. 학도암의 상징은 바로 '학도암 마애관음보살좌상(서울유형문화재 제124호)'이다. 마애관음보살좌상은 자비롭고 인자한 미소로 학도암을 찾는 불자들과 지역 주민들을 굽어살피고 있다. 학도암 뒤편 커다란 바위에 새겨진 마애관음보살좌상은 높이 13.4m, 불상너비 7m 규모로 전국에서 가장 큰 규모로 조성됐다.

  이제 상좌 현무 스님이 학도암을 이끌게 된다. 법보 스님은 "뒷방에서 조용히 살겠다."고 했다. 그러나 이것은 대중들이 원하지 않을 것 같다. 여전히 자비로운 미소를 머금고 있는 법보 스님이 앞으로도 마애관음보살좌상처럼 불자들과 서울 시민들의 마음을 어루만지고 살필 것으로 기대하고 있다.

"아버지 같았던 스승님"

직지사 천불선원장 **의성 스님**

"큰스님을 한마디로 표현한다? 저는 못하겠어요.
큰스님은 한마디로 설명할 수 있는 분이 아닙니다.
그래도 굳이 말씀드린다면 큰스님은 저한테 아버지 같은 분이셨습니다.
속세로 말하면 저를 키워주신 분입니다.

스승님에게는 존경심의 마음만 있겠지만 아버지와 아들 사이에는
여러 미묘한 감정들이 있잖아요. 제가 젊었을 때 사고를 많이 쳤거든요. 하하.
그런 점에서 큰스님은 저에게 아버지였던 것 같아요.

(녹원 스님 사진 액자를 가리키며)
그래서 저렇게 황금집을 지어서 모시고 있습니다.
원래는 평범한 액자였는데 큰스님께서 열반 이후에라도 좀 더 좋은 곳에
계시길 바라는 마음에서 저렇게 만들었습니다."

직지사 천불선원장 의성 스님은 전형적인 수좌首座였다.
맑고 깨끗한 고운 얼굴이며 거침없는 화법은 의심의 여지가 없었다.
나아가 미래불교에 대한 대안까지 제시하는 모습은 스승을 그대로 닮아 있었다.

2022년 동안거 천불선원에는 14명의 수좌가 방부를 들였다. 황악산에는 아직 눈이 가득했지만 선원 주변의 눈은 서서히 자취를 감추고 있었다. 아마도 수좌스님들의 정진열기에 한파도 뒷걸음질을 치는 듯했다.

선찰(禪刹), 직지사(直指寺)

점심공양 후 포행을 마치고 들어오는 의성 스님의 뒤를 따랐다. 선원 장실에는 녹원 스님 사진과 다탁뿐이었다. 간소하고 간소했다. 목도리

직지사 천불선원

의성 스님이 녹원 스님과의 인연을 설명하고 있다.

와 마스크를 벗자 걸걸한 목소리와는 다른 동안(童顔)의 얼굴이 모습을 드러냈다. 순간 멈칫했다.

"호적에는 1959년생으로 올라가 있어요. 실제로는 1957년생입니다. 이래도 제가 나이는 좀 있습니다. 하하.

천불선원에서는 여름과 겨울 안거 모두 15명 안팎의 대중들이 정진합니다. 저는 무엇보다 대중들의 화합을 중요시하고 있습니다. 도반을 존중하고 아끼는 마음이 필요합니다. 남자들이 군대 얘기를 하면 자기가 근무했던 곳이 제일 힘들었다고 합니다. 정작 다른 부대사정은 알지도 못하면서요. 선방도 마찬가지입니다. 정진이 쉬운 일은 아닙니다. 그래서 서로를 아끼고 배려하는 마음이 중요해요. 정진할 때는 몸이 앉는 좌선을 중심에 두기보다 마음을 앉힐 수 있도록 대중들을 지도하고 있습니다."

의성 스님은 직지사 천불선원의 역사에 대한 설명도 잊지 않았다.

직지사는 절 이름 그대로 선맥을 면면히 이어왔다. 조선시대 법계정심과 등곡학조, 사명유정 스님은 직지사에서 선풍을 드날렸다. 근대 들어서는 당대의 선지식 제산 스님이 직지사로 오면서 선찰(禪刹)로서의 위상을 드러낸다.

해인사에서 경허 스님은 제산 스님을 두고 "자네는 어디 가든지 50~60명의 수좌는 거느릴 수 있는 사람이야."라고 했다. 제산 스님은 1913년 봄, 41세 때 대중들을 이끌고 황악산 직지사로 향했다. 스님은 직지사 벽안당(碧眼堂)에 앉아 평생을 정좌불와했다.

스님은 17년 동안 천불선원 조실로서 후학들을 제접했다. 이 기간 경봉, 전강, 고암 스님 등이 정진했고 1924년 하안거부터 1926년 하안거까지 직지사에서 열린 3년 결사 때는 동산 스님도 함께 용맹정진했다. 1935년에는 금오 스님이 직지사 조실로 주석하여 납자들을 지도했다. 1940~1950년대까지 수좌들의 정진이 끊이지 않았던 천불선원은 불의의 화재로 폐원되기에 이르렀다.

그러나 제산 스님의 손상좌인 녹원 스님이 직지사에 주석하면서 천불선원은 다시 일어선다. 녹원 스님의 첫 불사가 바로 천불선원이었다. 스님의 원력으로 1971년 명월당 뒤편에 천불선원이 다시 모습을 드러냈다. 고암 스님과 관응 스님, 녹원 스님이 조실을 맡았으며 잠시 휴식의 시간을 가졌던 천불선원은 1999년 하안거 때 현재의 자리에 선원을 다시 개원해 납자들의 수행처가 되고 있다.

의성 스님은 1999년 천불선원 재개원 당시 방부를 들였으며 2019년 하안거부터 선원장 소임을 맡고 있다.

"엄정한 계행(戒行)과 철저한 화두 참구로 '수행제일'이란 평을 들었던 제산정원(霽山淨圓) 스님은 근대의 대표적 선승으로 황악산을 중심으로 탄옹, 전강, 고암, 서운 스님에게 법을 전하며 선풍을 진작시켰습니다.

경허 스님을 모시고 정진했던 제산 스님은 사명 대사의 법맥을 계승한 우송 스님의 법을 이어받았어요. 직지사가 선찰로 본격적인 이름을 떨치기 시작한 것은 제산 스님께서 오신 뒤부터입니다. 제산-탄옹-관응·녹원 스님으로 법맥이 이어졌습니다."

의성 스님의 수행여정에는 녹원 스님이 항상 함께 하고 있다. 의성 스님과 녹원 스님의 인연은 직지사의 위상을 확인할 수 있는 극적인 드라마와 같았다.

"수행자가 되려면 직지사로 가라"

"제가 처음 출가한 곳은 오대산 월정사입니다. 출가하려고 뜻을 세워 알아보니 주변에서 탄허 스님이 계시는 월정사로 가라고 추천을 해줬습

1999년 직지사 천불선원 직지사 하안거 결제기념 사진. 첫번째 줄 맨 왼쪽이 의성 스님이다.

니다. 그래서 1977년 겨울에 제 고향 의성에서 평창까지 가서 입산했습니다. 당시 월정사 주지는 희찬 스님이었고요. 3개월 정도 행자를 하는데 오대산과는 잘 맞지 않았어요.

그래서 오대산에서 나와 서울 조계사로 갔습니다. 조계사가 한국불교의 총본산이기 때문에 큰스님들이 거기 다 계신 줄 알고 갔습니다. 조계사에서 다시 행자생활을 하는데 하루는 객스님이 오셔서 저를 유심히 보셨어요. 제가 '불편한 거 있으시면 언제든지 말씀을 해 주십쇼'라고 하니 '진짜 수행자가 되려면 도심에 있는 사찰보다 산중으로 가는 것이 좋다'고 하십니다. 그래서 제가 '어디로 가면 될까요?'라고 여쭈니 '황악산으로 가라'고 하십니다. '황악산에 직지사가 있다네. 그리 가려면 경희대 옆에 있는 연화사로 가서 길을 물어보라'고 자세히 알려주셨어요. 그래서 그길로 연화사로 갔습니다."

1978년 봄의 일이다. 연화사에 가니 주지 법성 스님, 지도법사 혜창 스님이 녹원 스님을 모시고 있었다. "연화사에 가서 출가하고 싶다고 말씀드리니 두 사형스님께서 많이 반가워하셨습니다. 월정사, 조계사에서 몇 달간 행자생활을 하며 공양주 등 주요 소임을 살아봤다고 하니 며칠 기다려보라 했습니다. 얼마 후에 큰스님께서 오셨습니다. 큰스님께 처음 인사를 드리는데 얼굴도 잘 못 봤어요. 굉장한 카리스마와 날카로움을 가지고 계셨고 사람을 긴장시키는 힘이 있었습니다. 사형님들께 보고를 받으셨는지 '너는 직지사로 가지 말고 여기서 공부하며 시자를 하라'고 말씀하셨습니다. 그렇게 큰스님과의 인연이 시작됐습니다."

몇 달간의 행자생활을 마치고 스님은 1978년 음력 7월 15일에 계(戒)를 받았다. 햇수로 3년 정도 정진하다 1980년도에 군 입영통지서가 나왔다.

 "사실 저는 그때 심리적으로 좀 방황하고 있었어요. 그래서 군대를 갈 때 가사장삼과 수계증을 다 버리고 절에는 다시 돌아오지 않겠다고 생각하고 입대했습니다. 그런데 3년 뒤 제대하고 다시 직지사로 왔습니다. 하하. 사실 며칠 좀 쉬었다 가려고 다시 직지사에 간 것입니다. 당시 재무 소임을 보던 사형 법보 스님이 '큰스님이 너 머리 다시 깎으라고 하신다'며 대야에 물을 받아 오셨어요. 그래서 엉겁결에 다시 삭발을 했습니다.

 삭발을 했지만 마음이 잡히지 않았어요. 그때부터 더욱 타락한 삶을 살았어요. 지금은 상상할 수 없는 타락한 삶이었어요. 결국 사형님들이 큰스님과 상의를 하셔서 저를 내보내려고 하셨습니다. 법등 사형님께서 살짝 저를 부르시더니 '큰스님께서 부르시면 무조건 참회해라'고 하셨습니다. 저는 참회하기도 싫었어요.

 결국 큰스님께 불려 갔고 제 마음과는 다르게 '참회하고 잘 살겠습니다'라는 말이 나와버렸어요. 그때 무슨 일인지 '나가더라도 내 발로 나가자. 큰스님을 잘 모시면서 꼭 필요로 하는 시자가 되자. 그런 뒤 결정적일 때 나가자'는 오기가 생겼습니다. 하히."

 큰일(?)을 겪은 스님은 녹원 스님 시자를 하면서 본격적인 공부를 시작했다. 『도덕경』을 시작으로 각종 경전을 열람했다. 경전을 통해 부처님 가르침을 접하면서 생각이 조금씩 바뀌기 시작했다. '남한테 존경받지는 못해도 손가락질은 받지 말자'는 생각이 들었다.

 녹원 스님은 눈빛이 달라진 의성 스님에게 "중은 유식해야 한다."며 공부를 독려했다.

1984년 초 큰 고비를 넘기고 퇴원한 직후의 녹원 스님 모습

"큰스님을 모시면서 나중에는 '내가 꼭 큰스님을 빛내 드려야겠다'는 생각까지 하게 됐습니다. 이렇게 훌륭한 어른께 뭔가 도움을 드리고 싶었어요. 큰스님께서 저를 자랑하실 수 있게 열심히 하자는 목표가 생겼습니다. 하하."

서울을 오가며 종무를 보던 녹원 스님이 1984년 초 쓰러지는 일이 생겼다. 김천의 병원에서도 회생 기미가 보이지 않아 대구의 큰 병원으로 옮겼지만 녹원 스님의 숨은 잦아들고 있었다. 시자였던 의성 스님은 녹원 스님이 구급차에 실려가는 순간부터 정신을 놓아버렸다. 병원을 따라다니면서도 울기만 했다. 보다 못한 사형 법등 스님이 "스님 잘못이 아니니 그만 울어!"라고 혼을 낼 정도였다.

"시봉을 잘 못했다는 생각에 저 스스로 정신줄을 놓아버린 것 같았어요. 병원에서는 자꾸 큰스님을 모셔 가라고 했습니다. 다시 살아날 수 없다는 우회적 의사표현이었죠. 실제로 직지사에서는 다비 준비까지 했습니다. 그런데 제가 정신이 없는 상황에서도 두 번이나 큰스님이 나오는 꿈을 꿨어요. 한 번은 큰스님께서 하얀 장삼을 입으시고 저 멀리 가시는 것이었습니다. 큰스님 모습이 보일락말락 할 때 장삼이 나뭇가지에 걸려 큰스님께서는 더 가지 못하셨습니다. 그래서 제가 뛰어가 장삼을 풀어드리고 다시 모시고 왔어요. 두 번째에는 큰스님께서 꿈에 나오셔서 '나 안 죽으니 걱정 말아라'고 하시는 것입니다. 꿈이었지만 저는 안도의 한숨을 내쉬었습니다. 그런데 정말 기적적으로 며칠 뒤 큰스님께서 병상에서 일어나셔서 직지사로 돌아오셨습니다. 그때 생각만 하면 지금도 아찔합니다."

1984년 8월 총무원장에 취임한 녹원 스님은 맏상좌 혜창 스님에게 직지사 주지직을 넘기며 의성 스님이 공부에만 집중할 수 있도록 하라고 특별당부를 했다. 공부에 힘이 붙은 의성 스님은 출가 13년 만에 직지사 강주소임을 맡게 됐다. 그야말로 파격이었다.

"어린 나이에 강주가 되었습니다. 큰스님께서는 그때부터 저를 하대하지 않으셨어요. 방에 둘이 있어도 법명을 부르지 않고 '강주스님'이라고 부르셨고 다른 대중들과 있을 때도 마찬가지였습니다. 대중들이 저를 소홀히 대할까 봐 특별히 신경을 쓰신 것 같았습니다.

제가 강주를 할 때 이런저런 오해의 말들이 좀 있었어요. 그때마다 큰스님께서는 '강주스님은 그럴 사람이 아니다'며 저를 지켜주셨어요. 그때 큰스님을 보면서 '이분은 정말 대인(大人)이다'는 확신을 하게 됐습니다.

지금까지도 큰스님처럼 공사(公私)를 구분해 판단하시는 분은 보지 못했습니다. 사형 중에 법등 스님께서 큰스님의 면모를 많이 닮으셨습니다. 법등 사형님도 저를 큰스님이 하셨던 것처럼 그렇게 대해주셨습니다.

저는 강주가 되면서 큰스님께 딱 5년만 소임을 맡겠다고 했어요. '직업 강사'가 되기 싫었거든요. 강주를 계속한다고 하면 스스로 나태해질 것 같아 그랬습니다. 정말 5년이 지나 강주소임을 내려놓겠다고 하니 말리시기는 했지만 큰스님께서 이해해 주셨습니다. 그리고 저는 선방에서 정진하게 되었고 세월이 지금까지 흘렀습니다."

"선사보다 더 선사 같았던 어른"

의성 스님은 선방에서 수행의 고삐를 당겼다. 해제를 하면 직지사로

의성 스님이 천불선원에서 직지사 주지 장명 스님을 비롯한 소임자들과 자리를 같이 했다.

와 녹원 스님에게 인사를 올렸다. 의성 스님은 "선방에 다니다 보니 도반도 챙겨야 하고 돈이 좀 필요합니다. 큰스님께서 용돈도 주십시오."라고 녹원 스님에게 '농담 반, 진담 반'으로 말씀을 올렸다. 녹원 스님은 "필요한 돈은 내가 줄 것이니 정진 잘해라."고 격려했다.

"선방에서도 큰스님에 대한 평판이 좋았어요. 선방 대중들도 그때 종단 권력의 핵심에 있던 분들 중 제일 훌륭한 어른이라고 입을 모았어요. 그 말을 들을 때마다 그렇게 기분이 좋았습니다. 하하.

해제하고 직지사에 오면 큰스님께 선방 조실스님 안부도 전해드리고 선방 정진 분위기도 귀띔해 드렸습니다. 상대적으로 선방에 계셨던 기간이 짧아서인지 제 말씀을 많이 들으셨어요. 얘기가 길어지면 공양 시간에 겸상을 하면서 얘기를 했던 적도 많습니다.

1999년에 천불선원을 재개원하는 것도 사실 제가 건의를 했습니다. 큰스님께서 조실로 계실 때 선원을 열어 수좌들과 함께 정진하면서 여생을 보내시는 것이 좋겠다는 말씀을 여러 번 드렸습니다. 큰스님께서도 많이 좋아하셨습니다.

큰스님은 오랫동안 사판(事判)의 영역에 계셨지만 선사(禪師)의 기질이 강하셨어요. 불교를 보는 안목(眼目)이 대단했습니다. 큰스님과 대화를 해보면 금방 알 수 있어요. 여느 선방의 조실스님보다 안목이 더 명확했습니다. 선사와 같은 기상, 정신이 엄청났습니다. 한 치의 흐트러짐 없는 모습은 선사를 뛰어 넘는 부처님의 모습과 같았습니다.

그리고 부처님 법을 공부하고 전하는 수행자에 대해서는 극진한 대접을 했습니다. 관응 조실스님을 모실 때 보면 알 수 있었어요. 사형(師兄)이지만 거의 부처님 모시듯 모셨어요. 관응 노스님 상좌들한테도 '여불(如佛) 대접하라'는 말씀을 입이 닳도록 하셨습니다."

의성 스님은 "녹원 큰스님은 부처님에 대한 의무감, 책임감이 강하셨다."고 강조했다. "그러지 않고서야 본인의 수행을 철저히 하면서도 직지사와 종단에 그렇게 헌신할 수 없었을 것"고 단언했다.

의성 스님 말씀은 허투루 들을 것이 하나도 없었다. 앞으로의 의성 스님 활동에도 기대를 하지 않을 수 없었다.

"저는『서장』을 보면서 선의 세계를 알았어요.『서장』이야말로 선의 교과서, 선의 지침서입니다. 그래서 얼마 전까지『서장』을 한눈에 볼 수 있는 '서장 사전' 편찬 작업을 했습니다. 최근에는 몸이 안 좋아져 잠깐 쉬고 있어요. 건강이 회복되면 이 작업을 마무리해 수행자들에게 간화선의 정수를 느끼게 해주고 싶습니다. 대혜종고 선사가 강조한 활발발한 선(禪)을 함께 공부할 수 있도록 하겠습니다.

또 해제철에는 사부대중들과 만나는 자리를 만들려고 합니다. 수행자의 사명은 전법(傳法)과 포교(布敎)입니다. 혼자 방 안에 있으면 수행자가 아닙니다. 이 좋은 부처님법을 많은 사람들에게 전할 수 있도록 하겠습니다. 녹원 큰스님께서도 전법(傳法)을 그렇게 강조하셨습니다. 큰스님의 뜻이 바로 전법이었습니다."

의성 스님과의 인터뷰는 입선(入禪)을 알리는 목탁소리와 함께 시작해 방선(放禪)을 알리는 목탁소리와 함께 마무리됐다. 늘 깨어있는 의성 스님이 바로 황악산의 목탁과 같은 존재이지 않을까 하는 생각을 하며 다시 천불선원 선문(禪門)을 나섰다.

"큰스님은 저의 존재 이유"

직지사 주지 **장명 스님**

"저한테는 둘도 없는 큰스승이시죠.
제 인생의 멘토와 길잡이 역할을 해주셨어요.
제가 존재하는 데 있어서 '녹원 스님'이라는 분은 절대적입니다.
'나'라는 존재는 큰스님 없이 도저히 상상할 수 없습니다.
큰스님을 모셨다는 것이 제 인생에서 가장 큰 복이었습니다.

가끔 그런 생각을 합니다.
큰스님과 인연이 안되었으면 저는 과연 어땠을까?
별 의미 없는 존재가 되었겠죠.
큰스님께서 지금도 항상 제 곁에 계시기 때문에 저는 행복합니다."

김천 직지사 명월당에서 만난 장명 스님의 스승에 대한 말씀은 거침이 없었다.
확신에 찬 말씀 하나하나는 그만큼 녹원 스님의 존재가
당신에게 크게 들어 서 있다는 방증이었다.

생전 녹원 스님이 사용하던 소파와 탁자, 경장(經藏)을 그대로 쓰고 있는 장명 스님은 지난 1월 직지사 주지에 취임했다.

장명 스님은 "1600년의 역사와 전통을 자랑하는 동국제일도량인 직지사가 선현들의 노고와 피땀의 결정체임을 명심하고 부처님께서 전하신 등불로 세상을 밝히는 소명을 굳건히 이어가도록 노력하겠다."고 밝혔다. 이와 함께 △청정한 수행도량과 포교도량의 확고한 구축 △대중공동체인 승가의 면모 확립 △전통문화의 구심점 역할 등 향후 본사 운영 방침을 피력했다.

직지사에서의 본 인터뷰에 앞서 서울 연화사에서 먼저 장명 스님을 만날 수 있었다.

녹원 스님의 서울 주석처 '연화사'

연화사는 오래 전부터 녹원 스님이 서울에 올 때마다 머물렀던 절이다. 무애당(無礙堂)은 바로 녹원 스님의 방이다. 장명 스님이 머물고 있었지만 흔적은 사라지지 않았다. 장명 스님이 정성스럽게 모셔놓은 녹원 스님의 진영 사진과 생전 녹원 스님이 가장 좋아했던 글씨로 중국불교의 거장 조박초 선생이 쓴 '通玄峰頂不是人間 道眼無物滿目靑山(통현봉정불시인간 도안무물만목청산), 통현봉 꼭대기는 인간 세상이 아니로다. 도를 깨치니 아무것도 없고 청산만 눈에 가득 차네' 글씨가 빈방을 가득 채운다. 장명 스님은 매일 아침 스승에게 예를 올린다.

산중총회에서 직지사 주지로 선출된 직후 인사말을 하고 있는 장명 스님

"2012년에 연화사 주지소임을 맡기 전까지 25년간 원근에서 큰스님을 시봉했습니다. 인연따라 서울로 왔지만, 큰스님 곁을 떠난다는 것이 섭섭하지 않았다면 거짓말이죠. 그래도 큰스님 은혜로 이렇게 도심에서 열심히 포교하고 있습니다.

무애당과 관련하여 먼저 하나 말씀드리자면, 1990년대 중반에 큰스님께서 무애당을 2층으로 지어보라고 당시 주지스님한테 말씀을 하셨다 합니다. 2017년도에 지금의 무애당 불사를 제가 다시 했더니 직지사 한 노장스님께서 '장명 스님은 큰스님을 그렇게 잘 모시더니 큰스님 열반 후에도 뜻을 알고 불사를 했네'라고 말씀하셔서 깜짝 놀랐습니다. 전에 큰스님께서 그렇게 말씀하셨다는 것을 저는 전혀 몰랐거든요. 큰스님과 텔레파시가 통한 거 아닌가 싶습니다. 하하."

연화사는 속이 꽉 찬 절이다. 경희대 인근 넓지 않은 터지만 대웅보전과 관음전, 무애당, 연화문화센터, 회기마루 작은도서관 등 남녀노소 누구나 와서 수행하고 즐길 수 있는 것들을 갖췄다. 안거철에는 200여 명의 불자들이 방부를 들여 정진할 정도로 수행열기가 뜨겁다. 연화사는 또 종단 사찰 최초로 종단본『불교성전』읽기 모임을 매주 한 차례씩 진행하고 있다.

"큰스님께서 연화사에 주석하고 계실 때 경희대쪽에서 절 매입의사를 타진해왔습니다. 당시 주지스님께서는 이 터를 팔고 서울 시내 더 넓은 곳으로 이전하는 것을 생각했다고 합니다. 큰스님께서 크건 작건 부처님 재산을 함부로 팔면 안 된다고 강조하셔서 저에게까지 인연이 이어졌습니다. 살아보니 큰스님 말씀이 틀린 것이 하나도 없더라고요. 특히나 도심포교는 결국 스님들이 신심(信心)과 원력(願力)으로 해야 합니다. 스님들이 어떻게 하느냐에 따라 성과를 거둘 수 있는지가 판가름 됩니다."

'長明(장명)'이라는 법명의 특별함

연화사에서의 1차 인터뷰에 이어, 스승이 머물던 직시사의 그 자리에서 장명 스님은 스승에 대한 말씀을 풀기 시작했다.

시간을 앞으로 되돌렸다. 장명 스님과 녹원 스님은 어떻게 사제지간이 되었을까? 말씀을 들어보니 '이런 인연이 있을까' 하는 생각이 절로 들었다.

"『법구경』을 읽다가 발심해 출가를 결심했습니다. 서울 시내 큰절이 어딘지 찾아보니 조계사가 생각났고 무작정 찾아갔죠. 당시 주지가 법등 스님이셨어요. 출가하러 왔다 말씀드리니 '미안한데 지금 바쁘니 내일 오시겠습니까?'라고 말씀하셔서 다음 날 다시 갔어요. 주지스님은 안 계셨어요. 대웅전 옆에서 포행을 하고 계시던 스님께 여쭈니 문경 김룡사로 가라 합니다. 그래서 김룡사로 갔습니다. 김룡사에 가니 스님들은 안 계시고 거사님과 보살님 몇 분만 계셔요. 다음날 거사님이 오셔서 '머리를 깎자'고 합니다. 아무리 그래도 거사님한테 머리를 맡길 수 없어 다시 나왔습니다. 터벅터벅 길을 걷다가 동네 주민들에게 근처 큰절이 어디냐고 물으니 김천 직지사를 얘기해줘요. 그래서 다시 직지사로 갔습니다. 그때가 1986년도입니다.

그때는 저의 뜻과 결심이 제대로 서지 않았는지 입산 100일만에 하산을 했습니다. 녹원 큰스님을 뵙지도 못했습니다. 1년여를 밖에서 보낸 뒤 다시 1988년에 직지사로 돌아가 정식 출가를 했습니다. 하하.

행자를 해보니 세간과 출세간이 너무 달랐습니다. 그래도 제가 동작도 빠르고 일에는 재미가 있었습니다. 열심히 했어요.

행자가 끝날 때쯤 당시 재무스님께서 저를 부르시더니 명월당으로 데리고 갔습니다. 녹원 큰스님께 삼배를 올리라고 합니다. 큰스님께서 '잘 해라'고 한 말씀 하셨습니다. 그렇게 큰스님의 상좌가 되었습니다. 1988년 가을에 사미계를 받고 그때부터 바로 시봉을 시작했습니다."

정상적인 절차로 진행됐다면 아마도 조계사나 김룡사에서 출가를 할 수 있었지만 인연은 결국 녹원 스님에게 이어진 것이다.

"큰스님을 처음 뵀을 때는 얼굴도 제대로 보지 못했습니다. 눈빛이 이글거리고 카리스마가 말로 표현하지 못할 정도였어요. 몇 마디 안 하셨지만 말씀에 엄청난 힘이 있었습니다. 큰스님 앞에 서기만 하면 더위

연화사 주지시절 장명 스님이
모셔 놓은 녹원 스님 추모단 모습

녹원 스님의 역사가 담긴 앨범들. 장명 스님은 한 장 한 장의 사진을 정성으로 정리했다.

가 가시고 추위가 사라졌습니다. 저 자신이 전혀 다른 사람이 됐습니다. 한 사람에게 평생 몸과 마음을 의지하게 된다는 게 신기했습니다. 하하."

스님은 수계를 하면서 법명을 받았다. '長明(장명)'. 흔치 않은 법명이다. 사형들 사이에서는 '믿거나 말거나' 한 이야기가 돌았다. 사연인즉 이렇다.

"제 법명이 길 장(長)에 밝을 명(明)입니다. 흔하지 않은 법명이에요. 제 사형님들은 법(法)자와 도(道)자를 돌림자로 썼습니다. 그런데 도자 사형님들이 큰스님을 시봉하면서 짧게는 10일, 보름, 한 달 만에 사라지는 일이 비일비재했다고 해요. 도자가 원래 취지와 다르게 달아날 도(逃)자가 되어버렸다고 합니다. 하하. 그래서 길게 시봉하라는 의미로 저에게 길 장(長)자를 주셨고 제 아래 사제들의 법명도 세세생생 시봉하라고 세명(世明), 끝까지 시봉하라고 종명(宗明)이라는 법명을 내려주셨다는 '확인되지 않은 전설적인' 이야기들이 있습니다. 하하."

시자의 엇갈린 '운명'

장명 스님이 녹원 스님을 시봉하면서는 하루하루가 정해진 일과표대로 이어졌다. 초 단위의 스케줄이다.

"새벽에 종이 울리면 큰스님께서 기침을 하십니다. 저는 그전에 일어나 가사장삼을 수하고 큰스님 방 옆에서 대기를 합니다. 큰스님께서 일어나시면 화장실에 먼저 가시는데 그 틈에 제가 방에 들어가서 이부자리를 정리합니다. 다시 방 밖으로 나왔다가 화장실에서 큰스님이 나오시면 다시 들어가 큰스님께 가사장삼을 입혀드립니다. 저는 얼른 방 밖으로 나가 댓돌 앞에서 기다렸다가 큰스님을 모시고 예불을 올리러 갑니다.

큰스님께서 산신각, 천불전, 약사전, 명부전, 관음전, 사명각, 나한전 모두 참배를 하시고 대웅전에 들어가시면 직지사의 새벽예불이 시작됩니다. 예불이 끝나면 극락전으로가 참배를 하시고 사중을 한 바퀴 둘러보십니다. 한 시간 반이 걸리는 일정입니다.

절을 살피시다 불사를 구상하시는 일이 많았습니다. 며칠 뒤 어떤 불사를 추진해보라고 말씀하시면 대중들은 무슨 수를 써서라도 해냈습니다. 이렇게 하루를 시작하다 보니 매일 매일이 긴장의 연속이었습니다. 하루도 마음이 편하지 않았죠. 하하."

장명 스님의 기억 속 녹원 스님은 무척 엄한 어른이었다. 그래도 장명 스님은 마음을 다해 스승을 모셨다.

"어떻게 하면 큰스님이 편안하실까? 기쁘실까? 이런 생각뿐이었습니다. 큰스님께서 공양을 잘하시면 저도 기분이 좋고, 잘 못 하시면 저도 기분이 안 좋고 그랬어요. 제가 기분이 좋으면 큰스님께서도 좋으신 거였고, 제가 기분이 안 좋으면 큰스님께서도 뭔가 불편하시다는 것이었습니다. 저의 정신세계가 큰스님의 모든 것과 맞닿아 있었습니다."

10여 년 근거리 시봉을 하면서 장명 스님이 녹원 스님에게 칭찬을 받은 적도 있었다. 녹원 스님이 머물던 명월당을 리모델링 한 것이다.

"제가 명월당에서 큰스님을 모셨습니다. 이 건물은 만해 스님이 머물던 서울 선학원의 목재를 큰스님께서 사 오셔서 지은 집입니다. 세월이 흘러 점점 사용하기가 불편해져 약 두 달간에 걸쳐 리모델링을 했습니

직지사 종무회의를 주재하고 있는 장명 스님

다. 재입주를 하시는 날 파계사 조실 도원 큰스님과 함께 즐겁게 대화를 나누셨습니다. 두 어른께서 기분 좋게 말씀을 나누시니 저도 기분이 좋았습니다. 밤 9시쯤 되자 저를 부르셔요. 그러면서 처음으로 칭찬을 하셨어요. '장명이가 일을 잘해서 편하고 좋다.' 그 말씀이 너무 고마웠습니다. 칭찬을 처음 들어서인지 눈물이 쏟아졌습니다. 10년 모시면서 그런 칭찬을 처음 들었거든요. 하하."

녹원 스님의 칭찬 한마디에 10년간 장명 스님의 어깨를 짓누르고 있던 '10년 시봉 압박감'은 눈 녹듯 사라졌다.

직지사 재무국장 소임을 보면서 시봉을 하는 것이 쉽지 않아 시자 소임을 사제에게 넘겼다. 그래도 자주 명월당에 올라가 녹원 스님의 안부를 살피고 또 살폈다. 그런데 사제의 시봉은 장명 스님의 그것과는 너무 달랐다.

#에피소드1

녹원 스님을 모시고 시봉 사제와 함께 포행에 나섰다. 녹원 스님이 주머니에서 사탕을 꺼내 보여주며 "청암사 사미니스님들이 사탕을 넣어놨네. 이게 무슨 뜻이지?"라고 물었다. 사제는 "그건 사랑한다는 뜻입니다."라고 대답을 했다. 장명 스님은 깜짝 놀랐다. "저런 불경한 말을 함부로 꺼내다니…이 녀석을!!"

그런데 녹원 스님의 반응은 달랐다. 사제의 농을 너무 좋아했다. "이놈이 쓸데없는 소리를 하네. 허허허." 엄격하기만 하던 그 스승이 아니어서 장명 스님은 너무 당황스러웠다.

#에피소드2

녹원 스님과 도원 스님이 직지사 대중 30여 명과 청암사 대중 100여 명을 이끌고 황악산 산행에 나섰다. 정상에 올라 김밥도 나눠 먹고 염불도 하고 노래도 하며 여가시간을 즐겼다. 청암사 대중들이 녹원 스님에게 노래를 청했다. 이를 보던 시자스님이 "큰스님도 노래 하나 하셔야죠?"라고 다시 청했다. 장명 스님은 또 놀랐다. "저 놈이 또 이상한 소리를 하네!"

순간 녹원 스님이 "그럼 하나 해 볼까?" 하며 자리에서 일어났다. 대중들이 들썩였다. 녹원 스님은 '나를 두고 아리랑'을 멋들어지게 불렀다. 장명 스님은 녹원 스님의 노래를 처음 들었다. 상상도 못했던 일이다. 대중들이 박수를 치며 장단을 맞췄다.

이날 이후 녹원 스님 생신법회에는 항상 '나를 두고 아리랑'이 울려 퍼졌다. 장명 스님은 다시 번뇌에 빠졌다. "나한테는 그렇게 엄하시던 어른이 다른 시자한테는 왜 이렇게 자애로우실까?…"

장명 스님은 "내 스스로 경직돼 큰스님을 모시는 것을 불편하게 생각한 것은 아닌가? 내가 좀 더 여유롭게 모셨다면 어땠을까? 하는 생각이 들었다."고 전했다.

"큰스님의 삶 그대로가 교과서"

장명 스님은 녹원 스님의 직지사 불사를 지근거리에서 지켜봤다. 만덕전과 남월료, 설법전 등의 크고 작은 불사의 현장에 함께 했다.

"큰스님께서는 모든 일에 간절하게 임하셨습니다. 불교병원 건립을 발원하셨을 때도 그랬고 직지사 중창도 마찬가지였습니다. 그때 큰스님의 모습을 보면서 저도 많은 것을 배웠죠.

큰스님은 또 건물 외부뿐만 아니라 내부 장엄에도 많은 공을 들이셨어요. 전국의 사찰을 다니며 국보, 보물은 물론 소문난 작가의 작품들을 보며 내부 장엄을 하셨어요. 건축학적 요소와 예술적 가치들을 두루 살피신 것입니다. 만덕전 현판 글씨도 조박초 선생한테 직접 받으실 정도로 하나하나에 정성을 듬뿍 담았습니다.

많은 불사를 하셨지만 큰스님은 평생 당신 통장을 가져본 적이 없습니다. 개인적으로 은행에 가신 일도 없어요. 주머니에 현금만 있습니다. 지갑도 안 쓰고 신도가 주는 봉투를 그대로 가지고 계실 때가 많아요.

녹원 스님을 모시고 직지사 경내를 살피고 있는 장명 스님의 모습

돈이 제법 모이면 종무소에 내려주시는 순이에요. 초파일 같은 때는 절에 들어오는 등공양금보다 큰스님께서 모아주신 돈이 더 컸던 것 같습니다. 그때도 다 종무소로 보내셨어요.

나중에 제가 재무, 총무를 하면서는 약간의 실무적인 의견도 드리곤 했습니다. 어찌 됐건 실무를 해야 하니까요. 나중에는 제 의견도 많이 받아주셨습니다."

장명 스님은 재무와 총무를 살면서 진행한 불사를 정리한 〈직지사 대웅전 앞 삼층석탑 주변정비 종합정비보고서〉를 은사스님에게 올리기도 했다.

장명 스님은 스승의 어떤 점을 가장 닮고 싶어할까? 스님은 주저하지 않고 답했다.

"청렴함입니다. 앞서 전했듯이 모든 시줏돈을 종무소에 맡기셨다고

직지사 경내에서 녹원 스님을 모시고 자리를 같이 한 장명 스님과 대중스님들

보면 됩니다. 또 원력이 남다르시고 공사 구분을 분명히 하셨어요. 촌음을 아껴 쓰실 정도로 부지런하셨고요.

더불어 진실하시다는 것입니다. 거짓이 없고 담백하십니다. 굉장히 특이한 분이죠. 종단 정치를 하셨지만 제가 볼 때 정치가는 아니었어요. 다만 공심(公心)으로 당신이 종단이 어려울 때 심부름 하셨다고 생각하셨어요. 당신의 욕심이라든가 그런 것은 없었어요. 비워야 함을 실천하셨어요. 보여지는 비움이 아니라, 큰스님은 항상 비우셨어요. 그랬기 때문에 많은 대중들의 만류에도 총무원장소임을 내려놓으신 거고요.

큰스님의 이런 부분들을 닮고자 노력하고 있습니다. 제가 마음이 복잡할 때나 판단을 해야 할 일이 생기면 항상 되묻습니다. '큰스님은 어떻게 결정하셨을까?' 이렇게 생각하면 답은 쉽게 나옵니다. 큰스님 자체가 저의 교과서지요."

장명 스님은 직지사 포교국장 3년, 재무국장 10년, 총무국장 8년의 소임을 살았다. 시봉 대부분의 시간을 소임과 같이 한 셈이다. 10년은 가장 가까운 거리에서, 15년은 지근거리에서 모셨다. 애정이 없을 수 없다. 장명 스님의 마지막 말씀도 울림이 적지 않았다.

"큰스님의 10분의 1, 100분의 1만 따라가도 저는 성공한 삶이 되겠다고 생각합니다. 제가 이 세상을 살아가면서 만났던 사람들 중에 큰스님 같은 분은 결코 없었습니다. 고금(古今)을 막론하고 보아도 흔한 분이 아니라는 생각을 합니다. 큰스님께서 살아오신 모습을 참고하면, 큰스님의 열정과 원력(願力), 신심(信心)으로 산다면 그 어떤 어려움도 극복할 수 있을 거라 생각합니다. 큰스님을 만나 행복했고 앞으로도 행복할 것입니다."

"조계종 제일의 선지식善知識"

청암사 율학승가대학원장 **지형 스님**

"녹원 큰스님은 제가 만난 스님 중 가장 훌륭하시고
의지가 깊으신 분이었습니다. '조계종에 저런 스님이 계셨구나'는 생각이
절로 들 정도였습니다. 제가 학생일 때 법문을 듣는데, 큰스님께서는 부처님의
가르침을 근본으로 당신의 뜻을 명확하게 말씀하셨습니다.
저는 그때 정말 심장이 떨릴 정도의 환희심을 느꼈어요.
그렇게 법문을 잘하시는 분은 처음인 것 같아요.

큰스님은 법문뿐만 아니라 실제 실행實行으로 모든 것을 보여주셨습니다.
종단, 직지사, 동국대, 청암사에서 큰스님은 직접 보여주고
또 보여주셨습니다."

평생 후학양성에 진력해 온 청암사 율학승가대학원장 지형 스님은
녹원 스님을 "조계종단에서 가장 훌륭하고 똑똑한 스님"으로 기억했다.
지금껏 보지 못한, 누구와도 견줄 수 없는 어른이라고 강조했다.
수많은 스승을 모시고 공부했고
또 수많은 후학을 길러낸 지형 스님의 말씀이 예사롭게 들리지 않았다.

색색의 단풍이 찬란하게 빛나는 것도 자연이고 때가 되어 땅으로 돌아가는 것도 자연이다. 사람들이 절을 찾아 몸과 마음을 쉬는 것도 인연이고 스님들이 길[道]을 찾아 용맹정진하는 것도 지극한 인연이다. 낙엽과 함께 가을을 보내고 바람과 함께 겨울을 맞이하는 비구니 수행도량 청암사는 고요하고 아담했다. 정갈했다. 깔끔했다. 깊은 산속에 앉아 있는 모습은 '전통사찰' 그대로였다.

　한국불교에서 청암사가 갖는 위상은 대단하다. 역사가 먼저 그것을 말해준다. 청암사는 대한불교조계종 제8교구본사 직지사의 말사로 신라 도선 국사가 창건했다. 창건 이후 왕실과 백성의 안식처이자 귀의처가 되어 왔다. 특히 청암사 승가대학은 벽암각성 스님의 강맥을 이은 대화엄 종장 모운진언 스님이 청암사를 전문 강원으로 개설한 것이 효시이다. 그 이후로 허정혜원 스님이 강교(講敎)와 설선(設禪)의 꽃을 피웠으며 벽암각성, 모운진언, 보광원민 스님의 법맥을 이은 화엄학의 대강백 회암정혜 스님이 청암사 강원을 발전시켰다. 당시 학인만 300명이 넘었다고 전해지고 있다. 그 후 수많은 제자들로 가풍이 이어져 근래에는 고봉 스님과 그의 제자 우룡, 고산 스님으로 강맥이 이어졌다.

　청암사에서는 현재 40여명의 대중들이 정진하고 있다. 승가대학에 10여명, 율학승가대학원에 20여명의 학인들이 공부하고 있고 교수사와 소임자까지 각자의 위치에서 최선을 다하고 있다. 한때 비구니 학인스님만 140명이 넘던 시절도 있었지만 청암사 역시 출가자 감소의 한파를 피하지 못하고 있었다.

1987년 승가대학 개설 이후 청암사에서는 800명이 넘는 학인들이 공부를 마치고 수행과 포교의 현장으로 달려갔다. 그리고 청암사로 수행자의 길을 서원하고 출가한 사람만 100여명에 이른다.

전국에서 비구니스님들이 모여든 것은 온전히 청암사 율학승가대학원장 지형 스님과 주지 상덕 스님의 원력 때문이다. 소박하지만 꿈은 작지 않았고, 자율적이지만 결코 부처님법에 어긋나지 않았기에 공부하는 수행자들의 가람이 되었던 것이다.

대웅전 기도소리를 눈으로 담고 지형 스님을 만나기 위해 청암사 극락전으로 향했다.

"율학승가대학원에서 『사분율』을 강의하고 있어요. 율장을 다시 공부하다 보니 부처님도 우리랑 다르지 않은 분이었다는 생각을 합니다. 어떤 문제가 생겼을 때 지혜롭게 해결해 가시는 모습을 보며 무릎을 치고 있습니다. 승가대학에서는 『화엄경』과 『치문』을 가르칩니다. 승가대학 커리큘럼의 처음과 마지막 강의를 자원했습니다. 주지 상덕 스님은 『원각경』과 『금강경』, 선어록들을 가르칩니다. 저희 둘 다 후학들에게 조금이라도 도움을 주고 싶어서 마지막 열정을 불태우고 있습니다. 하하."

인연1 : 카리스마가 넘치던 주지스님

따뜻한 미소의 지형 스님은 차분한 목소리로 청암사에 대해 설명했다. 근래 청암사 역사 한 가운데는 녹원 스님이 있었다. 그래서 바로 여쭈었다. 지형 스님은 녹원 스님과 어떤 인연이 있을까? 청암사가 직지사의 말사라는 점에서 큰 인연은 이미 전제돼 있었다. 그런데 더 놀라운

청암사 극락전에서 담소를 나누는 지형 스님과 상덕 스님

인연이 있었다. 시간을 1965년 음력 3월 20일로 돌렸다.

"어렸을 때부터 신심 가득한 집안에서 자랐어요. 증조부께서 가선대부 호조참판이었는데 양반가의 안방마님이던 증조모님(법명 반야장)의 신심(信心)이 대단하셨어요. 증조모님이 돌아가신 후 사리가 나와서 광주 흥룡사에 사리탑을 세웠으며, 증조모님의 불연(佛緣)으로 어린 시절을 흥룡사에서 보냈습니다. 저도 당연히 출가할 것이라고 생각하고 있었습니다.

 나중에 저의 노스님이 되신 안광호 스님께서 저를 어렸을 때부터 이끌어주셨어요. 고등학교 3학년 봄에 노스님께서 저를 직지사로 데리고 가셨습니다. 그때가 아마 천일기도 입재하는 날이었던 것 같아요. 젊고 위풍당당한 주지스님께서 법문을 하시는데 정말 카리스마가 대단했습니다. '조계종에 저런 스님이 계시다니…'라는 생각이 절로 들 정도였습니다. 굉장히 강렬한 인상이었습니다. 그분이 바로 녹원 큰스님이었습니다."

 출가 후 지형 스님은 구미 도리사와 김천 직지사 등에서 녹원 스님을 친견할 수 있었다. 작은 인연들이 이어져 결국에는 청암사를 고리로 다시 녹원 스님을 만났다고 할 수 있다.

인연2 : 청암사를 강원으로 내준 녹원 스님

 그렇다면 지형 스님은 어떻게 청암사에 오게 됐을까? 그 과정을 확인하지 않을 수 없었다. 녹원 스님과의 인연이 본격적으로 시작되는 지점이기 때문이다.

 스님은 19살에 공주 동학사에서 법인 스님을 은사로 출가했다. 노스님인 안광호 스님이 주지소임을 맡고 있어서 동학사에서 삭발을 했다. 출가 후 곧바로 동학사 강원에 입학해 공부했다.

 "동학사 살림이 많이 어려웠습니다. 그 시절엔 다 그랬어요. 동학사

화엄승가대학원장인 일초 스님과 강원시절 한 반이었는데 일초 스님은 재무, 저는 교무 소임을 살았습니다. 학인이 소임 살면서 중강까지 맡는다는 게 쉽지 않았지만 공부할 욕심에 힘든 줄도 몰랐습니다. 하하."

강원을 졸업한 스님은 얼마 후 오대산 지장암 선방에 방부를 들였다. 정진하고 나니 '수행의 맛'이 느껴졌다. 선방에서 몇 년 더 공부하고 싶었지만 한 철 더 정진한 뒤 은사스님이 주석하고 있던 부산 보덕사로 갔다. 그 후 여러 고민 끝에 공부를 더 할 수 있는 동국대에 입학했다. 동국대에서 평생의 스승 지관 스님을 만났다.

"지관 큰스님께서 교수로 계시며 청룡암에 법보강원을 개설하셨습니

아름답기로 유명한 직지사의 봄.
지형 스님은 수계교육을 하며 직지사 곳곳을 살펴볼 수 있었다.

황악산 정상에서 담소를 나누는 모습. 왼쪽부터 도원 스님, 지형 스님, 상덕 스님, 녹원 스님

다. 경전을 더 보고 싶어서 저도 수강을 하고 싶다고 말씀드렸어요. 처음에는 동학사 강원을 졸업했다는 이유로 허락이 되지 않다가 1학년을 마칠 즈음 『능엄경』부터 같이 공부했습니다. 오전에는 학교에서 수업을 듣고 저녁에는 청룡암에서 경전을 배웠습니다. 이후 지관 큰스님께서 경국사로 옮기시면서 법보강원도 경국사로 자리를 옮겨 경국사 법보강원 1회 졸업생이 됐습니다. 큰스님께 공부하는 즐거움을 배울 수 있었던 시기였습니다."

지관 스님은 똑똑하고 명석한 지형 스님을 눈여겨보다 화운사 강주로 추천했다. 지형 스님의 본격적인 강사(講師)생활이 시작됐다.

"화운사 강원이 얼마 못가 문을 닫게 되면서 15명의 학인들이 보덕사로 찾아와서 학인을 가르치게 되었습니다. 학인들을 졸업시키려면 제대로 된 도량에서 교육을 해야 했기 때문에 여러 곳을 알아보던 중 마침 대학시절 인연이 있던 광우 큰스님께서 자리를 주선해 주셔서 녹원 큰스님을 뵙게 되었습니다.

1986년 봄에 서울 연화사로 큰스님을 찾아뵙고 사정을 말씀드리니 처음에는 '김룡사가 어떤가?'라고 말씀하셨습니다. 그러면서 '나도 8교구에 제대로 된 비구니 교육기관을 세우고 싶었다. 기다려 보라'고 말씀하시며 많이 반가워 하셨습니다.

시간이 지나 겨울 즈음 다시 부르시더니 '김룡사보다는 조금 작고 사정도 좋지 않지만 청암사에 경학의 법석을 여는 것이 좋겠다'라고 청암사를 추천하셨습니다. 후에 청암사에서 인수인계를 할 때 혜창, 법성, 법등 스님 등이 오셔서 '열심히 살아 보라'고 격려해 주셨습니다."

스님은 "1987년 음력 1월 30일에 청암사로 왔다."고 했다. 쌀 한 가마

니와 고추장 한 통만 들고 왔다고 한다. 화운사 강원이 문을 닫으면서 잔류한 15명, 부산 보덕사에서 3명, 그렇게 18명이 청암사 강원의 첫 입학생이다.

천년고찰이라고는 하지만 막상 마주한 청암사의 현실은 녹록지 않았다. 성한 건물은 대웅전과 육화료 뿐이었고 그마저 천장 곳곳에 구멍이 뚫려 비만 오면 대야를 들고 뛰어다녔다.

지형 스님이 주지 소임을 맡고 상덕 스님이 재무를 맡았다. 학인들을 가르치며 절을 중창하는 기나긴 여정이 시작되었다.

인연3 : 녹원 스님의 원(願)을 실현하다!

지형 스님은 상덕 스님을 비롯한 대중들과 마음을 모아 청암사를 중창했다. 없으면 없는 대로, 있으면 있는 대로 살겠다는 각오였다. 공부를 잘 가르친다는 소문은 삽시간에 제방으로 퍼졌고, 깊고 깊은 산중의 사찰로 찾아오는 이들이 늘기 시작했다.

"필요한 만큼 불사를 했어요. 갑자기 큰 불사를 할 형편도 되지 못했습니다. 조금씩 고치고 또 고치며 학인들을 가르쳤어요. 신심(信心)과 원력(願力)이 대단했던 학인들도 자율적으로 공부를 하고 사중 일에 적극적으로 동참했습니다. 그렇다 보니 10년이 지나 20년이 지나 30년이 지났습니다. 하하."

'청암사 대중들이 잘 살고 있다'는 얘기는 직지사에도 곧바로 전해졌다. 남다른 교육관을 가지고 있던 녹원 스님이 가만히 있을 리 없었다.

"큰스님께서는 항상 저희들을 격려해 주시고 응원해 주셨습니다. 큰

녹원 스님과 도원 스님을 모시고 즐거운 한때를 보내는 지형 스님

녹원 스님과 도원 스님을 모시고 여행할 때 자리를 같이 한 모습

스님께서 직접 당신 환갑 때 공양하러 오라고 하셔서 맛있게 잘 먹고 왔던 기억도 나네요. 다음 해 생신 때는 저희가 강원 졸업 여행을 가느라 직지사에 가지 못했는데 다음날 큰스님께서 생신 축하 선물로 들어온 케익 중 제일 좋은 것들만 가지고 오셨다는 전화를 받고 안절부절했습니다. 다행히 대중들이 정성껏 공양을 올려 맛있게 드시고 가셨다는 말을 듣기는 했습니다. 나중에 큰스님께서 '내가 스님들 덕분에 청암사에 몇십 년 만에 온다. 너무 잘 살아주니 그저 고마울 뿐'이라고 말씀하시는데 제가 더 울컥했습니다. 하하."

청암사 대중들은 매년 설과 추석, 녹원 스님 생신에 직지사에 가 인사를 올렸다. 녹원 스님은 항상 '밥 먹고 가라. 자고 가라'고 할 정도로 대중들을 아꼈다. 상덕 스님이 말씀을 보탰다.

"큰스님이 상당히 엄한 어른으로 소문이 나 있는데, 저희들에게는 너무나 인자한 할아버지 같은 분이셨습니다. 추석 때 청암사 대중들이 만든 녹두전, 만두, 송편을 그렇게 좋아하셨습니다. 항상 자비로우시고 깔끔하셨던 어른으로 기억됩니다."

녹원 스님이 황악산 정상에서 노래를 부른 사연

청암사 승가대학 학인이 늘어나면서 크고 작은 일들도 많았다. 한 번은 큰 행사를 마치고 버스 2대를 빌려 황악산으로 소풍을 갔다. 등산에 앞서 지형 스님은 녹원 스님을 찾아 인사를 드렸다. 인사에 앞서 만난 당시 시자 장명 스님이 "큰스님께 오늘 등산을 같이 하자고 청해 보시라."고 했다. 좋은 제안이라고 생각한 지형 스님이 말씀을 드리자 녹원 스님도 흔쾌히 수락했다. 마침 직지사에 와 있던 도원 스님도 함께 했다. 100명이 넘는 직지사와 청암사 대중들이 함께 황악산으로 향했다. 누구보다 들뜬 표정을 보인 사람이 바로 녹원 스님이었다.

"그동안 불사한다고 황악산에 오를 생각은 한 번도 못했다. 청암사 대중들 덕에 오늘 산에 오른다."며 녹원 스님은 기쁨을 감추지 못했다.

지형 스님은 녹원 스님과 도원 스님 공양을 위해 가스버너와 된장을 따로 챙겨 산에 올랐다. 청암사 대중들이 준비한 도시락에 된장국을 끓여 공양을 올렸다. 두 어른스님들은 마치 처음 소풍 온 아이들처럼 좋아했다고 한다.

공양을 마치고 장기자랑 시간이 시작됐다. 사회를 보던 청암사 승가대학 학인스님이 정중하게 예를 올리며 녹원 스님에게 노래를 청했다. 청암사 대중들은 큰 박수로 어른스님을 모셨지만 직지사 대중들은 당황했다. 엄하기만 하던 스님에게 '감히'(?) 노래를 청했기 때문이다.

녹원 스님은 주저 없이 '무대'에 올라 '나를 두고 아리랑'을 멋지게 불렀다. 깜짝 놀란 직지사 대중들도, 노래를 청한 청암사 대중들도 엄청난 박수와 환호로 함께 했다.

"산행하는 내내 미소가 떠나지 않던 큰스님 얼굴이 선합니다. 도원 큰스님도 그렇고, 너무나 좋아하셨어요. 언젠가 녹원 큰스님께서 상좌스님들에게 '청암사에 강원 만들기를 잘했다. 저렇게 잘하지 않느냐!'고 자랑했다는 말씀을 듣고는 저희가 너무 감사했습니다."

지형 스님은 녹원 스님 자체가 직지사이고 종단이고 동국대였다고 강조했다.

"제가 오랫동안 종단 교육과정에 참여했습니다. 녹원 큰스님께서 직

청암사를 찾은 녹원 스님을 모시고 자리를 같이 한 지형 스님과 상덕 스님

지사 도량을 내어 주셔서 종단도 맘 편하게 각종 교육을 진행할 수 있었어요. 저도 행자교육부터 각급 수계교육 지도를 위해 직지사에 길게 머문 적이 많습니다. 도량 구석구석을 살펴보면서 녹원 큰스님의 위대함을 여러 번 느꼈습니다. 도량의 풀 한 포기, 나무 한 그루 그냥 있는 것이 하나도 없었습니다. 도량의 반듯함이 큰스님의 모습 그대로였습니다. 종단과 동국대도 그랬습니다.

큰스님 책상에는 항상 책이 있었어요. 인사드리러 가면 항상 책을 보신 소감을 말씀하셨어요. 그러면서 교육의 중요성과 필요성을 강조하셨습니다. 포교에 대한 걱정도 많으셨어요. 그때는 잘 몰랐는데 지금 큰스님의 말씀을 생각해보면 틀린 말씀이 하나도 없습니다. 항상 종단의 미래를 걱정하셨습니다. 주지를 하는 스님들에게는 항상 '목적에 맞게 돈을 쓰라'고 강조하셨어요. 호용죄(互用罪)를 범하지 말 것을 강조하신 것입니다. 목적에 맞지 않게 돈을 쓰는 것도 죄라고 하신 것입니다."

지형 스님은 녹원 스님의 원력과 열정을 회고하고 또 회고했다.

"큰스님께서 아프셨을 때 인사를 드리러 가면 손을 잡고 놓지를 않으셨어요. '이 늙은이를 이렇게 생각해줘서 고맙네'라고 말씀하실 때는 정말 가슴이 먹먹했습니다."

녹원 스님의 든든한 배려와 후원으로 지형 스님은 청암사를 여법한 교육도량으로 만들었다. 직지사와 청암사처럼 녹원 스님과 지형 스님은 떼려야 뗄 수 없는 인연이다. 시절인연이라는 말은 녹원 스님과 지형 스님에게 딱 맞는 표현이었다.

"오직 불법佛法을 위해 사신 어른"

前 진각종 통리원장 **혜정 정사**

"저에게는 스승님이자 아버지 같은 존재였습니다.
우연인지 큰스님과 부친 모두 용띠 1928년생이십니다.
생물학적으로 저를 낳아주신 분은 부친이시지만
지금까지 제가 부처님 가르침을 공부하고 수행하며 전할 수 있는
기본을 잡아 주신 분은 바로 녹원 큰스님이십니다.
비록 오랜 시간 모시지 못했지만 큰스님의 가르침은
오늘날의 저를 있게 해준 큰 버팀목과 같습니다."

前 진각종 통리원장 혜정 정사님은 옛 스승을 회고하며 눈시울을 붉혔다.
녹원 스님 영결다비식에서 스승을 보내드리며 "눈물을 쏟아내던" 그 모습이
다시 떠올랐다. 눈물 속에는 수많은 감정이 담겨 있을 터.
굳이 헤아리고 싶지는 않았다. 그냥 정사님의 모습 그대로를 느끼고 싶었다.

진각종의 통리원장과 교육원장까지 지낸 혜정 정사님은 지금도 매월 한 차례 강의에 나선다. 후배들을 위해 기꺼이 강단에 서고 있다. 녹원 스님과의 인연을 듣기 위해 청한 시간도 강의가 있던 날이다. 정사님은 그동안 『마음의 등불』, 『밀교 강좌』, 『대일경 주심품 이야기』, 『밀교 진언수행 이야기』, 『남인도 북인도를 가다』, 『불설대승장엄보왕경』, 『인간, 석가모니를 만나다』, 『밀교 기원이야기』, 『유마힐소설경』, 『밀교, 보리심론』, 『밀교, 생활의 향기』 등 수많은 저서를 쓰기도 한 밀교학의 권위자이기도 하다.

"진각종 후배 스승들을 위해 『대일경』 강의를 하고 있습니다. '대일경'의 다른 이름은 '대비로자나성불신변가지경'입니다. 즉 대일여래인 비로자나 부처님이 체험한 성불의 경지를 적은 경전입니다. 밀교사상의 이론적 원리를 밝힌 밀교 근본 경전으로, 7세기 중반 인도에서 성립한 것으로 보고 있습니다. 밀교의 핵심을 후배들에게 전하고 있습니다.

밀교를 '비밀'로만 생각하는 경향이 있지만, 밀교는 일상생활 그 자체입니다. 이는 우리의 생활이 본래 비밀스러운 것이기 때문이죠. 신리를 모르는 차원에서 보면, 해 뜨고 비 오고 바람 불고 꽃이 피고 지는 것이 모두 비밀스러운 것입니다. 이것은 우리 앞에 나타난 현실 세계일뿐입니다."

사명 대사 대신 만난 녹원 스님

'조계종으로 출가해 스님이 되어 녹원 스님을 만나고 다시 인연이 되어 진각종의 스승이 되었다.' 이 한 줄만으로도 궁금해지는 정사님의 수행이력이다. 정사님의 부처님 인연이 궁금하지 않을 수 없었다.

"불법(佛法)을 믿는 가정에 태어났습니다. 울릉도 도동의 비구니 사찰 대원사를 창건하는데 일조한 부모님의 인연이 있습니다. 성인이 되어 사회생활을 하다가 어느 날 이종익 교수의 작품인 『사명 대사』를 읽고 발심(發心)이 되었습니다.

사명 대사의 출가사찰인 김천 직지사로 갔습니다. 원주인 법일 스님에게 출가하러 왔다 말씀드리니 '중은 아무나 하는 게 아닌데 왜 오셨는가?'라며 객실에서 하루 자라고 합니다. 하루 자면서 생각해보라는 뜻이었죠. 제 의지가 확고하자 스님은 준비를 해서 다시 오라고 했습니다. 그래서 다시 수원집으로 갔습니다. 집에는 부산에 좋은 직장이 생겨 자리를 옮긴다고, 자리를 잡으면 안부를 전하겠다 말씀드리고 나왔습니다. 하하. 1969년 10월의 일입니다."

나름 기대를 했다. "녹원 스님을 스승으로 모시기 위해~~~"라는 말씀을 하실 줄 알았지만 사명 대사의 출가사찰이어서 직지사로 갔다는 말씀에 다소 힘이 빠진 것은 사실이었다.

"행자가 되고 나서 매일 아침이면 산에 올라갔습니다. 나름 신심(信心)도 다지고 원력(願力)을 세우는 목적으로 산에 다녔는데 어느 날부터인가 부목 거사님들이 나무를 해놓으면 제가 끌고 내려오곤 했습니다. 매일 반복했어요. '최 행자가 부지런하다'며 법일 스님이 8명의 행자 중 저를 첫 번째로 계를 받게 해줬습니다. 하하."

5개월여의 행자를 마치고 1970년 봄 사미계를 받았다. 은사는 녹원 스님. 법명은 법우(法雨). 중생을 교화하여 사람들에게 덕을 베풀라는 의

1970년 가을 직지사 천불전 가는 길에 선 녹원 스님

미였다.

"저에 앞서 녹원 큰스님을 시봉하던 사형님이 통도사에 공부하러 간다며 저를 불렀습니다. 그러면서 저한테 열쇠를 하나 건넸습니다. 뭔가 했더니 큰스님 방 열쇠였던 것입니다. 그렇게 '간단하게' 인수인계가 되어 큰스님 시봉을 시작했습니다.

큰스님께서는 몸이 그리 건강하시지도 않으면서 오로지 가람 수호에 총력을 기울이는 모습이었습니다. '가람 수호가 나의 수행이다. 직지사의 옛 모습을 되찾는 것이 불은(佛恩)을 갚는 길이다'고 항상 강조하셨어요.

당시 직지사는 일주문에서 대웅전 그리고 천불전 주변을 제외하고 모두 개인의 땅이었습니다. 그리고 황악산 내에 약간의 평지만 있어도 모두 일반인들의 땅이었습니다. 큰스님은 '이곳은 한국불교의 초기 사원이다. 이 땅의 불교가 흥왕하려면 이곳 직지사가 총림이 되어야 한다. 인재를 양성하기 위하여 선원, 율원, 강원을 설립하는 불사를 해야 한다. 내가 다 이루지 못하더라도 그 터를 닦는 것이 먼저다' 하시면서 주지스님이지만, 화주승처럼 전국을 다니면서 권선하셨어요.

큰스님께서는 항상 청결하고 법도가 있었습니다. 자주 바깥 출입을 하시므로 추한 모습으로 대중에게 보이면 안 된다는 생각으로 깨끗하고 가지런한 승복과 티 없는 흰 고무신을 선호하셨습니다. 시봉으로서 가지런한 승복, 하얀 고무신, 어깨걸이를 항상 점검하는 것이 제일 힘들었습니다. 특히 늦게 들어오시면 공양으로는 누룽지 끓인 것에 된장찌개를 드셨던 기억도 납니다. 시줏물을 소중하게 생각하시는 것은 당연하셨고요. 현재의 직지사가 이만큼 자리 잡은 것은 모두 큰스님의 원력(願力) 덕분이라는 생각을 다시 하게 됩니다."

1971년 4월 법명 스님의 사미계 수계불사 후 녹원 스님을 모시고 자리를 같이 한 대중들

제자에게 직접 천자문을 가르친 스승

정사님은 녹원 스님의 일거수일투족을 배우려 애썼다. 걸음걸이 하나 하나 손짓 하나 하나 모두 놓치고 싶지 않았다. 신심(信心)있는 제자를 가르치는 스승의 마음도 기쁘기 그지없었다.

그러던 어느 날 제자는 스승에게 청을 하나 여쭈었다.

'큰스님! 저도 이제 강원에 가서 좀 더 체계적으로 공부를 하고 싶습니다.'

'그래? 그거 좋은 생각이지. 다만 내 옆에서 1년만 더 있어라. 대신 내가 너에게 천자문을 가르쳐주겠다.'

"저는 특별한 대우를 받았다고 생각합니다. 시봉을 하는 중에 하루라도 빨리 강원 공부를 하기 위하여 떠날 것을 말씀드렸는데 큰스님께

1971년 여름 직지사 나한전 옆 마당에서 울력하는 녹원 스님과 대중들

서는 1년만 더 시봉하라고 하셨습니다. 그러면서 강원 공부를 위한 한문의 기초를 직접 가르쳐 주시겠다고 하여 저녁 9시 이후 단독으로 천자문을 배웠습니다. 이때 천자문 4자 250행의 원리를 익혔습니다. 강원 공부에 큰 도움이 된 것은 당연했고요. 큰스님께서 가르쳐 준 천자문의 이치는 특이하였습니다. 이러한 가르침을 하시는 분이 서울에 계시는데, 큰스님께서 우연한 기회에 배우게 되었다고 하셨습니다. 예를 들면 하늘 天이 一, 二, 人, 大로 나뉘면서 자연의 섭리로 이루어졌다는 것입니다. 당시에는 대수롭지 않게 생각하였지만 얼마 안 지나 큰스님 가르침의 뜻을 조금 이해할 수 있었습니다."

공부의 뜻을 꺾을 수 없었던 정사님은 녹원 스님이 출타한 틈을 타 천불전에서 기도를 하고 강원으로 갈 계획을 세웠다. 때가 왔다. 약 3일의 일정으로 녹원 스님의 외부 출장이 잡혔다. 정사님은 바로 천불전으로 가 기도를 시작했다. 그런데 이게 웬일. 이틀째 되던 날 밤늦게 어간 문이 열리는 소리가 들렸다. 나쁜 예감은 틀리지 않다고 했던가. 제자의 기도소리를 들은 녹원 스님은 천불전으로 들어와 부처님께 향을 올리고 삼배를 했다. 녹원 스님의 모습에 정사님은 놀라지 않을 수 없었다.

다음날 점심 3일 기도를 마치고 공양간에 가니 진수성찬이 차려져 있었다. '오늘 무슨 일이 있나?'라고 생각하며 공양을 하려는 순간 원주스님이 와 귓속말을 건넨다. "법우 스님 기도 마친다고 큰스님께서 공양을 잘 준비하라는 특별지시가 있었다네."

녹원 스님이 미처 마치지 못한 일정을 보러 나간 사이, 정사님은 짐을 싸 해인강원으로 향했다. 인수인계는 똑같았다. 사제에게 열쇠를 쥐어 주며 "큰스님 오시면 문 잘 열어주면 된다."는 말 한마디.

1971년 10월 13일 해인사에 도착했다. 녹원 스님과 절친이던 지관 스님은 정사님의 방부를 허락하지 않았다. "네 스승한테 허락받고 오라!"고만 말했다. 하루가 지나고 어렵게 방부허락이 내려졌다. 녹원 스님이 부탁한 결과였다. 지관 스님은 조건을 걸었다.

'첫째, 공부만 해야 한다. 둘째, 최고의 공부를 해야 한다. 셋째, 최우등으로 졸업해야 한다. 할 수 있겠느냐?' '네! 최선을 다하겠습니다.'

"큰스님의 허락을 받지도 않고 해인사로 들어가 겨우 지관 큰스님의 방부허락을 받아 해인 강원에서 3년간 공부하여 대교과를 마쳤습니다. 해인강원 입방할 때 지관 스님과의 약속을 지키기 위해 최선을 다하여 공부하였습니다. 공부를 위하여 정두, 욕두 소임을 자청하였습니다. 이 뜻을 아신 지관 스님께서 공부에 집중할 수 있도록 보장전 소임을 맡아 책을 보며 살도록 배려해 주시기도 했습니다."

정사님의 공부는 힘이 넘쳤다. 지관 스님과의 약속, 녹원 스님의 기대를 저버릴 수 없어 쉼 없이 공부했다. 그러던 어느 날 지관 스님이 통장과 도장을 내밀었다.

"얼마 전에 만난 네 은사스님이 너한테 전해달라 하더라. 받아라. 더 열심히 공부해야 한다."

모두 정사님 이름으로 된 통장과 도장이었다. 통장에는 무려 20만원이 들어 있었다.

"그 통장을 보고 정말 눈물이 핑 돌았습니다. 당시 『화엄경』 80권을 2만원이면 살 수 있었던 때입니다. 강원 공부하는 동안 다른 거에 한 눈 팔지 말고 오로지 공부에만 집중하라는 큰스님의 뜻을 알 수 있었습니다."

1973년 녹원 스님 생신을 기념해 모인 대중들

"가람불사와 인재불사의 길을 따라…"

　은사 녹원 스님과 대강백 지관 스님의 배려로 정사님은 해인강원 과정을 무사히 마칠 수 있었다. 다양한 경전을 본 것은 지금까지 수행생활의 밑바탕이 되었다.

　정사님은 직지사로 돌아가 잠시 휴식을 취한 뒤 다시 짐을 쌌다. 『화엄경』을 짊어지고 탄허 스님이 계신 오대산으로 향했다. 탄허 스님에게 꼭 『화엄경』을 배워보고 싶었기 때문이다. 오대산으로 가던 중 미리 연락을 넣어 수원 속가 집에 들렀다. 그런데 집에 가니 대전충청 지역 진각종 스승님들이 '단체로' 집에 와 있었다. 스승님들이 이제 진각종으로 돌아오라며 밤을 새웠다.

1973년 가을 해인사 팔만대장경 판전을 둘러 보는 혜정 정사님

　편치 않은 마음으로 오대산에 갈 수 없어 직지사로 내려갔다가 일주일 뒤 다시 수원 집에 왔더니 이번에는 통리원장을 비롯한 종단 최고 지도부 스승님들이 집으로 들이닥쳤다. 무작정 차에 태워진 정사님은 서울 성북구 하월곡동의 진각종으로 전격적으로 '납치(?)'되고 말았다.
　정사님은 대중방에 모인 일곱 분의 큰 스승들에게 당시 진각종에서 도입되지 않았거나 실천하지 않은 교육과 수계 등 5~6가지 부분에 대해 물었다. 진각종에 들어갈 수 없다는 거부의 명분을 찾기 위해서였다.
　"녹원 큰스님의 뜻을 이어 저는 교육과 인재양성에 매진하고 싶습니다. 제가 이것을 할 수 있도록 도와주시겠습니까?"

큰 스승들은 "그러니까 스님이 와서 과업들을 이룩하라."는 말씀을 하였다. 정사님은 1975년 1월부터 진각종 스승으로서의 수행을 시작했다. 스승에게 드리지 못한 인사를 담은 편지와 계첩, 가사, 장삼은 함께 포장해 직지사로 보냈다.

"저는 항상 앞서 수행하신 스님들의 길을 좋아했습니다. 그리고 큰스님의 행적을 본받으려고 노력하였습니다. 큰스님께서, 만류하는 노스님 곁을 떠나 상원사 적멸보궁에서 추운 겨울 기도하고 다시 직지사로 돌아와 가람수호의 길을 가셨습니다. 저 역시 큰스님의 뜻을 어기면서 천불전에서 3일간 철야 기도한 다음 해인사로 갔습니다. 강원공부를 마친 다음에 다시 큰스님의 곁을 떠나 『화엄경』을 챙겨 오대산으로 향하였습니다. 그길로 다시 돌아오지 못하고 진각종에 입문하게 되었습니다. 큰스님 시봉하는 뜻을 살려 진각종에서도 총인님을 모시게 되었습니다. 모두 인연의 흐름입니다."

나중에 도반스님에게 들은 얘기. 지관 스님은 정사님의 진각종 입문 소식을 듣고 "법우가 그러면 안 돼!"라며 매우 섭섭해했다고 한다. 녹원 스님의 마음이야 쉽게 짐작할 수 있을 터.

정사님은 진각종에 와서 교육원 설립을 돕고 수계 문화를 정착시키는 데 일역을 담당하였다. 교육과 인재양성, 가람수호 등 녹원 스님에게 배운 그대로를 실천하고자 했다. 종단 큰 스승님들의 배려로 종단차원에서 순차적으로 밀교성지순례와 부처님의 성지 순례도 처음으로 시작하기도 하였다.

"불교의 흥성은 가람의 웅장하고 화려함에 있는 것이 아니라, 그 속에서 수행하는 출가자에 있습니다. 가람 수호는 곧 인재 발굴의 터전을 닦는 것이죠. 큰스님께서는 제자들이 선사가 되고, 율사가 되고, 강사가 되기를 바라는 마음이 간절하였습니다. 그리고 최선의 배려를 해 주셨어요. 저 역시 그 배려를 받았습니다. 사형님들 중에는 그러한 분들이 있었습니다. 그러나 큰스님의 뜻을 바르게 이해하지 못하고 다른 길로 향하는 이들이 생기기도 하였습니다. 큰스님의 뜻에 부응하지 못한 것은 지금도 죄송스럽습니다."

정사님은 진각종 스승이 되고 난 뒤 세 번 녹원 스님을 만났다.

첫 번째는 녹원 스님이 총무원장 소임을 맡았을 때, 한국불교종단협의회 회의에서였다. 쉬는 시간을 이용해 녹원 스님에게 가 바닥에서 삼배를 올렸다.

"큰스님! 저 기억나시겠습니까?"

녹원 스님은 답이 없었다.

"저 법우입니다."

한참 뒤 돌아온 대답. "잘해!" 무뚝뚝한 말투 속에 제자에 대한 사랑이 묻어 있었다.

두 번째는 정사님이 진각종 통리원장에 취임한 뒤 첫 설날이었다. 직지사에 연락을 해 세배를 드리러 간다고 하니 와도 좋다는 회신이 왔다. 직지사 명적암에 올라 녹원 스님에게 삼배를 올렸다. 녹원 스님의 입에서 뜻밖의 인사가 들려왔다.

"오셨어요?"

"법우입니다."

"알아요."

"한국불교를 위해 열심히 정진하겠습니다."

제자가 아닌 종단 대표자의 인사를 받은 녹원 스님은 경어로 인사를 건넸다. 정사님은 당황스러웠지만, 평소 녹원 스님다운 모습이었다. 정사님은 그래도 섭섭했다고 한다. 종단 대표보다는 제자로서 세배를 했기 때문이다. 설날 공양은 말 그대로 상다리가 휘게 차려졌다. 진각종단의 수장이 된 제자를 위해 녹원 스님은 정성스러운 공양을 준비했다.

세 번째 만남 역시 직지사에서였다. 녹원 스님의 생신을 맞아 많은 대중들과 함께 했다. 이때 역시 상좌석이 아닌 귀빈석에 자리가 마련됐다.

종단을 옮긴 것이 서운했을 법하지만 녹원 스님은 어느 자리에서든 최선을 다하는 불제자가 되기를 당부했다.

"큰스님께서는 제산 스님과 탄옹 스님의 법(法)을 이으셨습니다. 항상 불법(佛法)의 미래를 생각하는 분이십니다. 사명 대사가 국가를 위한 불사를 하였듯이 큰스님 역시 불교와 국가를 위한 불사를 하신 분입니다. 종무에 진력하셨지만, 생활선 수행을 하시면서 춘원 이광수의 소설을 좋아하셨고 임어당 전집을 곁에 두실 정도 문학적인 면모도 강했습니다. 두루 회통하신 분이 바로 녹원 큰스님이시죠.

녹원 큰스님의 가르침을 항상 생각합니다. 대중들에게 당부드립니다. 자신을 낮추는 수행을 바탕으로, 오로지 부처님의 본래 서원을 성취하고자 마음을 한순간도 잊지 않아야 합니다. 세상의 주인공이지만 모든 불사를 행할 때는 주인공인 자신을 위하는 것이 아닌, 일체 중생을 이익되게 하고 안락하게 하는 것이 참다운 주인공이 되는 길이라는 것을 생각해야 할 것입니다."

그 스승의 그 제자. 녹원 스님과 혜정 정사님의 이야기다.

"대원경지大圓鏡智의 통찰력을 가진 큰스님"

김종빈·황인선 부부

"유부위여有孚威如라고 하지요.
표정은 근엄하면서 가슴에는 따뜻한 정을 간직한 사람을 표현하는 말입니다.
큰스님이 딱 그런 어른이셨습니다. 정말 인간적으로 따뜻하셨어요.
인사를 드리면 언제나 밝고 편안한 모습으로 맞아주셨습니다.
또 내공이 대단한 수행자이자 탁월한 행정가로 기억합니다.
큰스님께서 조계종 총무원장과 동국대 이사장을 훌륭하게 회향하신 것은
이를 증명하고 있습니다. 수행이 없었다면 그 큰일들을 하시지
못했을 것입니다."

김종빈 前 검찰총장 부부에게 녹원 스님은 아직도 큰 스승이자
부모님과 같은 존재로 남아있다.
부부의 기억 속 녹원 스님은 편안함과 따뜻함이 항상 함께하는 어른이었다.

가을을 재촉하는 빗줄기가 제법 굵었다. 바람까지 함께 하니 흡사 뒤늦은 장맛비 같다. 거센 비바람은 가을로의 급격한 변화를 예고하는 법. 그래도 산중의 모든 생명들과 학도암 마애부처님은 반갑게 비를 맞이하며 도심의 찌든 때를 씻겨 보냈다. 비가 그치면 좀 더 맑고 성숙한 세계가 펼쳐지길 기대하며 말이다.

비를 뚫고 김종빈(賢山)·황인선(眞如性) 부부가 학도암을 찾았다. 서울 잠실에서 학도암까지의 거리가 제법 되지만 부부가 함께 하는 길은 즐겁기만 하다.

언제나 그렇듯 학도암 주지스님과 반가운 인사를 나눈 부부는 대웅전 부처님과 마애부처님께 인사를 올렸다. 오랜만에 만난 불자들과도 격한 포옹으로 인사를 대신한다. 자리를 옮겨 함께 차를 나누며 듣는 녹원 스님과의 인연 이야기는 쏟아지는 빗줄기만큼 시원했다.

하나님의 아들에서 부처님의 제자로…

김 前 총장님은 노무현 대통령 시절 검찰총장을 역임했다. 검사로서 최고의 자리에까지 올랐던 사람이라고는 믿기 어려울 만큼 수수하고 격이 없었다. 부인 황인선 보살님 역시 마찬가지다. 절에서 흔히 만날 수 있는 신심(信心) 있고 원력 가득한 거사님과 보살님의 모습 그대로였다. 호남 출신인 부부가 영남 지역의 녹원 스님이 많이 아끼는 신도였다는 것도 놀라웠다. 인연을 여쭈지 않을 수 없었다.

법문 중인 녹원 스님

법대 4학년 시절 김 前 총장님은 친구들과 함께 고시공부 할 곳을 물색했다. 마침 대구 출신의 친구가 구미 도리사를 추천했다. 개신교 신자였던 김 前 총장님은 잠시 망설였지만 친구들과 함께 하기로 결심했다. 행선지를 정한 일행은 공부할 책과 짐들을 챙겨 도리사로 향했다. 해평에서부터 걸어서 짐을 들고 가던 일행은 저수지에 뛰어들어 땀을 식히고 나서야 절에 도착했다.

"도리사에 갔더니 주지스님은 산림법 위반으로 구속되었고 절은 비어 있었습니다. 저희들끼리 장을 봐서 밥을 해 먹으며 공부했습니다. 얼마 후에 서울에서 젊은 스님이 오셨습니다. 공부는 잘됐지만 계속 마음에 걸리는 것이 있었어요. 절에 있으면서 하나님께 기도를 한다는 것이 많이 괴로웠어요. 몸은 부처님 집에 살면서 영혼은 하나님을 섬기고 있는 모순된 생활을 하고 있는 저 자신을 발견하고 심한 갈등을 느끼게 되었습니다. 그래서 결국 절에서 내려가려고 했습니다. 그런데 그 젊은 스님이 제 사연을 아시고 당부하셨습니다. '거사님에게 지금 중요한 것은 종교가 아닙니다. 여기서 하나님께 기도를 해도 상관없고 부처님께 절을 해도 좋습니다. 다만 사법고시 합격이라는 목표가 있으니 오직 그것을 위해 진력하세요.' 그 말씀을 듣자 마치 큰 바위가 제 가슴을 치는 것 같았습니다. 종교 때문에 고통스러워하던 차에 스님의 그 말씀은 엄청난 충격으로 다가왔습니다.

만약 목사님에게 제 사연을 말씀드렸으면 어떤 대답을 하셨을지 생각하게 되었어요. 아마 그 스님의 말씀과는 정반대였을 것입니다. 그 후 저는 인간에게 종교는 무엇인가를 깊이 생각하게 되었고, 하나님의 가르침은 어느 정도 알고 있는 것이니 부처님께도 한번 여쭈어보자는 심

김종빈 총장님이 법등 스님을 처음 만났던 도리사의 태조선원 용상방

정으로 불교에 다가서기 시작했습니다. 보통은 불교신자가 개신교로 개종하는 경우가 많은데 저는 좀 달랐습니다. 하하. 그 젊은 스님의 말씀 한마디가 저를 불교로 이끌었다고 할 수 있습니다."

시간이 지나 사법고시에 합격하고 검사생활을 시작했다. 그때 이미 김 前 총장님은 불자가 되어 있었다. 검사 생활의 두 번째 발령지가 경북 상주지청이었다. 대구지방검찰청에 인사를 다녀오는 길에 김 前 총장님은 다시 도리사에 들렀다. 여기서 결정적 인연이 다시 시작됐다.

"1981년이었습니다. 오랜만에 다시 도리사를 찾아 참배하고 주지스님을 만나 차를 한 잔 얻어 마셨습니다. 주지스님께서는 제 도리사 사연을 듣고 엄청 반가워하셨어요. 그러면서 나중에 가족들 다 같이 절에 오라고 해요. 그해 겨울에 가족들과 함께 다시 도리사에 갔더니 아주 정성스럽게 이부자리를 준비해 주셨습니다. 딱 보기에도 정성이 가득한 방이었습니다. 그때 저는 손님을 대하는 자세에 대해 생각하게 되었습니다. 누구든 찾아오는 사람에게는 정말 정성을 다해야겠다는 다짐을 했습니다."

그때 만난 도리사 주지는 바로 법등 스님이었다. 은사 녹원 스님의 가르침에 따라 절을 가꾸던 법등 스님은 다시 한번 김 前 총장님의 마음을 흔들었다. 김 前 총장님의 '귀한 인연'을 이어주는 가교가 되었던 것이다.

서울 연화사의 불자 부부

김 前 총장님 부부는 1982년 부처님오신날을 직지사에서 보냈다. 먼 발치에서 녹원 스님에게 인사를 올렸다. 당시 재무 소임을 보던 법보 스님과의 인연도 만들어졌다. 직지사 재무 소임을 마친 법보 스님이 서울 연화사 주지로 부임하면서 녹원 스님에게 공식적으로(?) 인사를 드렸다. 부인 황인선 보살님은 이미 연화사 신도회 총무를 맡아 지근거리에서 녹원 스님을 모시고 있었다. 보살님은 김 前 총장님과는 반대로 독실한 불자 집안에서 자랐다고 한다.

"저는 모태불자입니다. 하하. 어려서부터 친정어머니를 따라 여수 보현암에 다녔습니다. 여수에 있는 유일한 송광사 말사가 보현암이었어요. 친정어머니가 송광사 불자모임 중 하나인 불일회 여수지회장을 맡으실 정도로 열혈 불자여서 저도 자연스럽게 불교를 받아들였고 남편보다는 그래도 더 열심히 절에 다녔습니다. 하하. 법등 스님 인연과 나중에 이어진 법보 스님과의 인연으로 제가 연화사에 다니기 시작했고 남편 역시 연화사에서 큰스님을 친견하게 되었습니다."

김 前 총장님이 말씀을 받았다.

"제가 사실상 녹원 큰스님을 처음 뵌 곳은 서울 연화사입니다. 아내를 따라 갔다가 큰스님께 인사를 드리게 되었어요. 당시만 해도 제가 많이 어리고 불교에 대한 신심(信心)이 아직 크지 않을 때여서 큰스님을 제대로 알아보지 못했습니다. 그럼에도 큰스님은 매우 근엄하셨고 오랜 수행으로 다져진 중후함이 몸에 배어 있다는 인상을 받았습니다."

검사생활로 바빴던 김 前 총장님과 달리 보살님은 녹원 스님을 가까이서 모셨다. 어떤 때는 스승으로, 또 어떤 때는 친정아버지처럼 녹원 스님을 따랐다.

"큰스님께서 가끔 저를 불러 어디를 가자고 하십니다. 그러면 저는 신이 나서 큰스님을 모시고 다녔어요. 저는 마냥 좋았어요. 제가 먼저 큰스님 팔짱을 끼고 여기저기 둘러봤습니다. 큰스님께서 너무 편안하게 대해 주셨고 가끔 장난도 치면서 이런저런 말씀도 나누곤 했어요. 가끔은 제가 '큰스님 배고파요. 밥 사주세요!' 하면 '그럴까!' 하고 받아 주셨습니다. 저에게는 큰스님에 대한 어려움이 전혀 없었습니다. 친정아버지보다 더 친정아버지 같았습니다. 하하."

연화사에서 기도하고 정진하던 보살님을 하루는 녹원 스님이 불렀다. 환갑을 맞아 문도스님들이 많이 모이니 꼭 직지사로 오라고 녹원 스님은 당부했다. 다른 신도들과 함께 전날 직지사로 내려가 인사를 드리니 녹원 스님이 '眞如性(진여성)'이라는 법명이 적힌 종이를 내밀었다. 이윽고 날이 바뀌어 직지사 천불전에서 문도스님들이 모두 지켜보는 가운데 보살님은 법명을 받았다.

"저와 연화사 신도님 한 분이 같이 법명을 받았어요. 그 분 법명은 '如來性(여래성)'이었습니다. 스님들이 너무 많이 계셔서 정신이 하나도 없었고, 큰스님께 이렇게 법명을 받아도 되는지 부끄럽기만 했습니다. 정확하지는 않지만 큰스님께서 더 열심히 정진하라는 당부말씀을 하셨던 것 같습니다."

보살님은 법명에 부끄럽지 않은 불자가 되기 위해 정진하고 정진했다. 연화사는 물론 직지사, 8교구 소속 사찰들의 크고 작은 기도와 불사에도 동참했다. 녹원 스님은 신행생활의 스승이자 큰 버팀목이었다.

녹원 스님이 서울에 올 때면 자주 머물렀던 서울 연화사.
김 총장님 부부 역시 연화사에서 녹원 스님을 친견했다.

"큰스님께서는 우리 신도들에게 너무 인자하신 어른이셨어요. 때로는 어머니처럼, 때로는 아버지처럼 저희들을 챙겨주셨습니다. 신도들도 큰스님을 너무 좋아했습니다. 항상 깔끔하시고 흐트러짐 없는 모습으로 감로수 법문을 해주시면 힘이 났습니다. 큰스님의 법복은 마치 잠자리 날개처럼 깨끗하고 단정했던 기억이 납니다."

김 前 총장님이 다시 말씀을 받았다.

"큰스님께서는 저와 아내에게 너무 과분한 사랑을 주셨어요. 그래서 지금도 이렇게 잘 사는 것 같아요. 하하.

그래도 제가 더 가까이서 뵙게 된 것은 큰스님께서 잠시 동국대 이사장 소임을 내려 놓으시고 직지사에 계실 때가 아닌가 합니다. 저희 부부는 틈나는 대로 서울에서 직지사를 다녔습니다. 그때는 저도 어느 정도 경험이 쌓인 중견검사로서 활동할 때였습니다. 그래서인지 제가 가면 오래도록 저희를 붙잡아 앉혀 놓고 이런저런 세상사 이야기 나누시는 것을 좋아하셨습니다. 그 당시 큰스님께서는 종단에 영향력이 큰 분이었지만 동시에 정치적으로도 크게 신망받는 분이셨기에 정치 현실에 대해서도 예리한 통찰력을 바탕으로 많은 말씀을 해주셨습니다. 그런 말씀을 하실 때도 항상 자세가 흐트러짐이 없었기에 큰스님을 뵐 때면 저 역시 항상 정돈된 마음을 가질 수밖에 없었습니다.

어느 해에는 추석에 큰스님께 인사를 갔습니다. 마침 점심공양시간이 되었습니다. 큰스님께서 저희 부부를 따로 부르셔서 송이를 직접 구워주셨습니다. '송이는 내가 제일 잘 구워!'라고 농담을 하시며 먹어 보라고 권하시는 모습이 마치 자식들에게 하나라도 더 먹이려는 여느 부모님과 같았어요. 항상 근엄하시던 큰스님께서 다정하고 인정스런 모습을 보여 주시는 것을 처음 보았습니다. 그 후로는 큰스님 뵙는 것이 조금 편해졌고 근엄한 표정 뒤에 따뜻한 정을 가진 어른으로 기억에 남게 되었습니다."

불교와 인연을 맺고 김 前 총장님은 녹원 스님을 비롯한 여러 선지식들과도 인연이 닿았다. 전국을 다니며 근무하는 검사의 직업적 특성이 장점을 발휘하던 순간이 많았다.

부처님오신날 직지사 풍경

"제가 검사로서 사회생활의 첫발을 내디딜 무렵 탄허 스님을 뵙게 되었습니다. 스님께서 여러 가지 좋은 말씀을 해주셨고 헤어질 무렵 지필묵을 꺼내서 저에게 '物我兩忘(물아양망)'이라는 글귀를 써 주셨습니다. 당시 저는 그 글귀를 읽을 수는 있었지만 뜻이 무엇인지 정확히 알 수 없어 스님께 뜻을 여쭈어 보았으나 스님께서는 미소만 지을 뿐 말씀이 없으셨습니다. 저는 그 글귀를 소중히 간직하면서 나름대로 '중도(中道)를 지키는 삶을 살라'고 그 뜻을 해석하고 저의 평생 좌우명으로 삼고 있습니다.

또 기억에 남는 분은 지관 스님입니다. 지관 스님은 대학자로도 유명하신 어른입니다. 스님께서 총무원장으로 계실 때 저를 종단 법률고문으로 위촉하셨습니다. 지관 스님께서는 법률고문인 저를 능률적으로 활용하시어 종단과 사회의 불편함을 적극적으로 해결하려 하셨습니다. 또 정치, 사회, 문화 등의 분야에 있어서 의문이 나는 점은 항상 자문을 구하시며 종무를 살피셨던 기억이 납니다."

"본질적 사명에 충실하라"

김 前 총장님 부부의 녹원 스님 회고는 계속 이어졌다. 부부의 불교 인연이 놀라웠고, 녹원 스님과의 인연은 더욱 놀라웠다.

"저는 큰스님께서 동국대 이사장까지 다 마치신 이후에 자주 뵈었습니다. 그래서 큰스님께서 소임을 보실 때 어떤 모습이었는지는 잘 알지 못합니다. 다만 평소의 말씀을 듣고 느낀 바로는 큰스님께서 소임을 맡을 때는 남다른 창의력과 강력한 추진력을 발휘하셨을 거라고 생각하고 있습니다."

직접적으로 보지는 못했지만 김 前 총장님 역시 직지사 중창이라든가 동국대 재건의 역사를 익히 알고 있었다. 공직을 수행하는 김 前 총장님에게 내린 녹원 스님의 당부는 무엇이었을까?

"큰스님께서는 직분에 충실하라는 말씀을 많이 하셨습니다. 자기가 맡고 있는 본질적 사명에 충실하라고 하셨어요. 이런 큰스님의 말씀은 검사로서 저의 일을 제대로 하고 있는지 스스로를 항상 되돌아보게 하였습니다."

김 前 총장님 부부는 보살님의 친정아버지 제사를 지내러 가는 길에 녹원 스님의 열반 소식을 들었다. 제사를 마치고 바로 직지사로 달려가고 싶었지만 당시 김 前 총장님의 건강이 좋지 않아 영결식 날 아침에야 마지막 인사를 올릴 수 있었다.

"큰스님께서 편찮으실 때 자주 찾아뵙지를 못했어요. 생전에 더 잘 모셨어야 했는데 그러지 못했습니다. 그래서 큰스님의 열반이 더 서운했습니다. 너무 죄송했어요."

김 前 총장님은 녹원 스님의 대원경지(大圓鏡智)의 통찰력을 닮고 싶다고 했다. 검사로서 최고의 자리에 오르고 또 성관계의 수많은 러브콜을 뿌리치며 '한가한 도인'으로 살고 있는 김 前 총장님의 말씀이 예사롭지 않았다.

"제가 벌써 70대 중반의 나이이지만 아직도 배울 게 많습니다. 큰스님의 통찰력을 더 배워서 불교와 사회에 회향하고 싶습니다."

김 前 총장님은 한국불교에 대한 쓴소리도 마다하지 않았다. "기복신앙에서 탈피해 생활불교를 실천해야 한다."고 강조했다.

명적암에서 포행 중인 녹원 스님

김 前 총장님 부부는 매일 아침 30분씩 명상을 한다. 선정에 들면 몸과 마음이 정리가 되고 편안해진다고 한다. 녹원 스님에게 가르침을 받던 그 시절처럼 부부는 오늘도 열심히 달린다.

"큰스님께 가르침을 받던 시절이 그립기만 합니다. 이제 법등 스님과 법보 스님을 비롯한 제자들이 큰스님의 뜻을 잘 이어 불교와 사회에 기여할 것으로 기대하고 있습니다. 하하."

"언제나 공公을 위했고 사私가 없었던 어른"

주호영 국회 정각회 회장

"'위공무사몽역한爲公無私夢亦閑'이라고 하잖아요.
공을 위하고 사사로움이 없으니 꿈조차 한가롭다는 말입니다.
저는 이 글귀를 볼 때마다 녹원 큰스님을 생각합니다.
마치 큰스님께서 하신 말씀처럼 느껴집니다.

선공후사先公後私도 녹원 큰스님을 상징하는 말입니다.
큰스님 당신에게 '개인'은 없었습니다. 항상 불교와 대한민국만 있었어요.
인사드리러 갈 때마다 나눴던 다양한 주제의 이야기 역시 공公이
중심이었습니다. 공직에 있는 저는 지금도 큰스님의 이 당부를 생각합니다."

'진짜 불자' 주호영 국회 정각회 회장은
"주 100시간 일을 한다."는 세간의 평에서 벗어나지 않았다.
몇 번을 논의한 끝에 겨우 약속을 잡을 수 있었다.
일정을 분 단위로 쪼개 쓰는 주호영 의원은 '스승 녹원 스님'을 항상 생각하며
정진하고 또 정진한다.

지방 사찰을 다니다 주호영 의원님을 우연히 마주친 적이 한두 번이 아니다. 아침 일찍이었던 날도 있었고 늦은 저녁시간 때 만난 적도 있다. 장소도 다양하다. 깊은 산중의 선방도 있었고 교구본사였던 곳도 있다. 취재를 하기 위해 사찰을 찾는 사람과는 차원이 달랐다. 시간이 날 때마다 절을 찾는 주 의원님의 신심(信心)은 정말 타의 추종을 불허한다.

이번에는 서울 도심 한복판이었다. 서울 용산의 국방부 원광사. 군포교의 전진기지이자 조계종 군종특별교구본사. 먼저 도착해 자리를 잡은 뒤 경내를 둘러보다 의원님을 만났다. 혼자였다.

"쉬는 날에는 다 같이 쉬어야죠. 개인 일로 보좌진에게 시간을 내라고 하는 것은 맞지 않아요. 하하."

평소 '젠틀'한 모습 그대로였다. 원광사 카페에서 차(茶)로 추위를 녹인 뒤 의원님의 근황을 여쭈었다.

"당에서 원내대표라는 주요한 직책을 맡다 보니 많이 바쁘긴 합니다. 그에 못지않게 중요한 것이 바로 정각회 활동입니다. 현재 회장으로서 여야 불자의원들의 신행과 수행을 돕고 있습니다."

"영원한 정각회장"

불교행사에서 자주 만날 수 있어서가 아니다. 시간이 날 때마다 사찰을 찾아 정진하는 모습만 봐도 의원님의 신심과 원력(願力)을 확인할 수 있다.

국방부 원광사에서 담소를 나누고 있는 묘장 스님과 주호영 의원

"매일 아침 108배를 하면서 지난 하루를 돌아봅니다. 또 하루를 미리 생각합니다. 그래서인지 하루하루를 큰 어려움 없이 지내는 것 같습니다. 혹시 아침에 못하면 점심시간에라도 절을 합니다. 보좌진들도 처음에는 의원실 안에서 절을 하는 저를 보고 깜짝 놀라기도 했지만 이제는 다 이해합니다. 하하. 그리고 틈나는 대로 경전을 보고 있습니다.『금강경』,『법화경』,『화엄경』,『신심명』,『육조단경』 등을 공부하면서 부처님의 가르침에 좀 더 다가서고자 합니다. 그래도 오늘날까지 큰 허물없이 잘 살 수 있었던 것은 모두 부처님 덕분입니다."

주호영 의원님이 늘 마음에 새기는 불교 가르침이 있다. 오조법연 선사가 큰 사찰의 주지를 맡게 된 제자스님에게 전한 네 가지 당부이다. '법연사계(法演四戒)'로 잘 알려진 당부의 내용은 다음과 같다.

"무릇 주지 노릇을 할 때 반드시 지켜야 할 네 가지가 있으니, 첫째는 세력[勢]을 다 사용하지 말고, 둘째는 복을 다 받아쓰면 안 되고, 셋째는 지켜야 할 규율과 법도를 (너무 엄격히) 다 시행하지 말고, 넷째는 (너무) 좋은 말만 다 하지 말라.(勢不可使盡 福不可受盡 好語不可說盡 規矩不可行盡)

왜냐하면 좋은 말만 하면 사람들이 쉽게 (얕)보고, 규율과 제도를 (엄격히) 다 시행하면 사람들이 번거로워하며, 만약 복을 다 받아쓰면 주변에서 따돌림을 받고, 권세를 다 부리면 반드시 화(禍)가 미치기 마련이다."

주호영 의원님은 "이 게송을 본 후에는 늘 마음에 새기고 지침으로 삼고 있다."면서 "복을 아끼라는 유가의 '석복(惜福)'과 같은 가르침으로, 늘 조심하고 감사하라는 뜻"이라고 전했다.

의원님은 또 "1998년 3월 중앙선을 넘어온 차에 받히는 교통사고를 당해 크게 다친 적이 있었는데, 그 때 『금강경』 구절이 떠올라 마음이 편안해지고 위안이 됐다."고 회고했다. 그 대목은 다음과 같다.

"我於往昔節節支解時 若有我相人相衆生相壽者相 應生嗔恨
아어왕석절절지해시 약유아상인상중생상수자상 응생진한

즉, 예전대 내가 옛날 가리왕에게 신체를 할절(割截) 당했다. 그랬는데 그때 아상도 없고, 인상도 없고, 중생상도 없고, 수자상 없었느니라."

주호영 의원님은 "정치를 하면서는 차별하지 않는 마음이 중요하다는 것을 알았다."고 했다. 사람에게 높고 낮음은 있을 수 없다는 말이다. 그러면서 오조홍인과 육조혜능의 일화를 전했다.

육조혜능이 출가를 결심하고, 홍인 선사를 찾아갔다. 혜능이 홍인에

직지사 명월당 앞에 선 녹원 스님

게 인사를 올리자, 홍인이 물었다.

"너는 어디에서 왔느냐, 무엇을 구하고자 하느냐?"

"저는 영남 신주 땅의 백성이온데, 멀리서 스승을 뵙고자 왔습니다. 오직 부처가 되기를 바랄 뿐이지, 다른 뜻은 없습니다."

"네가 살던 영남은 예전부터 오랑캐 땅으로, 너는 오랑캐에 불과하거늘 어찌 하천한 신분으로 부처가 될 수 있겠는가?"

"사람에게는 비록 남과 북이 있을지언정 불성에 어찌 남북이 있겠습니까? 스승님과 오랑캐가 다르지 않은데, 어찌 불성에 차별이 있겠습니까?"

의원님은 "육조혜능의 말씀과 같이 불성(佛性)에는 차별이 없다. 부처님 제자로서 당연히 가슴에 새겨야 할 가르침이다."고 강조했다.

의원님은 현재 국회 정각회장을 맡고 있다. 사실 의원님이 소임을 맡든 안 맡은 많은 사람들은 의원님을 '영원한 정각회장'으로 생각한다.

"전에 정각회 회장을 맡으면서 진행했던 인도 8대 성지와 중국 선종 사찰, 스리랑카 성지순례가 가장 기억에 남습니다. 국회에서는 정각회 법당을 확장 이전한 일이 무척 보람 있었고요. 앞으로는 정각회원들과 함께 하는 미얀마와 일본 불교성지 순례를 기획하고 있습니다.

더불어 수행모임도 다시 활성화 볼 생각입니다. 유식(唯識) 공부반과 참선반을 운영해보려 준비 중입니다. 제 주변에도 참선과 명상에 관심 있는 사람들이 많습니다. 명상은 국민적 관심이 매우 높은 주제입니다. 종단과도 잘 협력해 관련 사업들이 잘될 수 있도록 돕겠습니다.

또한 거사님들 중 불교를 오랫동안 공부하고 수행해오신 분들을 모시는 초청법회도 준비하고 있습니다. 아무래도 거사님들이 생활인으로서 우리들과 비슷한 고민을 하고 있을 것 같아 전에 몇 번 진행했는데 반응이 괜찮았습니다."

정각회 활동에 대한 말씀에 이어 본격적으로 녹원 스님과의 인연을 여쭈었다. 의원님의 주인은 녹원 스님이었다.

고등학생 때 처음 만난 스승

주호영 의원님은 경북 울진에서 태어났다. 어린 시절 이사한 곳이 울진 읍내의 동림사 옆집이었다.

"새벽예불 소리가 들릴 정도로 가까운 집이었어요. 어머니는 40년 넘게 새벽예불을 다닌 신심돈독한 불자였고요. 옆집에 살다 보니 동림사 마당이 저와 제 형제들의 놀이터였습니다. 자전거도 동림사 마당에서 배웠습니다. 당시 주지 정오 스님께서 『반야심경』을 외워오면 과자를 주신다고 해 열심히 외웠던 기억입니다. 하하. 동림사 부처님께서 잘 살펴주신 덕분인지 고등학교를 종립 대구 능인고로 가게 되었습니다.

1930년대에 만들어진 능인고의 원래 이름은 오산불교학교였습니다. 대구경북지역 5개 교구본사가 힘을 모아 만든 학교여서 오산(五山) 학교였다 합니다. 1940년대를 거치면서 능인중고등학교로 이름이 바뀌었습니다.

능인고에 입학하니 이사장이 녹원 큰스님이셔요. 그때는 큰스님께서 40대 후반일 때라 그야말로 '쨍쨍'하셨어요. 아주 근엄했고 위풍당당하며 힘이 넘쳐 보였습니다. 저와 저 동기들이 공부를 잘해야 한다고 능인중고에서 가장 훌륭하고 똑똑한 선생님들에게 고1을 가르치도록 조치

직지사 명월당 앞에 선 녹원 스님과 주호영 의원

녹원 스님 1주기 때 세워진 부도와 비 제막식에 참석한 주호영 의원이 예를 올리고 있다.

하셨던 기억이 납니다. 큰스님께서는 교육에 대해 아낌없이 투자하고 지원해야 한다는 생각이셨던 것 같습니다. 능인고가 명문으로 발돋움하는데 가장 큰 공을 세우셨던 분이 바로 녹원 큰스님입니다. 그때 이미 교육에 남다른 애정을 보이셨던 것 같습니다."

의원님은 중고등학교와 대학을 졸업하고 법조인이 된 뒤에도 불교와의 인연을 놓지 않았다.

"사법연수원에 있을 때는 불자모임인 서초반야회에서 총무를 맡았어요. 그때 회장은 김진태 전 검찰총장이었고 추미애 전 민주당 대표도 함께 했습니다. 서초동 대성사에서 법회를 했었고 직지사와 해인사 등으로 성지순례를 하기도 했습니다."

군법무관으로 군복무를 시작하면서 광주 상무대 보병학교에서 훈련받을 당시 월탄 스님에게 수계를 했다. 법명(法名)은 '慈宇(자우)'다.

"원로의장 자광 큰스님께서 당시 상무대 무각사 주지법사로 계셨습니다. 다른 생각할 틈도 없이 자연스럽게 군법당을 찾았었죠. 훈련을 마친 후 맛있는 과일과 떡을 먹으며 불교와 더 가까워진 것 같아요. 하하.

하루는 자광 큰스님께서 계를 받지 않은 사람들에게 곧 있을 수계법회에서 법명을 주겠다고 하셨습니다. 그렇게 해서 받은 법명 자우를 지금까지 잘 쓰고 있습니다. 하하."

"주호영이는 주인이 따로 있다"

의원님이 1992년 김천지원에 판사로 부임하면서 녹원 스님과의 인연은 다시 이어졌다. 고등학생 시절 보았던, 카리스마 넘치던 젊은 스님은 60대 중반의 중진스님이 되어 있었다.

"판사가 되어 다시 인사를 드리며 고등학생 시절의 인연을 말씀드렸더니 너무 좋아하셨습니다. 큰스님께서는 언제든 오라고 하셨고 때로는 저 혼자, 또 때로는 아내와 아이들을 데리고 큰스님께 인사를 드렸습니다. 가끔은 도원 큰스님도 함께 뵈었어요. 두 분이 어찌 그리 사이가 좋으신지 진짜 도반(道伴)의 모습을 보았습니다.

큰스님을 뵈면 보통 몇 시간이 훌쩍 지나갑니다. 함께 갔던 아이들이 처음에는 같이 있다가 시간이 지나면 살짝 방에서 나갑니다. 아이들 입장에서는 너무 지루하니까 자기들끼리 놀러 가버립니다. 그래도 저는 큰스님과 법, 통일, 교육, 문학 등 다양한 주제를 가지고 말씀을 나누었습니다. 큰스님께서는 다양한 분야에 관심이 많으셨습니다. 또 관련 전문가를 능가할 만큼의 식견을 가지고 계셨습니다. 저도 큰스님과의 대화를 통해 많은 것을 배웠습니다.

녹원 큰스님 소개로 직지사 중암에도 올라가 관응 큰스님을 모시고 경전 공부도 틈틈이 했습니다. 김천지원에 근무할 때 업무 시작 전 매일 아침 향을 피워놓고 1시간씩 경전공부를 하던 때가 사법시험 준비할 때보다 더 공부가 잘된 것 같습니다. 하하.”

직지사 주변의 스님들에게 인사를 드리며 정진을 이어가던 중 1993년 구미 해운사에서 정휴 스님을 만났다. 인연이 깊어지자 정휴 스님은 설악산의 오현 스님을 만나보라고 권유했다. 그래서 1993년 12월 30일 강화 전등사로 가 혜창 스님, 향적 스님 등을 만나고 다음날 양양 낙산사로 가 오현 스님에게 인사를 드렸다.

“오현 큰스님 주변에는 항상 수많은 재가자들이 있었습니다. 교육, 언론, 법조, 문화예술계 사람들이 하루가 멀다 하고 오현 큰스님을 찾았습니다. 오현 큰스님께서는 다양한 재가자들에게 법명을 주시곤 했습니다. 시간이 지나고, 하루는 어떤 분이 큰스님께 여쭈었습니다. ‘주호영 의원에게는 어떤 법명을 주셨습니까? 여러 번 같이 만나다 보니 궁금합니다.’ 오현 스님이 어이없다는 표정을 지으며 말씀하셨어요. ‘주호영이는 주인이 따로 있다.' '주인이라니요? 주인이 누군가요?' '그거야 주호영이한테 물어봐! 하하' 저와 녹원 큰스님의 인연을 잘 아셨던 오현 큰스님께서 재밌게 표현을 하셨던 것입니다. '녹원 스님 제자인데 어떻게 내가 법명을 주며 제자로 삼겠느냐?'는 말씀이었습니다.

제 주변의 사람들도 '당연히' 녹원 큰스님께서 저의 법명을 주셨을 거라고 생각합니다. 그래서 묻지도 않아요. 묻지 않으니 저도 얘기를 하지 않았고요. '주호영은 당연히 녹원 스님의 상좌'라는 인식이 그렇게 무섭더라고요. 하하."

주호영 의원님은 1994년 7월 미국으로 연수를 떠났다. 출국에 앞서 녹원 스님에게 인사를 드렸다. 가족이 다 같이 간다는 얘기를 들은 녹원 스님은 의원님의 두 아들에게 부처님 일대기가 그려진 만화세트를 선물

황악산을 장엄한 9월의 꽃무릇

했다.

"아이들이 미국에서 볼 책이 없이 부처님 일대기만 읽다 보니 내용을 거의 외웠습니다. 나중에 귀국해서 궁금한 것들을 큰스님께 질문하기 시작했어요. 큰스님께서는 '이렇게 공부를 많이 했구나'라며 예뻐해 주셨습니다. 하하."

의원님은 녹원 스님이 박정희 전 대통령 일가와 가까운 인연이 있는 것도 잘 알고 있었다. 박근혜 전 대통령과 박지만 씨 등이 어린 시절 부모님을 따라 직지사에 자주 다녔다고 의원님은 전했다.

"박정희 전 대통령을 비롯한 역대 대통령들께서 인정할 만큼 큰스님께서는 이사(理事)가 아주 분명하셨습니다. 또 아주 균형잡힌 시각을 갖추신 분이셨어요. 제가 자주 탄복할 정도였습니다. 판사가 갖추어야 할 가장 중요한 덕목이 바로 균형감각입니다. 세상사에 편견이 없어야 합니다. 늘 여러 사람들의 이야기를 편견 없이 들을 수 있어야 합니다. 제가 판사를 처음 시작할 때 큰스님을 뵙게 되었고 또 큰스님께 많은 것을 배웠습니다. 큰스님을 뵙기만 해도 저절로 공부가 됐습니다."

의원님은 바쁜 의정활동에도 녹원 스님을 자주 찾아 뵈었다. 그 사이 녹원 스님은 동국대 이사장 소임을 마치고 직지사 명적암에 주석하고 있었다.

"큰스님께서 말년에 많이 아프셨습니다. 언젠가 큰스님을 치료하던 의사분께서 하신 말씀이 생각납니다. 젊은 시절 크게 아프셨을 때마다 전신마취를 하고 수술도 여러 번 하셔서 나중에 많이 아프실 수 있다고 했습니다. 병상에 계실 때 인사를 드리러 가면 손을 꼭 잡아 주시던 모습이 아직도 눈에 선합니다."

의원님은 녹원 스님을 더 모시지 못한 것에 대한 아쉬움을 여러 차례 표현했다. 녹원 스님의 제자로서 녹원 스님의 가르침을 따라 의정활동을 펼치고 있는 주호영 의원님은 '한 번 스승은 영원한 스승'이라고 강조했다. 다음 일정을 위해 일주문을 나서는 의원님의 모습을 보며 동시대를 살아가는 불자로서 든든한 마음을 감출 수 없었다.

"자기절제와 수행의 결정체였던 선지식善知識"

이형열 前 동국대 일산병원 행정처장

"큰스님은 제가 다가서고 싶은,
그러나 다가설 수 없는 이상향이셨어요.
자기절제와 수행의 결정체 같았습니다.
매사가 철저했고 모든 일에 지극정성이셨습니다.
언제나 수행정진하셨고 매사에 최선의 노력을 다하셨습니다.
제 직장생활의 멘토가 바로 녹원 큰스님이십니다.

정년 퇴직을 한 뒤, 지금도 저는 아침에는 운동을 하고
퇴근 뒤에는 영어 공부를 합니다.
이 모든 것이 녹원 큰스님의 영향입니다.
쉬지 않고 노력해야 한다는 것을 보여주신 큰스님 덕에
이렇게 저도 열심히 살고 있습니다."

녹원 스님이 동국대 이사장 소임을 볼 때 가장 가까이서 '그림자 보좌'를 했던 사람이 바로 이형열 前 동국대 일산병원 행정처장이다. 평생 직장 동국대에서의 근무를 마치고 생명나눔실천본부 사무총장으로 그동안의 불은(佛恩)을 회향하고 있는 이형열 총장님의 가슴 속에 녹원 스님은 평생의 스승으로 자리하고 있다.

서울 조계사 인근에 위치한 생명나눔실천본부에서 그를 만났다. 이 총장님은 2021년 11월부터 사무총장 소임을 맡고 있다.

"일면 스님께서 동국대 이사장 소임을 보실 때 제가 법인 부장이었습니다. 그때 학교를 사랑하고 학교를 위해 헌신했던 일면 스님을 잘 모시고자 노력했습니다. 그때 인연이 지금으로 이어지고 있습니다."

사단법인 생명나눔실천본부는 1994년 설립된 보건복지부 지정 장기기증 희망등록 전문 홍보 교육기관으로 장기기증 희망등록, 조혈모세포 기증 희망등록, 환자 치료비 지원, 자살예방센터 운영 등 국민의 건강과 복지를 위해 노력하는 비영리 공익법인이다.

이 총장님을 만난 날 대부분의 직원들은 고양시에서 열리는 행사에 참여해 후원자들을 모집하고 있었다. 이 총장님 역시 인터뷰를 마치고 바로 행사장으로 가야 하는 일정이었다.

"생명나눔실천본부는 부처님 가르침을 바탕으로 한 공익법인입니다. 불교계뿐만 아니라 사회적 차원으로 보더라도 모범적으로 운영되고 있습니다. 길지 않은 시간 근무를 했지만 불교가 사회적으로 회향할 수 있는 길을 생명나눔실천본부가 보여주고 있다고 생각합니다. 앞으로도 일

녹원 스님을 모시고 설악산에 오른 모습

면 스님을 모시고 더 많은 사람들과 함께 나눔을 실천하도록 하겠습니다."

총장님의 얼굴에는 자신감과 뿌듯함이 가득했다. 바쁜 일정을 고려해 바로 총장님의 부처님 인연 이야기부터 청했다.

"당연히 불자, 당연히 동국대"

이 총장님이 불교와 인연을 맺은 것은 고등학생 때이다. 서울고등학교에 입학한 뒤 얼마 지나지 않아 불교학생회에 가입했다. 열혈 불자였던 어머니의 영향이 컸다. 법명은 淸香(청향). 매주 일요일마다 석주 스님이 주석하고 있던 칠보사를 찾아 정진했다.

"석주 큰스님과 서옹 큰스님의 법문을 많이 들었습니다. 큰스님들의 법문을 온전히 이해하지는 못했지만 큰스님들을 뵐 수 있다는 것 자체가 좋았습니다. 학교 축제가 열릴 때는 큰스님들께서 내려주신 글씨와 그림을 전시했습니다. 학생들도 좋아했지만 특히 선생님들께서 관심을 보이셨습니다. 행사가 끝나면 큰스님들 글씨와 그림을 추첨해서 나눴는데 제가 받은 석주 큰스님 글씨를 선생님께 선물로 드렸던 기억도 납니다. 하하."

총장님은 너무도 자연스럽게, 당연하게 동국대에 입학했다. 칠불사 법회에 꾸준하게 참석하면서 동국대 정각원에서 기도를 이어갔다. 직장 역시 동국대를 선택했다.

"1989년 8월 동국대 법인사무처에 입사했습니다. 모교 발전을 위해 마음을 보낼 수 있다는 것이 가장 좋았습니다. 다만 매년 초마다 학생들이 총장실과 이사장실을 점거하면서 농성을 할 때는 많이 힘들었습니다. 학생들의 요구도 살펴야 하지만 선배이자 동문으로서 학생들의 해결방식을 모두 다 동의할 수는 없었습니다. 당시 이사장이 황진경 스님이셨는데 학내 문제로 인해 구속되어 있는 상황이었습니다. 교도소로 서류를 들고 가 결재를 받았던 기억도 납니다."

당시 동국대는 '입시 부정 사건'이 터지면서 극도의 혼란 상황을 맞았다. 조계종단과 동국대는 학교 정상화의 적임자로 다시 녹원 스님을 추대했다. 녹원 스님이 동국대 이사장으로 복귀하게 된 것이다.

"입사하고 얼마 지나지 않아 녹원 큰스님께서 이사장으로 오셨습니다. 처음 인사를 드리는데 너무 무서웠습니다. 정말 엄청난 카리스마에 카랑카랑한 목소리였고 주변에서는 냉기가 흘렀어요. 전체적으로 매우 절제된 모습이셨습니다. '큰스님께서 마음을 단단히 먹고 오셨구나'라는 생각이 절로 들었습니다. 지금 생각해보면, 큰 사건 후에 오셔서인지 큰스님께서 긴장을 많이 하셨던 것 같았습니다."

이 총장님과 녹원 스님의 인연은 이렇게 시작됐다. 이 총장님이 신입 직원의 티를 벗을 때쯤부터는 녹원 스님의 '동국대 시자'가 되어 직접 모시기 시작했다. 녹원 스님의 '핵심 관계자'가 된 삶이 시작됐다.

"정성과 진심의 큰스님"

사회 초년생이 종단과 학교의 큰 어른을 모시는 것은 쉽지 않을 터. 이 총장님 역시 처음에는 좌충우돌이었다.

"큰스님을 모시고 간 첫 출장지가 경주였습니다. 경주에 캠퍼스가 있

녹원 스님과 도원 스님을 모시고 포행을 하고 있다.

기도 했고 또 불국사에 월산 큰스님이 계셨기에 녹원 큰스님께서는 경주에 자주 가셨습니다. 경주에 도착해 숙소로 들어가면서 큰스님께서 '내일 새벽에 불국사로 올라갈 것이니 일찍 준비를 해라'고 당부를 하셨습니다. 그때만 해도 제가 어리기도 하고 또 낯선 곳에서 뒤척이다 잠을 잤다가 그만 예정된 시간보다 늦게 일어나고 말았습니다. 정말 '죽었다' 생각하고 헐레벌떡 주차장으로 뛰어갔습니다. 깜깜해서 아무것도 보이지 않았습니다. 도착하니 큰스님께서 '늦게 일어났어?'라고 따뜻하게 말씀을 해주셨습니다. '젊은 사람이 그럴 수도 있지'라는 말씀과 함께 불국사로 올라갔습니다. 엄격하고 절제되신 어른에게 너무 편안한 부드러움이 있다는 생각을 했어요. 친할아버지 같은 따뜻함을 느꼈습니다."

본격적으로 시봉을 하면서는 녹원 스님의 '정성'과 '진심'을 지켜봤다. 상상할 수 없는 정성에 총장님은 입을 다물 수 없었다.

"녹원 큰스님께서 역점을 둔 사업 중의 하나가 한국불교의 세계화, 동국대학교의 국제화였습니다. 실제로 지금까지의 동국대 역사 중 녹원 큰스님께서 계실 때 국제부가 가장 활발하게 움직였습니다. 지역을 가리지 않고 큰스님께서는 교류를 하셨습니다. 한국불교 세계화라는 큰 꿈을 실현하기 위해 정말 많이 애쓰셨습니다. 큰스님께서는 한국불교를 세계에 설명할 수 있어야 한다는 생각이 강하셨어요. 당연히 외국에 나갈 일들이 많이 생겼습니다.

오랜 세월 종단 업무와 학교 행정 일을 하셔서인지 대외관계 에티켓이 너무나 수려하셨어요. 항상 모든 일정을 몸소 체크하시고 그에 맞는 에티켓을 갖춰서 관계를 맺어가시는 모습이었습니다.

외국대학에 가실 때는 항상 선물부터 챙겼습니다. 선물의 내용은 무

키르기즈스탄을 방문한 녹원 스님과 일행들

엇인지, 어떤 사연이 있는 선물인지, 어디서 만들었고, 어떤 때 쓰던 물건인지 등등에 대한 소개를 그 나라 언어로 다 작성하도록 하셨습니다. 일본에 갈 때는 일어일문학과 교수, 중국에 갈 때는 중어중문학과 교수한테 직접 번역을 맡기셨습니다. 선물의 값어치보다 얼마나 성의있게 준비했는지가 더 중요했습니다.

일본사람들은 다기를 좋아합니다. 일본에서 큰 행사가 있을 때나 일본 불교의 큰스님들을 만날 때는 제가 이천에 가서 직접 다기를 구했습니다. 그래서 이 다기를 만든 도예가는 누구이고 스승이 누구이고 무슨 생각을 가지고 만들었고 어떻게 사용하고 어떻게 만들었는지에 대해 아

일본 불교학자 이시가미 젠노 교수와 제주도 순례중인 모습.
오른쪽부터 이형열 총장, 도원 스님, 녹원 스님, 이시가미 교수, 홍윤식 교수

주 구체적으로 다 적어 와서 최종 정리한 설명지를 넣고 예쁘게 포장해서 선물을 드렸습니다. 항상 정성을 가득 담으셨습니다. 그 모습을 보며 저도 많은 것을 배웠습니다."

녹원 스님은 안과 밖이 다르지 않았다. 해외 방문 후에도 마찬가지였다. 녹원 스님은 꼭 다녀온 곳의 대표자에게 감사 편지를 보냈다. 일본어 편지는 녹원 스님이 직접 썼다. 중국이나 영어권 기관도 마찬가지였다. 중국불교협회장을 지낸 조박초 선생과는 특별히 가까웠다.

"조박초 선생에게 보내는 편지를 제가 직접 들고 중국에 다녀온 적도 있습니다. 큰스님의 편지를 드리니 조 선생이 너무 좋아하셨고 답장과 글씨를 직접 써주셔서 또 그것을 들고 와 큰스님께 전해드렸습니다."

녹원 스님의 철두철미함은 여기서 끝나지 않았다. 법문을 준비하는 것도 다르지 않았다.

"당시 교직원 중 경전에 아주 해박했던 최철환 부장님이 계셨습니다. 큰스님께서 최 부장님을 부르시면 법문 준비를 시작한다고 보면 됩니다. 집무실에서 최 부장님과 몇 시간씩 대화를 나누셨습니다. 큰스님 역시 평생 경전을 보셨기 때문에 아주 잘 알고 계셨지만, 확인하고 또 확인했던 것입니다. 그 치밀함에 정말 혀를 내둘렀던 적이 한두 번이 아닙니다."

녹원 스님의 '철저함'은 이 총장님을 비롯한 직원들에게는 그리 반가운 일이 아니었다. 많은 일이 뒤따랐기 때문이다. 그렇지만 일을 통해 더 큰 일을 배울 수 있었다.

"큰스님께서는 보름 전, 한 달 전, 몇 개월 전, 심지어 1년 전 일과 서류들을 찾는 경우가 많았습니다. 어떤 일을 하기에 앞서 지난 과정을 다시 한번 점검하시는 것입니다. 처음에 말씀을 하시면 허둥지둥할 수밖에 없었습니다. 점차 적응이 되면서 서류를 꼼꼼하게 정리해놓고, 어떤 인사를 만났을 때의 상황 같은 것도 아주 상세하게 기록하는 습관을 들였습니다. 전자수첩이라는 것이 처음 나왔을 때 아마 제가 거의 맨 처음 그것을 사용했을 것입니다. 큰스님 주변에서 있었던 일들은 무조건 상세하게 기록했습니다. 그러면서 저도 일을 배울 수 있었습니다."

녹원 스님은 무슨 일을 하건 철저하게 준비를 해야 하는 스타일이었다. 스님을 모시는 사람들은 하루에도 몇 번이고 점검에 점검을 거듭했다. 회의를 할 때도 연필과 볼펜이 정렬되어 있어야 했고 서류도 '각'이 잡혀야 했다. 종이를 함부로 쓰는 것은 있을 수 없는 일이었다. 이사장실에서는 웬만한 서류들은 다 이면지로 만들었다.

"큰스님의 바람, 한국불교 세계화와 의료 불사"

이 총장님의 회고는 계속됐다.

"큰스님께서는 직인의 무게를 잘 알고 계셨습니다. 최종 결정을 한다는 것은 책임의 문제입니다. 결정을 지을 때 항상 고민에 고민을 거듭하다 판단을 하셨습니다. 직인을 들고 고심하시다 서류에 찍히는 시간이 어떤 때는 금방이지만, 또 어떤 때는 그렇게 길 수가 없었습니다. 그 모습에서 최종 결정권자의 직인의 무게는 참으로 무겁다는 생각을 하게 되었습니다. 꼼꼼하게 체크하고 다시 생각하면서 직인을 찍으시던 모습이 아직도 눈에 선합니다. 또 항상 명분을 중시하셨어요. 큰스님 주변의 작은 일에도 항상 이유와 원인이 있었어요. 그냥 행해지는 일이 없었습니다. 큰스님 일에는 항상 명분이 중요했습니다. 감정에 휘둘리기보다는 어떤 이유에서 일이 행해지는지에 대한 고민이 많으셨습니다."

총장님은 녹원 스님의 원력을 크게 두 가지로 정리했다. 한국불교 세계화와 의료불사가 바로 그것이다.

"동국대 이사장 시절 큰스님께서 현대불교가 지향해야 할 방향을 제시하셨다고 생각합니다. 첫째, 1997년 미국 LA의 로얄한의과대학(현재 DULA)을 인수하여 학교법인 동국대학교 산하 학교로 편입시켰습니다. 미국 LA에 동국대 분교를 설립하신 거지요. 동국대학교가 아마 국내 최초로 미국에 분교를 설립한 대학일 것입니다. 한의과대학이었는데 큰스님께서는 불교대학도 개설하여 미국 포교의 전진기지로 발전시켜보겠다는 큰 원력을 가지고 계셨습니다.

지금도 기억이 생생합니다. 1997년 초였을 것입니다. 로얄한의과대학을 인수하고 귀국하신 큰스님께서 '미국에 분교를 설립한 이 대작 불사를 선대 스님들께서 아시면 얼마나 좋아하실까? 그 감격스러움에 눈물이 난다'라며 좋아하셨습니다.

둘째는 큰스님께서 예전에 과로로 혼절하여 대구의 모 카톨릭계 병원에 신세를 진 적이 있었다고 합니다. 성모 마리아상 아래서 치료받는 현실을 체감하시면서 의료 포교의 중요성과 의료 불사의 원력을 다졌다고 말씀하셨습니다. 그래서 큰스님께서 포항병원, 경주병원, 분당한방병원, 일산불교병원 등을 연이어 개원하셨습니다. 동국대의 여러 병원 중 힘들게 건립하지 않은 병원이 없지만 동국대 병원의 중추인 일산병원 건립 불사 때 큰스님의 원력을 엿볼 수 있었습니다. 교계, 재계, 정계, 관계의 인연을 모두 엮어 힐튼 호텔에서 개최한 학교발전기금 모금 캠페인에서 큰스님께서는 불사 모금운동의 세련된 틀을 제시하셨습니다. 또 일본 불교계 여러 종파 지도자와 인연이 많으신 큰스님께서 그분들을 직접 찾아다니며 건립계획을 설명하시고 탁발을 하셨습니다. 당시 불교병원이 없던 일본에서는 부러움과 함께 많은 성원을 보내주셨습니다. 이러한 노력이 결실로 이어져 전임 대통령을 비롯한 큰스님의 인연들이 초대되어 함께 한 1998년 기공식, 2002년 준공식 풍경이 마치 어제 본 듯 눈에 선합니다. 제가 일산병원 행정처장으로 일했던 인연도 다 큰스님 덕분입니다. 주변에서는 큰스님의 원력을 제일 잘 아는 제가 병원에서 일을 하는 것도 큰 복이라고 격려해주셨습니다."

이 총장님은 녹원 스님을 모시고 여기저기 출장을 많이 다녔다. 차를

녹원 스님 추모다례에 참석해 예를 올리고 있는 모습

탈 때마다 잊지 못할 풍경이 있다고 한다. "큰스님께서는 당신의 법복이 구겨질까 봐 항상 정자세를 하셨습니다. 몇 시간씩 이동을 해도 마찬가지입니다. 기차를 타실 때는 앉지 않고 서서 가셨습니다. 그게 말처럼 쉽지 않습니다. 그래서 큰스님은 항상 깔끔하고 단정한 모습이었습니다. 큰스님께서는 학교도 그렇게 해야 한다는 생각이셨습니다. 학교가 바로 서야 종단과 불교가 제 역할을 할 수 있다고 하셨어요. 학교 행정이나 교육 등 어느 한군데 소홀하지 않으셨습니다."

이형열 총장님은 평소 『신심명』의 '圓同太虛 無欠無餘(원동태허 무흠무여)' 즉, '지극한 도는 원만함이 허공과 같아서 남을 것도 없고 모자랄 것도 없다'는 구절을 좋아한다. 늘 가슴에 새기며 산다. 언젠가 직지사에서 녹원 스님이 일러준 경구라고 한다.

하루하루를 녹원 스님의 가르침대로 살고 있는 이형열 총장님의 모습은 생전 녹원 스님의 그 모습 그대로였다.

영허 녹원 대종사 추모글

녹원 스님의 회고 게송

나를 비난한들 내게 무슨 손해가 되고 毁吾吾何損
나를 칭찬한들 내게 무슨 이익이 되랴. 譽吾吾何益
먼길 돌아와 황악산 아래에 누웠더니 歸臥黃嶽下
밝은 달빛만 빈 뜰을 가득 채우는구나. 明月滿空庭

●
스님께서는 유난히 격동이 심했던 현대 한국불교사의 중심에 서 계셨으면서도 가장 깨끗한 처신을 한 분으로 평가받고 있습니다.
특히 조계종 총무원장과 동국학원 이사장을 하시다가 물러날 때의 행보를 두고 절묘한 선택이었다고 찬탄하는 분들이 많습니다.
이는 평소 스님의 몸가짐이 단정하고 또 마음씀씀이에 사사로움이 없으셨기 때문에 가능한 일이었다고 생각됩니다.
이제 모든 공직에서 은퇴하신 처지에 스스로 돌아볼 때 혹시 후회되는 점은 없으신지요.

○
자기 인생을 돌아보고 "한 점 후회도 없다"고 말할 수 있다면 얼마나 행복하겠습니까?
인간은 누구나 완벽하게 살 수 없는 존재입니다.

돌아보면 후회도 많고 아쉬운 점도 많습니다.
다만 제가 일했던 종단이나 학교, 그리고 이 직지사에 큰 손해는 끼치지 않았다고 자부합니다.
그나저나 이제는 이미 산중으로 돌아온 사람이니 후회한들 무슨 소용이고, 자랑한들 무슨 영광이 있겠습니까?
현재 제 심정은 이 한 수의 게송에 다 담겨 있습니다.

● 스님, 끝으로 평생 마음에 새겨둘 법구(法句) 한 마디만 해주셨으면 합니다.

○ 『원각경』에 "가없는 허공이 깨달음에서 나타난 것이다[無邊虛空 覺所顯發]"는 말씀이 있습니다. 삼라만상 두두물물이 모두 깨달음에서 나타난 것이라면 우리의 삶이 그대로 부처의 삶입니다. 그런데 우리는 자꾸만 중생으로 살아가려고 합니다. 이것이 병입니다. 누가 중생 노릇하라고 시키는 것도 아닙니다. 스스로 그러는 것입니다. 중생으로 살기보다 부처로 산다면 얼마나 멋집니까! 부처 되려고 애쓸 것도 없습니다. 이미 부처이니, 당장 부처답게 행동하면 그만입니다.

2003년 5월 14일
홍사성 불교평론 편집위원과 대담에서

보살의 비원悲願, 이택利澤의 보시普施

대한불교조계종 9대 종정 월하 스님

황악산 깊은 곳에 빼어난 가람이 있다. 黃岳山中眞伽藍
그곳에 앉거나 눕거나 거닐어도 묘진(妙眞)을 나타내니 坐臥經行現妙眞
곳곳에서 만물들이 다 기뻐하고 是處是物皆欣悅
상서로운 기운이 날마다 문 앞에 나타난다. 日日祥麟現門前

이사(理事)를 회통(會通)하고 선유(善誘) 가풍(家風)으로 이 시대 중생을 깨우치고 보살(菩薩)의 비원(悲願)으로 만물에게 이택(利澤)을 베푸는 지혜와 덕목을 구족한 분이 녹원 대종사(綠園大宗師)이십니다.

녹원 대종사의 수행과 정진이 정신적 좌표가 되는 까닭은 일념정진(一念精進)으로 성취한 삼학(三學)의 지혜와 구세(救世)의 서원으로 일궈낸 업적(業績)이 오늘을 살고 있는 모든 사람들에게 개오(開悟)의 귀감(龜鑑)이 되고 있기 때문입니다.

그리고 스님은 진속(眞俗)이 무애자재(無礙自在)함을 겸비해 교단정화 불사(佛事)에 고심노력(苦心勞力)하여 원융(圓融)의 미덕으로 통합을 이끌어내 이 나라 불교발전에 크게 기여하였을 뿐만 아니라 종회의장(宗會議長)·총무원장(總務院長) 등을 역임하면서 불교중흥의 초석(礎石)을 마련하기도 했습니다.

항상 스님은 분열과 대립을 화쟁(和諍)의 원리와 회통(會通)의 정신을 통해 해결하는 뛰어난 지혜를 구족하고 있습니다. 그리고 동국대학교가 세계의 대학으로 발전하는 터전을 마련한 것도 스님이 종립 동국학원 재단이사장을 맡아 탁월(卓越)한 지도력과 보살의 원력으로 건학 이념을 구현했기 때문입니다.

또 녹원 대종사(綠園大宗師)는 30년 동안 직지사(直指寺) 중창불사에 온 힘을 기울여 동국제일가람(東國第一伽藍)을 이룩하여 누구나 이곳에서 도탈(度脫)의 자유를 얻도록 하였습니다. 이 모든 불사는 스님의 원력과 호불호법(護佛護法)의 신념의 결과이며, 중생을 요익(饒益)케 하는 보살의 비원이 일체가 되어 이루어진 성취의 결정(結晶)입니다.

정축년(丁丑年) 입춘(立春)에 영축산방(靈鷲山房)에서

삼천 대천세계에 우담바라가 만개하도다

대한불교조계종 13~14대 종정 진제 스님

영산회상이 꽃 한 송이를 들어서 靈山會上拈花今
삼천 대천세계에 우담바라가 만개하니 三千刹海優曇開
임제와 덕산의 전기대용이여 臨濟德山全機大用
송장산이 높고 높아 피바다가 출렁거리는구나. 屍山爲爲血海濤濤

녹원 대종사께서 남기신 구십 년의 성상(星霜)은 이사(理事)에 구분이 없고 세간(世間)과 출세간(出世間)에 걸림 없던 이 시대의 선지식이었습니다.

대종사께서 일찍이 동진출가(童眞出家)하시어 선(禪)과 교(敎)와 종무(宗務)를 두루 섭렵하시고 오직 종단 발전과 가람 불사(佛事)를 평생 원력으로 삼으시고 일로매진(一路邁進)하였습니다.

총무원장과 동국대 이사장의 소임 동안 오직 부처님의 정법(正法)으로 종단을 이끄시고, 지혜와 덕망으로 원융화합을 이루어 조계종을 반석 위에 우뚝 세움에 모든 종도들의 귀감이 되니 실로 수행자의 표상이 되었습니다.

초가을 찬 바람은 형상을 움츠리게 하지만 初冬寒風縮形相
뜰 앞의 낙엽은 바람 따라 구르는구나. 庭前落葉隨風轉

직지사와 녹원 스님

법정 스님

1.

내가 선원(禪院)에서 정진하던 풋중 시절에는, 안거가 끝난 산철이면 구경 삼아 이 절 저 절 찾아다니면서, 보고 듣고 느끼고 생각하는 일로 행각의 즐거움을 삼았었다. 황악산에 있는 직지사도 그때 행각의 길에 들른 절 중의 하나였다. 사명 스님이 입산 출가한 삭발 본사라는 말을 듣고, 밤 기차를 타고 멀리서 찾아갔던 기억이 난다.

1950년대 교단 정화 운동 전후의 사찰들은 어디라 할 것 없이 퇴락할 대로 퇴락하여 수도 도량으로서 훈김 같은 것은 느낄 수가 없었다. 해가 저물어 하룻밤 쉬어 가기 위해 찾아든 절 객실의 형편도 썰렁하고 황량해서 마음 붙이기가 어려웠다. 그 시절은 절이나 세상을 가릴 것 없이 어렵고 궁핍하기는 마찬가지였다.

두 번째 직지사행은 1960년대 초 한국불교 대학생연합회(대불련) 수련일로였다. 그해 겨울 직지사에서 수련을 개최하면서 지도법사의 초청을 받아 내가 머물던 해인사에서 찾아갔다. 그때 나는 광덕 스님과 함께 3박 4일의 수련을 지도했었는데, 초기에 시도된 수련회라 지금 돌이켜 보면 짜임새가 없는 엉성한 수련이었다. 이때 나는 녹원 스님을 가까이서 뵙고 이런 이야기 저런 이야기를 나눈 끝에 의기가 상통해서 친밀감을 느끼게 되었다. 녹원 스님은 승속간에 나보다 선배이시지만 그때의 만남으로 인해 지기지우(知己之友)의 신뢰로써 오늘에 이르게 된 것이다.

그때 스님은 벽안당(碧眼堂)에 거처를 두셨는데, 사중 볼일로 출타를 하면서 나더러 그 방에서 쉬어 가라고 배려해주었었다. 그 무렵 벽안당은 둘레에 대숲이 있어 바람이 불면 댓잎이 서걱거리는 소리가 소슬히 들려오고, 밤에 달이 뜨면 대 그림자가 창호에 어른거려 나그네의 마음을 몹시 설레게 했던 기억이 35년이 지난 지금도 새롭다.

대 그림자 뜰을 쓸어도
먼지 하나 일지 않고
달이 물밑을 뚫어도
물에는 흔적조차 없네.

옛 선사의 노래가 떠오르는 그런 산중의 운치가 스님이 거처하던 그 방 둘레에 깃들어 있었다. 한동안 '녹원문학상'을 제정하여 뜻있는 문학인들을 보살피게 된 스님의 의도도 문학과 예술에 대한 이해와 관심이 지대했기 때문에 그런 일이 가능했을 것이라고 여겨진다.

몇 해 전 조계산 송광사에서 있었던 일을 나는 지금도 생생하게 기억하고 있다. 중창 불사 회향식을 위해 국내외에서 수많은 고승과 대덕들이 초청되어 행사가 진행되었는데, 그런 자리가 으레 그렇듯이 모두가 하나같이 주지스님의 노고에 대한 칭찬 일색이었다. 맨 나중에 녹원 스님의 차례였는데, 스님은 단상에 오르자마자 때마침 온 산에 눈부시게 피어난 신록에 대한 예찬으로 축하의 말을 하셨다. 형식적인 찬사에 지루하고 식상했던 우리들 귀는 번쩍 틔었다. 신록으로 은유된 찬사는 그날 행사 중에서 가장 신선한 백미를 이루었다. 이는 아름다움에 대한 스님의 이와 같은 인식과 그 안목은 직지사 중창 불사를 통해 여기저기에 그 모습을 드러내 놓았다.

2.

우리가 익히 알고 있듯이, 직지사는 스님이 주지로 재직하면서 1966년부터 꼬박 30년 동안 여러 가지로 어려웠던 여건 속에서도 굽히지 않고 꾸준히 대대적인 중창 불사를 이어와 오늘날 같은 짜임새 있는 도량으로 면목을 일신시켰다.

직지사는 임진왜란 전에는 40여 동의 크고 작은 당우(堂宇)와 전각(殿閣)으로 가람을 이루었는데, 현재의 조사전과 천왕문, 일주문을 제외하고는 모두 병화를 입어 소실되고 말았다. 섬나라 왜놈들이 문화적인 열등감 때문에 저지른 만행이다. 또한 왜란 때 승의병들에게 호되게 당한 그 앙갚음을 스님들의 근거지인 절에 가했던 것이다.

이번 중창 불사로 10여 동의 당우를 신축하고, 9동은 가람 배치를 다시 하느라고 옮겨 세우고, 다른 10동은 보수를 했다. 요 근래 경향 각지의 사찰마다 크고 작은 중창 불사가 활발히 진행되고 있는 것은 다행한 일이다. 그러나 한편 눈이 있는 사람들이 못내 안타깝고 애석하게 여기는 것은, 막대한 재화를 들여가면서 도리어 절을 버려놓는 일이 허다하기 때문이다. 어떤 절, 어떤 설이라고 낱낱이 그 이름을 들출 것도 없이 안목이 결여된 사찰의 주관자들이 그 도량의 전체적인 조화와 균형을 무시하고, 그저 크고 거창하게만 지으려는 세속적인 공명심과 과시욕 때문에 얼마나 많은 옛 절들이 그 품격과 분위기를 훼손당하고 있는지 실로 안타깝고 통탄스럽다.

직지사 도량에도 새로 지어진 큰 집들이 여기저기 들어서 있지만, 주변의 건물과 알맞은 공간 배치로 조화를 이루고 있어 전혀 눈에 거슬리지 않는다. 그 예로 만덕전(萬德殿)과 같은 370평 규모의 큰 건물이 세워져 있는데도 무리가 없는 것은 기존 도량의 외곽에 한 층 낮은 곳으로 터를 닦아 세웠기 때문이다. 설법전과 생활 공간을 위해 세운 3층 건물 법화궁(法華宮)도 연건평 340평이나 되지만, 전체적인 가람 배치에 손상 없이 조화를 이루고 있는 것도 뛰어난 안목의 배려 덕이다. 만덕전 이야기가 나온 김에 한마디 더 보태고자 한다. 내가 알기로는 근래 절에서 지어진 큰 법당치고 이 만덕전만큼 완벽한 건축물은 없을 것 같다. 만덕전이란 이름에 어울리게 안팎으로 쓰임새 있게 잘 지어진 집이다.

대개 큰 법당이나 불전에는 중간에 큰 기둥이 세워져 가용 공간에 적잖은 제약을 받게 마련인데, 이 만덕전은 돌출된 기둥이 하나도 없지만 역학 구조상 전혀 문제가 없는 건물이다. 이 건물은 철근과 돌과 시멘트와 나무가 결합, 이중 구조로 되어 있어 균형이 잡힌 목조 건물이면서도 내부로는 견고한 자재로 짜여 있어 그 수명이 아주 오래갈 것이다.

나는 1996년 4월 종단에서 주관한 수계산림에 참석하여, 새로 중 될 출가 수행승들에게 세속적인 인습에서 탈피, 정신 바짝 차리고 중노릇 잘하자고 그 만덕전에서 강의를 했었다.

  소리에 놀라지 않는 사자와 같이
  그물에 걸리지 않는 바람과 같이
  흙탕물에 더럽히지 않는 연꽃과 같이
  무소의 뿔처럼 혼자서 가라.

『숫타니파타』에 나오는 부처님의 가르침을 끝으로 전하면서 강의를 마쳤었다. 만덕전의 음향 시설과 조명 장치, 나아가 설법전으로서의 장중한 분위기 등이 두루 갖추어져 있었다. 강의를 마치고 곧바로 내 오두막으로 돌아오면서도 마음이 아주 개운했었다.

3.

직지사의 오랜 중창 불사가 진행되는 동안 나는 몇 차례 오고 가는 길에 불쑥 들러 참배하곤 했는데, 그때마다 녹원 주지스님께서는 현장에서 직접 일 감독을 하고 계셨다. 대개의 경우 불사 중에 절 주인인 주지는 부재중이고 일꾼들만 어울려 일을 하는 것이 상례인데, 스님께서 몸소 지팡이를 짚고 현장에 나와 일을 진두지휘 하는 걸 보면서, 공사 중에 자칫하면 시행착오가 많아 인력과 재력의 낭비가 허다한데, 주지스님이 몸소 현장에 계시니 그런 시행착오와 허실이 없겠구나 싶었다.

경부선 고속도로를 오르내릴 때마다 직지사에 들러 참배하는 남다른 이유가 내게는 있다. 직지사에는 명월당(明月堂)이란 집이 한 채 있는데, 이 집은 원래 서울 안국동에 있던 선학원 옛 건물이다. 현재 선학원을 지으면서 그전 목조건물을 뜯어 내었다. 뜯어 낸 그 자재를 운허 스님이 동국역경원장으로 계실 때 봉은사 역장(譯場)에다 집을 지으려고 역경원에서 그 자재를 구입했지만, 유야무야로 미루다가 끝내 짓지 못하고 말았다. 이런 사정을 알게 된 녹원 스님께서는 선학원과 같은 한국불교에서 유서 깊은 건물이 노지에서 삭아가는 것을 그대로 보고 있을 수 없어 선뜻 큰돈을 들여 구입하여 옮겨 세운 것이다. 헌집을 사다가 짓는 것이 새집을 짓는 것보다 훨씬 비경제적인 줄을 알면서도 단행한 것은 스님의 투철한 역사의식에서다. 일부 구조를 변경하여 세운 건물이 지금의 명월당이다.

선학원은 한국불교 독신 수행승들의 온상이었고, 승가의 기상과 청정성이 배양되던 곳이다. 이곳에서 고승법회도 열렸었고, 불교교단 정화 운동도 이곳에서 그 싹이 터서 추진되었었다. 현재의 조계사는 이른바 대처승단의 차지였고, 비구승단은 선학원에 그 근거지를 두고 있었다.

교단 정화 불사가 한창이던 시절 나는 이 선학원 조실방에서 머리를 깎고 중이 되었다. 명월당을 마주 대할 때마다 내가 출가 수행승이 되기 위해 머리를 깎고 먹물 옷으로 갈아입던 그때의 감회가 새롭다.

4._

직지사 대웅전 앞뜰에는 이전에 없던 삼층석탑 2기가 가지런히 세워져 있다. 통일신라시대 것으로 문경시 산북면 서중리 도천사 옛터에 무너져 비바람 속에 방치돼 있던 것을, 스님이 나서서 1974년 당국의 허가를 얻어 직지사로 옮겨 온 것이다. 상륜부만 새로 보완했는데 대웅전 뜰에 잘 어울리는 장엄탑이다. 스님은 또 맨땅 위에 놓여 있던 석조 약사여래좌상을 새로 약사전을 지어 그 안에 공경히 모셨다. 참으로 복 받을 일을 하신 것이다. 어떤 절에서는 유서 깊은 당우도 함부로 뜯어 없애는 판인데, 돌볼 사람 없이 옛 절터에 무너져 버려진 탑을 도량에 옮겨 세우고, 비바람에 씻기어 마멸되어가던 불상을 집을 지어 모시는 이런 지극한 정성에 도량의 수호 선신인들 어찌 환희심을 내지 않을 것인가.

30년이란 오랜 기간을 두고 30여 동이나 되는 그 많은 건물을 새로

짓고 옮기고 보수하면서 별 장애 없이 원만히 불사를 회향하게 된 것도 녹원 스님의 그와 같은 지극한 신심과 불굴의 원력, 여기에 곁들인 뛰어난 감각과 안목의 덕이라고 나는 생각한다. 듬직한 돌다리로 놓인 도피안교를 건너가면 새로 지은 극락전이 훤출하게 자리 잡고 있는데, 직지사 도량 중에서도 그 위치가 아주 시원스럽다.

그런데 이 극락전을 지은 자재는 우리나라 소나무 중에서도 그 재질이 가장 뛰어난 춘양목이다. 작은 집도 아닌 60평 규모의 큰 집을 희귀한 춘양목만으로 지을 수 있었다니, 스님만이 지닐 수 있는 특별한 감각이요 기량이 아닐 수 없다. 그 감각과 기량이 부럽다.

지난해 늦가을 청명한 날 외국에서 온 스님을 모시고 직지사에 들렀더니 도량 안 여기저기 감나무에 노랗게 익은 감이 주렁주렁 매달려 있었다. 짙푸른 하늘 아래 빈 가지에 매달린 감의 빛깔과 이끼 낀 기와지붕이 눈부신 조화를 이루고 있었다. 함께 간 손님은 그 신비로운 아름다움에 도취되어 말을 잇지 못했다. 직지사는 도량 안에 수목이 많고 개울물을 끌어들여 그 어떤 절보다도 도량에 운치가 있다. 정토(淨土)가 어디 있겠는가. 바로 이와 같은 아름다움과 조화와 균형을 갖춘 도량에서 참된 삶을 탐구하고 체험하면서 우리가 사람답게 살아가는 그 자리가 바로 정토 아니겠는가.

사람들의 마음이 날로 허물어져 가고 있는 오늘날, 그런 사람들의 마음을 올바로 일깨우는 일[直指人心]이, 새로운 불사로 발돋움해야 할 직지사의 과제라고 외람되이 소망을 덧붙인다.

5.

　해가 바뀌면 나이 어린 사람에게는 한 해가 보태지고, 나이 많은 사람에게는 한 해가 줄어든다고 한다. 그러나 보태지고 줄어드는 일에 상관이 없는 사람이 있으니, 그는 세월의 물결에 휩쓸리지 않는 출격장부(出格丈夫)다. 우리 녹원 스님께서 올해 고희를 맞이한다고 아랫사람들은 말하지만, 초록의 동산에 어찌 누런 잎이 끼어들 수 있으리. 살아 있는 빛깔인 그 초록의 동산에는 늘 팔팔하고 청청한 기상이 감돌 뿐이다.

　스님께서는 노고추(老古錐)의 원숙한 기량으로써 많은 중생들을 이롭게 하소서.

녹원 큰스님

미당 서정주

이 고요에
묻은
나의 손때를

누군가
소리 없이
씻어 헹구고,

그 씻긴 자리
새로
벙그는

새벽
지샐녘
난초 한 송이.

미당(未堂) 서정주 : 전북 고창 출생. 대한민국 예술원상 등 수상. 동국대 교수, 한국문인협회 회장 등 역임. 시집 『화사집』, 『귀촉도』, 『신라초』, 『동천』, 『질마재 신화』, 『늙은 떠돌이의 시』 등과 번역 시집 『만해 한용운 한시선역』 등 출간.

운수雲水의 길

백수 정완영

소백 푸른 산맥이 줄기차게 흐르다가
한 번 높이 솟아올라 그 중악(中岳)을 앉혔으니
황악(黃岳)이 황악(黃岳)이라고 이름 얻은 연유이네.

산이 아무리 높단들 절이 거기 없어 봐라
그게 무슨 산이겠는가 산새 떠난 빈 둥지지
직지사(直指寺) 그 품에 있음에 여여(如如)하여 만고청산(萬古靑山)

일찍이 그 산이 불러 동진출가(童眞出家)하신 스님
따르고 대답하던 푸른 날의 산 메아리
칠십 년 운수(雲水)의 길을 삼보전(三寶前)에 다 바쳤네.

어느 땐 비구(比丘) 대처(帶妻) 서로 속진(俗塵) 젖을 적에
눈 푸른 산수납자(山水衲子) 서로 소매 이어 주고
산문(山門)에 들끓던 바람 잠재우신 스님이네.

백수(白水) 정완영 : 1919년 경북 김천 출생. 1960년 《국제신보》, 1962년 《조선일보》 신춘문예 당선. 한국문인협회 시조분과 회장, 한국시조시인협회 회장 역임. 시조집 『정완영 시조전집』 등, 산문집 『나비야 청산 가자』 등, 수상집 『고시조 감상』 등 출간. 가람시조문학상, 중앙일보 시조대상, 육당문학상, 만해시문학상, 육사문학상, 유심특별상, 현대불교문학상 등 수상. 문관문화훈장 수훈.

때로는 종회의장(宗會議長), 때로는 총무원장(總務院長)
종립대학(宗立大學) 동국재단 이사장도 삼임이라
황악산 반백 년 산주(山主) 그, 세월은 뭐랄꼬.

다른 것 다 일컬어 칭송한들 무엇하리
삼십 년 중창불사(重創佛事) 저 덩그런 직지대찰(直指大刹)
저 보소 동국제일가람(東國第一伽藍) 바람 실은 저 연꽃을.

들면 이판(理判)이요, 나면 또한 사판(事判)이라
수행자(修行者) 가는 길은 청산(青山) 가는 학 울음을
황악산(黃岳山) 넘는 구름도 만행(萬行)길을 가라시네.

황악산가 黃岳山歌

이근배

산을 노래하는 이들은 안다
백두대간(白頭大幹)이 뻗어 내리다가
그 허리에 황악(黃岳)을 빚어 올린 뜻을
이 땅에 불국(佛國)의 하늘이 열릴 때
아도화상(阿道和尙)이 맨 처음 황악에 와서 왜 법등(法燈) 밝혔는가를

산을 노래하는 이들은 안다
황악이 동국제일(東國第一)의 대가람(大伽藍) 직지(直指)를
품에 안은 지 천년 그리고 다시 반(半) 천년토록
이 나라 불교(佛敎)의 대본산(大本山)으로
그 장엄(莊嚴)의 광채(光彩)를 어떻게 내뿜어 왔던가를

산을 노래하는 이들은 안다
이는 이 지난 가을 이 땅의 이천만 불자들이
왜 황악을 우러러 합장(合掌)하였던가를
백두(白頭)보다 더 높이 금강(金剛)보다 더 높이

이근배 : 1940년 충남 당진 출생. 1962년 다수 중앙일간지 신춘문예에 시와 시조가 당선돼 등단. 시집『노래여 노래여』『한강』『사람들이 새가 되고 싶은 까닭을 안다』등 출간. 한국간행물윤리위원회 위원장, 한국시인협회 회장 등 역임. 가람문학상, 한국문학작가상, 육당문학상, 편운문학상, 현대불교문학상, 고산문학상, 만해대상 문학 부문, 한국시인협회 본상, 이설주문학상, 정지용문학상, 은관문화훈장 등 수상.

한라(漢拏) 보다 더 높이 직지(直指)의 향화(香火)가 치솟았던 것을

그렇다.
산을 노래하는 이들은 안다
녹원화상(綠園和尙)의 발원(發願)이 쌓아올린
직지사(直指寺) 삼십년 대불사를 회향(廻向)하는
만등탑(萬燈塔)이 하늘의 해와 달을 가려
법신(法身)으로 사해(四海)를 비추었음을

여기에 개산조(開山祖) 아도화상의 혜안(慧眼)이 눈을 뜨고
자장율사의 법문(法門)이며
천묵대사의 금자대장경이 사자후(獅子吼)를 터뜨리고
능여조사의 경찬(慶讚)이 어찌 강을 이루지 않았으랴

더욱 직지(直指)에서 득도(得度)한 구국의 성사 사명대사의 게송이
황악(黃岳) 위에 산을 하나 더 얹으니
녹원화상(綠園和尙)의 소신공양(燒身供養)이
직지금탑(直指金塔)으로 우뚝 솟았다

이제 산을 노래하는 이들은 안다
황악(黃岳)이 직지(直指)를 만나 산을 열고
직지(直指)가 녹원(綠園)을 만나 금의(金衣)를 입었으니
황악(黃岳)이 직지(直指)요 직지(直指)가 녹원(綠園)이라
이로써 불국중흥의 광망(光芒)이
만대(萬代)에 넘쳐흐르리라는 것을.

| 편집 후기 |

자비하신 노스님을 기억하며

노스님께서 입적하신 후 직계상좌인 은사 법등 스님과 사숙스님들은 비(碑)와 부도(浮圖)를 세우고 진영을 모시는 등 노스님을 추억하고 기억하며 선양하는 많은 일들을 해오셨다.

그 모습을 지켜보면서 손상좌로서 노스님을 위해 마땅히 무엇인가를 해야겠다는 생각이 들었는데, 그때 떠오른 기억이 노스님 다비를 마친 뒤 문중스님들께서 나눈 대화이다.

2017년 12월 찬바람이 거세게 불던 날, 노스님 다비와 사리 수습을 마치고 조금은 지친 모습으로 종무소 회의실에 문도스님들이 자리를 함께 했다. 자연스럽게 대화는 노스님의 생전 모습에 대한 것으로 이어졌다. 노스님을 어떻게 기억하는지 사숙스님 몇 분께 여쭈었다. 서로의 기억들은 많이 달랐다. 조계종 총무원장과 동국대 이사장, 직지사 주지 등 공적인 소임을 보실 때와 상좌와 불자들을 대하실 때의 기억은 조금씩 차이가 있었다. 그래서 스님들이 가지고 있는 각자의 추억을 서로 나누고 공유하면 좋겠다는 생각으로 이 책을 처음 기획하게 되었다.

나 또한 서울 연화사에서 5년간 노스님을 시봉하면서 경험했던 몇 가지 기억을 가슴에 담고 있다.

노스님은 무엇이든 정성과 최선을 다하셨다. 매일 예불 때마다 모든 전각을 참배하셨고 절을 하실 때는 한 배 한 배에 모든 신심(信心)과 원력(願力)을 담으셨던 기억이다. 어찌 보면 소소한 것들부터 정성스럽게 챙기셨기에 종단의 수많은 대작불사를 이뤄냈다고 생각된다.

사람을 대할 때도 진심이었다. 어느 불자가 임종을 앞두고 노스님을 찾았다. 노스님은 작은 원불을 모시고 오랜 시간 염불을 한 뒤 그 불자에게 원불을 전했다. 임종시에 부처님의 모습을 바라보며 생을 마칠 수 있도록 하기 위해서였다. 간절하면서도 정성 가득했던 노스님의 염불을 잊을 수 없다. 평소에 불자들이 올리는 공양 역시 정성스레 드시곤 하셨다. 어느 불자가 집에서 기른 콩나물로 무침을 해와 공양을 올렸을 때 밥을 비벼 드실 정도로 불자들의 정성을 귀하게 생각하셨다.

어느 해 여름방학 때 청년불자 200명이 모이는 행사에 지도법사로 가게 되었다. 그때 노스님께서는 중요한 일정들이 있었지만 시자가 청년 전법(傳法)을 위해 가다고 하자 당신의 일정을 모두 연기하셨다. 포교가 중요하니 법사 소임을 잘 보고 오라는 당부와 함께 두둑한 차비까지 챙겨주셨다.

노스님을 곁에서 모시면서 헤아릴 수 없이 많은 일들이 있었다. 노스님과 함께한 순간순간이 나에게는 사진처럼 박혀있다. 노스님의 존재 자체가 나에게는 평생 수행의 지침이 되고 있다. 노스님과의 인연이 감사하고 감사할 뿐이다.

이 책을 기획하면서 문중의 손상좌 되는 사형사제들에게 연락해 발간 취지를 설명하자 다들 흔쾌히 동의하며 마음을 모아 주었다. 손상좌들의 뜻을 모아 만들어낸 이 책을 통해 수행자이자 교육자였고 불자들에게는 더없이 자비로운 스승이었던 노스님을 많은 사람들이 기억할 수 있으면 좋겠다.

추천 법어를 내려주신 중봉성파 종정예하를 비롯한 모든 인연들에게 감사의 인사를 올립니다.

영허녹원 대종사 손상좌 묘장 합장

暎虛堂 綠園 大宗師 門徒秩

■法上佐 : 해운 정휴 성웅 대우 일면 지원 자우 자광 재원 법전 정우
　　　　　선용 정일 청수 덕영

■上　佐 : 혜창 법성 법등 법일 청안 법매 자음 법우 법보 영수 정광
　　　　　상광 명광 성광 흥선 해선 정묵 명정 명인 대안 대혜 의성
　　　　　대진 도신 정신 정진 호법 도종 도순 법진 장명 상연 청화
　　　　　종명 원경 선근 선수 선학 선혜 동조 선주 선만 만성 신흥
　　　　　동초 묵공

■孫上佐 : 도일 정견 정업 정념 정수 정인 보명 보경 보광 보륜 보상
　　　　　보천 보우 보운 묘장 묘운 묘우 묘산 묘각 묘관 묘원 묘봉
　　　　　묘인 묘광 묘암 지오 성효 현종 현무 범일 견성 자성 운성
　　　　　대성 륜성 민성 정관 범운 현악 원정 진성 지현 법현 현여

■曾孫上佐 : 덕현 수진 학현 연기

■在俗上佐 : 주호영

유철주 작가는
〈현대불교〉와 월간 〈불광〉 등의 언론에서 부처님 법을 공부하고 전해왔으며 『산승불회』를 시작으로 다양한 인터뷰집을 내 왔다. 영허녹원 대종사 추모집이 10번째 책이다. 현재 ㈜도반HC 기획콘텐츠실장으로 일하고 있다.

허공에 가득한 깨달음 영허녹원 暎虛綠園

●
1판1쇄 인쇄 2023년 9월 1일
1판1쇄 발행 2023년 9월 11일

●
발행인   정지현
편집인   박주혜
대표   남배현
기획   묘장 스님

●
펴낸곳   조계종출판사
         서울시 종로구 삼봉로 81 두산위브파빌리온 1308호
         전화 02-720-6107
         전송 02-733-6708
         이메일 jogyebooks@naver.com

●
구입문의 불교전문서점 향전(www.jbbook.co.kr) 02-2031-2070

●
출판등록 제2007-000078호(2007.04.27)

●
제작   ㈜도반HC(02-733-6390)

●
ⓒ 묘장 2023

●
ISBN 979-11-5580-205-2(03220) 값 32,000원